高古玉收藏与鉴赏

石少华 ◎ 著

上册

学苑出版社

图书在版编目（CIP）数据

高古玉收藏与鉴赏 / 石少华著. -- 北京：学苑出版社, 2024.1

ISBN 978-7-5077-6861-9

Ⅰ.①高… Ⅱ.①石… Ⅲ.①古玉器—收藏—中国②古玉器—鉴赏—中国 Ⅳ.①G262.3②K876.84

中国国家版本馆CIP数据核字(2024)第035561号

出 版 人：洪文雄
责任编辑：周　鼎
出版发行：学苑出版社
社　　址：北京市丰台区南方庄2号院1号楼
邮政编码：100079
网　　址：www.book001.com
电子邮箱：xueyuanpress@163.com
联系电话：010-67601101（销售部）、010-67603091（总编室）
印 刷 厂：水印书香（唐山）印务有限公司
开本尺寸：710 mm×1000 mm　1/16
印　　张：38.5
字　　数：492千字（图697幅）
版　　次：2024年7月第1版
印　　次：2024年7月第1次印刷
定　　价：360.00元（全二册）

自序

改革开放以来的四十余年，开创了新中国玉器收藏史上的黄金时期。中国人所谓的"玩玉"，玩的主要是古往今来中国本土出产和遗存的玉器，即源自华夏大地的玉材、玉工、玉件。鉴赏与收藏玉器的人，有玩新玉的，又有玩老玉的。玩老玉的藏家有玩高古玉的，也有玩中古玉、近古玉的。中国古代玉器发展经历了神玉、王玉、民玉的三大阶段。高古玉一般是指汉代以前的玉器。在汉代以前的玉器几乎都是神巫酋长和王公贵族专用的"宝物""玩物"，高古玉如同古代官窑瓷器一样，件件犹如"官器"，其出身高贵，超凡脱俗。收藏高古玉者虽属凤毛麟角，却是其乐无穷。

高古玉是大地之造化，先祖之遗珍，高居中国玉器之巅。笔者收藏三十多年，既爱高古瓷，又爱高古玉，因为瓷玉同源、相得益彰，两者都是来自大地造化和人文雕琢。收藏其乐无穷，如同与古代、古人交流。现代人只有懂得文物古玩所承载传递的历史、文化、美学和材料、工艺等古代信息，去伪存真、去粗取精，才会知古、好古和传古，才会从中得到愉悦、陶冶和升华。本书乃为笔者潜心研究高古玉的一点心得，集腋成裘，奇珍共赏，以飨玉友。

2023年3月

目录

上册

第一章　高古玉概述 1

一　玉的基本知识 2
（一）玉的概念 2
（二）玉器的概念 3
（三）和田玉的产地及成因 4
（四）和田玉的分类 6
（五）古代玉的典故 12

二　我国古代玉器的历史沿革 16
（一）新石器时期玉器 16
（二）夏商时期玉器 17
（三）两周时期玉器 17
（四）两汉时期玉器 18
（五）隋唐时期玉器 19
（六）宋辽金元时期玉器 49
（七）明清时期玉器 49
（八）古代玉器发展的三大阶段 53
（九）古代玉器发展的三个高峰 54

三　高古玉的品类 56
（一）礼玉 56
（二）葬玉 59
（三）佩玉 60
（四）日用玉 68
四　高古玉的制作技法 70
五　高古玉的纹饰 74

第二章　新石器时代玉器 85
一　新石器时代玉器工艺 87
二　新石器时代玉器造型 93
（一）河姆渡文化时期玉器造型 94
（二）红山文化时期玉器造型 94
（三）良渚文化时期玉器造型 96
（四）龙山文化时期玉器造型 97
（五）凌家滩文化时期玉器造型 97
三　新石器时代玉器装饰 98
（一）红山文化玉器纹饰 98
（二）良渚文化玉器纹饰 98
（三）龙山文化玉器纹饰 99
四　新石器时代玉器撷英 101

第三章　商代玉器 137
一　商代玉器工艺 138
（一）商代制玉技法 139
（二）商代玉器工艺特点 140

- 二 商代玉器造型 144
  - （一）礼玉 144
  - （二）仪仗玉 145
  - （三）工具玉 145
  - （四）器具玉 146
  - （五）佩玉 146
  - （六）陈设玉 147
  - （七）葬玉 147
  - （八）其他玉器 147
  - （九）商代玉器的沁色 148
- 三 商代玉器装饰 148
  - （一）商代早期玉器 149
  - （二）商代中期玉器 151
  - （三）商代晚期玉器 151
- 四 商代玉器撷英 152

第四章 西周玉器 185

- 一 西周玉器工艺 187
- 二 西周玉器造型 188
  - （一）礼玉 189
  - （二）生活用玉 193
  - （三）葬玉 193
  - （四）肖形玉 194
  - （五）佩玉 196
- 三 西周玉器装饰 197
- 四 西周玉器撷英 200

第五章　春秋战国玉器 ... 223

一　春秋战国玉器工艺 ... 224
（一）开料 ... 226
（二）钻孔 ... 226
（三）掏膛 ... 227
（四）镂空 ... 228
（五）活套环 ... 228
（六）阴刻线 ... 229

二　春秋战国玉器造型 ... 230
（一）春秋时期玉器造型 ... 230
（二）战国时期玉器造型 ... 233

三　春秋战国玉器装饰 ... 236
（一）春秋时期玉器纹饰 ... 237
（二）战国时期玉器纹饰 ... 240
（三）春秋玉器与战国玉器的区别 ... 249

四　春秋战国玉器撷英 ... 252

下册

第六章　汉代玉器 ... 327

一　汉代制玉业高度发达的背景 ... 328
（一）国力强盛推动玉器发展 ... 328
（二）社会风尚促进玉器发展 ... 329
（三）思想文化影响玉器发展 ... 330

二　汉代玉器工艺 ... 330
（一）汉代玉材 ... 330

（二）汉代玉器工艺特点 ………………………………… 331
三　汉代玉器造型 ………………………………………… 344
　　（一）礼玉 ……………………………………………… 344
　　（二）葬玉 ……………………………………………… 356
　　（三）饰玉 ……………………………………………… 357
　　（四）陈设玉 …………………………………………… 361
　　（五）辟邪玉 …………………………………………… 365
四　汉代玉器装饰 ………………………………………… 368
五　汉代玉器撷英 ………………………………………… 371

第七章　高古玉收藏 …………………………… 581
一　高古玉的价值 ………………………………………… 582
二　高古玉的鉴别 ………………………………………… 586
　　（一）辨老化痕迹 ……………………………………… 586
　　（二）辨玉材优劣 ……………………………………… 589
　　（三）辨形制神韵 ……………………………………… 589
　　（四）辨工艺技法 ……………………………………… 590
　　（五）辨纹饰精糙 ……………………………………… 590
　　（六）辨沁色真伪 ……………………………………… 591
　　（七）辨作伪仿古 ……………………………………… 595
三　高古玉收藏的展望 …………………………………… 600

第一章 高古玉概述

玉，即美丽的石头。玉器，是经过人工雕琢的玉质艺术品。高古玉，是高古玉器的简称，在收藏圈里通常是指汉代以前制作、遗存的古代玉器。高古玉的魅力，在于其集山川大地之精华，蕴华夏玉器之魂魄，展千古文脉之传承，现民族艺术之博大。

一
玉的基本知识

中国是世界上开采和使用玉最早、最广泛的国家。古籍的有关记载很多，名称也很杂，如水玉、遗玉、佩玉、香玉、软玉等。辽宁阜新市查海遗址出土的透闪石软玉玉玦，距今约8000年（新石器早期），是全世界已知最早的真玉器。新疆的和田玉、河南的独山玉、辽宁的岫岩玉、陕西的蓝田玉，并称为中国的四大名玉。

（一）玉的概念

《说文解字》释玉为"石之美者，玉也"。《辞海》则将玉简化地定义为"温润而有光泽的美石"。

人们有时将玉与玉石混为一谈，学术界一般是将玉和玉石分开，玉专指软玉和硬玉；而玉石则用作统称，包括玉和那些外观似玉的由矿物集合体组成的贵重美石。

玉是矿石中比较高贵的一种。玉石富含锌、铁、铜、锰、镁、钴、硒、铬、钛、锂、钙、钾、钠等多种微量元素。

玉有软玉、硬玉之分。软玉是原产自中国的传统玉料，玉的名称就来自软玉，因以新疆和田地区出产的玉最佳，故人们常把软玉称为"和田玉"。软玉的硬度一般为摩氏5.6-6.5度，呈不透明或半透明状，其主要化学成分是透闪石，即含水的钙铁镁质硅酸盐。硬玉是指产于缅甸的翡翠，它是外来的玉种，不是严格意义上的中国玉。无论是软玉还是硬玉，它们的质地都非常坚硬，颜色十分璀璨，故冠以"石中之王"的美誉。

软玉亦有狭义与广义之分。狭义上的软玉，特指和田玉。广义上的软玉，不仅包括和田玉、岫岩玉、南阳玉和酒泉玉，而且包括玉髓、水晶、玛瑙、绿松石、青金石、珊瑚、琥珀等十多种传统玉石。

从我国制玉的历史来看，是从商代以后才大规模使用新疆和田玉的，而在此之前各地使用的玉材基本上是就地取材的各种美石（地方玉）。因此，中国玉的定义，不能单纯地依赖现代矿物学的标准，而应该从历史的维度出发，尊重传统的习惯，把广义的玉作为研究玉器、玉文化的对象。

（二）玉器的概念

"玉不琢不成器"，玉石价值本已不菲，再经过能工巧匠的加工雕琢，就变成了一件件价值连城的宝物（玉器）。随着时代发展，逐渐形成了玉的文化。玉之润可消除浮躁之心，玉之色可愉悦烦闷之心，玉之纯可净化污浊之心。所以君子爱玉，"君子无故，玉不去身"，是希望在玉身上寻到天然之灵气。玉乃石之美者，色阳、性润、质纯者为上品。

玉器是指经过雕琢而成的艺术品。玉器具备四个特征：

1. 玉器的材料符合"美石"的要求

如我国古代雕琢玉器使用的和田玉材，是指专门产于新疆地区的原产地玉，即狭义上的和田玉。而高古玉器使用的就是狭义上的和田玉。

如今的和田玉国家标准，则是广义上的和田玉，它不仅包括新疆的原产地玉，还包括青海玉、俄罗斯玉等透闪石玉。

2. 各时期玉器的形制具备不同的时代特征

玉器是一种艺术品，它所呈现和传递的，是符合不同时代特点的玉器的规制、造型、规格、款式、美感和功能。不同时代玉器的形制，具有不同的时代特点。

3. 玉器的制作是由特有的工艺技法完成的

如高古玉器的制作工艺技法，就包括拉丝切片、雕琢、碾磨、掏膛、钻孔、抛光等。不同时代的玉器，其制作工艺技法又各有异同。

工艺，亦称技法，是指劳动者利用各类生产工具对各种原材料、半成品进行加工或处理，最终使之成为成品的方法与过程。

古代制玉技法，源于制作石器。切、磋、琢、磨是玉石器所用的主要工艺程序。切，即解料，解玉要用无齿的锯加解玉砂，将玉料分开；磋，是用圆锯蘸砂浆修治；琢，是用钻、锥等工具雕琢花纹、钻孔；磨，是最后一道工序，用精细的木片、葫芦皮、牛皮等软质物蘸上珍珠砂浆，加以抛光，玉器便发出凝脂状的光泽。这套制玉技术，在商代已为工匠们所掌握。现今的玉雕技法，基本还是采用切、磋、琢、磨四种方法。

4. 玉器具有多种价值

玉器的价值主要有历史价值、科学价值、文物价值、艺术价值和经济价值等。

（三）和田玉的产地及成因

从地质科学观点看，和田玉有明确的科学含义。它是指分布于我国昆仑山脉，由镁质大理岩与中酸性岩浆接触交替而形成的玉矿，有白玉、黄玉、青玉、墨玉等一系列品种，尤以白玉为代表。它的成因、品种在世界软玉中居独特地位，具有典型意义。世界其他国家所产的软玉品种单一，且多为碧玉，而和田玉品种多，并有世界罕见的白玉，其玉质居世界软玉之冠。世界其他国家软玉矿床为蛇纹岩型，与超基性岩有关，而和田玉矿床为非蛇纹岩型，其成因不是区域变质形成，而是典型的接触交代形成，这些在世界上都是非常独特的。由于和田玉的珍贵和不可再生性，经过了数千年的长期开采，现今和田玉的资源量已日渐稀少，和田玉的开采不久或将成为历史。

和田玉分布于塔里木盆地之南的昆仑山脉，即西起喀什地区塔什库尔干县以东的安大力塔格及阿拉孜山，中经和田地区南部的桑株塔格、铁克里克塔格、柳什塔格，东至且末县南阿尔金山北翼的肃拉穆宁塔格等广袤地区。和田玉成矿带连续长1100多千米。在海拔4000米以上的高山上分布着和田玉的原生矿床及矿点。

在和田玉矿周边的不少河流中，还产出名贵的和田籽玉。如著名的玉龙喀什河，即古代著名的白玉河。这条河源于昆仑山，流入塔里木盆地后，与喀拉喀什河汇合成和阗河，和阗河长325千米，有不少支流，流域面积1.45万平方千米，河里盛产白玉、青玉、墨玉，自古以来是和阗出玉的主要河流。人们拣玉主要在中游，而上游因地势险峻，很难到达。再如黑山地区（籽玉发源地之一），古称之喀朗圭塔克，其山是昆仑山之主峰之一，高峰达7562米，群山峻巅，冰雪盖地。产玉地点为阿格居改山谷，此为玉龙喀什河支流的发源地之一，部分河段冰积物广布，山坡崩塌，巨砾遍布，只能徒步到达，雪线以上冰川遍布，海拔高度5000米以上，相对高度600-1000米。冰川的冰舌前缘部位，因冰川下移至雪线附近逐渐融化，常常发现自上源携带的和田玉砾。冰川的舌部高达数十米至百余米，晴日不断裂解崩落，伴随着雷鸣般的巨响，漂砾与冰块滚泻而下，落入河中，故在冰河之下也可以找到美玉。雪融水每日有一次洪水，洪水把巨大的冰块沿河冲向下方，这些冰块及冰层融化后也露出玉砾。产出的玉石有白玉和墨玉。

和田籽玉（籽料或水料），是由山料经冰川不断裂解崩落，风化或雨季被洪水冲入河道并受到河水的长期碰撞浸蚀、经千万年所形成的零散小块玉材。籽玉因被水长年浸泡、冲刷、打磨而形成了特殊质地，即细糯、滋润、密度大，具有玉液之光泽，所以籽玉质量为最佳，为玉中之珍品。采用籽玉制作的玉器，为历代藏家追捧。

（四）和田玉的分类

1. 按照产地分类

（1）山料。山料，亦称山玉或宝盖玉，指产于山上的原生玉矿，如白玉山料、青白玉山料等。山料块度大，常有大料出现，适合规模开采。山料的白度、密度、纯净度和润度不如山流水、籽玉。

（2）山流水。山流水，指原生矿石经风化崩落，并由河水搬运至河流中上游的玉石。山流水的特点是距原生矿近，块度较大，其玉料表面棱角稍有磨圆。山流水的白度、密度、纯净度和润度好于山料，但不如籽玉。

（3）籽玉。籽玉，亦称子儿玉、籽料，指原生矿剥蚀后被流水搬运到河流中的玉石。它分布于河床及两侧阶地中，玉石裸露地表或埋于地下。籽玉的特点是块度较小，常为卵形，表面光滑。因为经过几千年搬运、冲刷及筛选，所以籽玉质量最好。在河流下游的籽玉有多种颜色，如白玉籽料、青白玉籽料、青玉籽料、墨玉籽料、碧玉籽料、黄玉籽料等。籽玉的色（白）度、密度、纯净度和润度均好于山流水、山料。

2. 按照玉色质地分类

按照玉质的颜色划分，和田玉主要有白玉、羊脂白玉、青白玉、青玉、黄玉、紫玉、墨玉、碧玉、红玉等。其中色如鸡油的黄玉是佳品，紫玉颜色通常为淡粉，墨玉实为碧玉上多黑点的玉，青玉则为暗淡发青的白玉。一般而言，白玉、羊脂白玉最佳，黄玉、紫玉、红玉最少。评定和田玉的经济价值，主要是依据其颜色与质地纯净度，其品种有：

（1）白玉。含透闪石95%以上，颜色洁白，质地纯净、细腻、光泽滋润，为和田玉中的优质品种。白玉的颜色由白（图166-1）到青白（图1-1），如季花白、石蜡白、鱼肚白、梨花白、月白等。在汉代、宋代、清代几个制玉繁荣期，都极重视选材，优质白玉往往被精雕细刻为"重器"。

（2）羊脂白玉。白玉中的上品，质地纯洁细腻，含透闪石达99%，色白呈凝脂般含蓄光泽。羊脂玉（图88-1、图111）因色似羊脂，故名。质地细腻，"白如凝脂"，给人一种刚中见柔的感觉。这是白玉籽玉中最好的品种，当今世界上仅新疆有此品种，产量稀少，是保护性开采的珍贵资源，极其名贵。同等重量的和田玉材，羊脂白玉的经济价值几倍于白玉，远超黄金价格。汉代、宋代和清乾隆时期极其推崇羊脂白玉。

图1-1　青白玉印　汉代
高4.4厘米

（3）青白玉。含透闪石98%左右。青白玉（图1-2）以白色为基调，在白玉中隐隐闪绿、闪青、闪灰青等色，常见有葱白、粉青、灰白等，属于白玉与青玉的过渡品种，在和田玉中较为常见。质地与白玉无显著差别，经济价值次于白玉。

（4）青玉。色呈淡青、青绿、灰白的均称青玉，其颜色匀净、质地细腻，含透闪石89%、阳起石6%，呈油脂状光泽，储量丰富，是历代制玉采集或开采的主要品种。青玉从淡青到深青，颜色的种类很多，其颜色深浅不同，有淡青（图83-1）、深青（图2）、碧青（图127）、灰青、深灰青、翠青等。和田玉中青玉最多。

图1-2 青白玉印 汉代

图2 青玉璜 战国
长12.5厘米

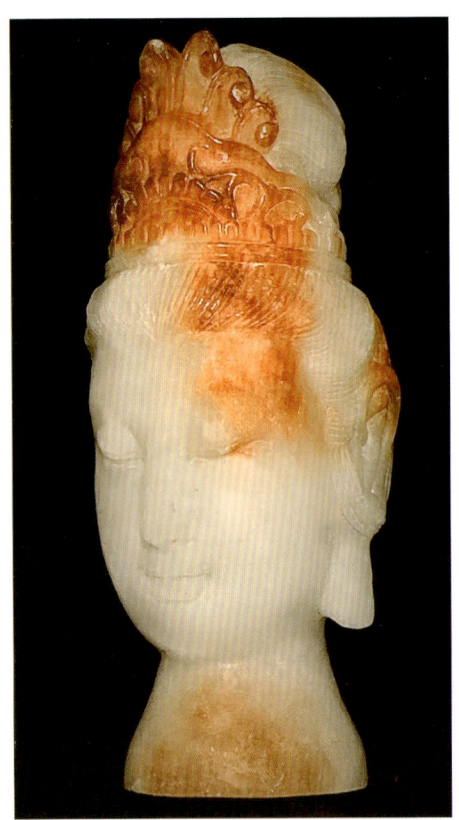

图2A-1 白玉观音首 唐代

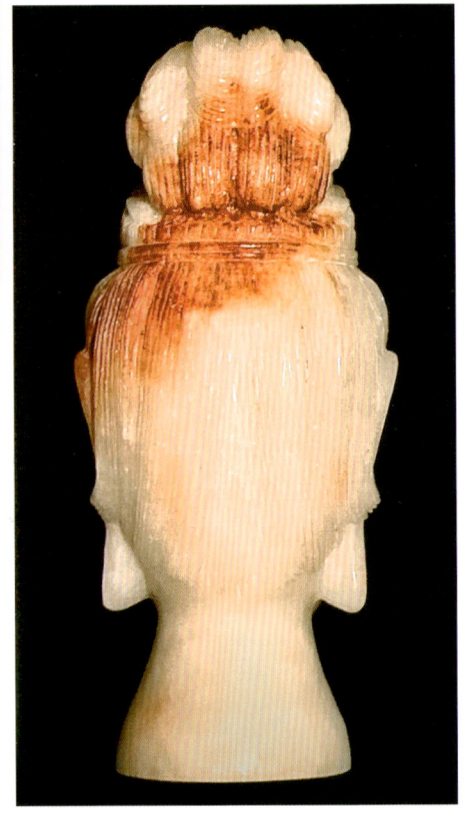

图2A-2 白玉观音首 唐代

（5）黄玉。黄玉的基质为白玉，因长期受地表水中氧化铁渗滤在缝隙中累积形成黄色调。黄玉由淡黄到深黄，根据其色度变化命名为：蜜蜡黄（图61-1）、栗色黄（图69-1）、秋葵黄（秋梨黄，图68-1）、黄花黄（图23）、鸡油黄（图261-1）等。色度浓重的蜜蜡黄、栗色黄极罕见，其经济价值可抵羊脂白玉。高古黄玉十分稀少，在商周战汉时期偶尔可见，质优者等同于羊脂玉。在清代，黄玉的经济价值一度超过羊脂白玉。

（6）糖玉。氧化铁渗入透闪石形成深浅不同的局部或全部的糖红色，深红色的称"糖玉"（图168-1）或"虎皮玉"，白色略带粉红的称"粉玉"。糖玉常与白玉或素玉伴生并构成双色玉料，可制作俏色玉器。

（7）墨玉。透闪石中夹有石墨、磁铁成分即呈黑色。墨玉多为灰白或灰墨色玉中夹黑色斑纹，呈蜡状光泽，因颜色不均而不宜雕琢纹饰，多用以制成镶嵌金银丝的器皿。墨玉由墨色到淡黑色，其墨色多为云雾状、条带状等。依形命名有乌云片、淡墨光、金貂须、美人鬓等。在整块料中，墨的程度强弱不同，浓淡分布不均，多见于与青玉、白玉过渡的品种。一般有全墨、聚墨、点墨之分。黑色斑浓重密集的称纯漆墨，价值高于其他墨玉品种。

（8）碧玉。产于准噶尔玉矿，又称天山碧玉。呈灰绿、深绿（图59-2）、墨绿色，以颜色纯正的墨绿色为上品。夹有黑斑、黑点或玉筋的质量差一档。碧玉含透闪石85%以上，质地细腻，半透明，呈油脂光泽，为中档玉石。

3. 按照玉石皮色分类

按照天然璞玉的外皮颜色，可分为色皮、糖皮、石皮三类。

（1）色皮。色皮，指和田籽玉外表分布的、呈现一种或多种颜色的一层玉皮。玉石界以其颜色命名，如洒金皮（图63-1、82-1）、枣红皮

（图28-1）、虎皮、秋梨皮、栗子皮、黑皮等，从这些皮色可以看出籽玉的质量，多为上等白玉好料。同种质量的籽玉，如带有名贵色皮，价值更高。玉皮的厚度很薄，一般小于1毫米。色皮的形态各种各样，有的成云朵状，有的为脉状，有的成散点状。色皮的形成，是由于和田玉中的氧化亚铁在氧化条件下转变成三氧化铁所致，因而它是次生的。有经验的拾玉者，到中下游去找带色皮的籽玉；而往上游，找到色皮籽玉的机会就很少。此外，在原生玉矿体的裂缝附近也能偶尔发现带皮的山料，这也是由于次生氧化形成的。

（2）糖皮。糖皮，指和田玉山料外表分布的一层黄褐、酱红色玉皮，因其颜色似红糖色，故把有糖皮的玉石称为糖玉。糖玉的糖皮厚度较大，从几厘米到20-30厘米，常将白玉或青玉包裹起来，呈过渡关系，糖玉多产于矿体裂隙附近。糖玉是氧化环境的产物，系和田玉形成后，由残余岩浆水沿和田玉矿体裂隙渗透，使氧化亚铁转化为三氧化二铁的结果，糖皮即为氧化铁浸染的结果。

（3）石皮。石皮，指和田玉山料外表包裹的一层围岩。围岩一种是透闪石化白云大理石岩，在开采时同玉一起开采出来并附于玉的表面，这种石包玉的石与玉界限清楚，可以分离。当其经流水或冰川的长期冲刷和搬运后，石与玉则分离。围岩的另一种是透闪石岩。如和田玉在形成过程中交代了粗晶状的透闪石，由于交代不彻底，在玉的表面常附有粗晶透闪石，这种石皮与玉界限的过渡，称之为阴阳面，阴面是指玉外表的这种石质。

（五）古代玉的典故

我国古代将玉器作为王室专享的器物，赋予其深厚的人文内涵，且在一些古籍史料中多有记载，形成了千古流传、脍炙人口的玉器典故。

《正中形音义综合大字典》曰："玉，本义作石之美者，即色光润，声舒扬，质莹洁之美石名之曰玉。帝王之王，一贯三为义，三者，天地人也，中画近上法天地也。珠玉之玉，三画正均，像连贯形，近俗不知中上（三横笔划均衡的为玉，中横靠上的即王）之义，'玉'字加点于旁，以别之。故珠玉之'玉'，本作'王'，俗作'玉'"。

《五经通义·礼》说："玉有五德：温润而泽，有似于智；锐而不害，有似于仁；抑而不挠，有似于义；有瑕于内，必见于外，有似于信；垂之如坠，有似于礼"。可见古人对于君子之德与玉质，早在孔子之前就已有论述。

《说文解字》中这样描述"玉"："石之美者有五德。润泽以温，仁之方也；䚡理自外，可以知中，义之方也；其声舒扬，专以远闻，智之方也；不挠而折，勇之方也；锐廉而不忮，絜之方也……"。《说文解字》里的几点论述再次表明，玉之品质就是君子之德。

《礼记·学记》云："玉不琢，不成器；人不学，不知道"。玉石不经雕琢不会成为人们有用的或者喜爱的器物，一个人也是只有在长期的学习过程中，不断提升自己的境界，才能够成为真正的仁人君子，所谓"如切如磋，如琢如磨"。

早在春秋战国时期，本为自然物质的玉石被人为地赋予了丰富的文化内涵，特别是在中国传统文化中占有突出地位的儒家思想，把仁、智、义、礼、乐、忠、信、天、地、德、道等内容与玉的天然物理性能相比附，于是出现了玉有五德、九德、十一德等学说。

孔子曰："夫昔者，君子比德于玉焉。温润而泽，仁也；缜密以栗，知也；廉而不刿，义也；垂之如队，礼也；叩之其声清越以长，其终诎（qū，迟缓）然，乐也；瑕不掩瑜，瑜不掩瑕，忠也；孚尹旁达，信也；气如白虹，天也；精神见于山川，地也；圭璋特达，德也；天下莫不贵者，道也。诗云：言念君子，温其如玉，故君子贵之也"。

孔子将玉的品德拟人化，赋予其丰富的人文内涵。孔子讲的玉有十一德说，是古代玉器史中最具代表性的学说。孔子的古玉观，具体包括以下几个方面：

1. 温润而泽，仁也

玉的光泽很特殊，不强烈，也不刺眼，而是让人产生一种温润的感觉。君子心地善良、忠厚，能够关爱别人、包容别人，与玉的光泽很像，这是"仁"。

2. 缜密以栗，知也

"缜密"是致密的意思，"栗"是坚实的意思，"知"是"智慧"的意思，指玉的质地细腻、致密、坚实。君子博览群书，知识丰富，与玉的质地很像，这是"智"。

3. 廉而不刿，义也

"廉"是边缘、棱角的意思，"刿"是刺伤的意思。指玉有棱角，却不会伤人。君子为人正直、有棱有角，但是却不会伤害他人，这是"义"。

4. 垂之如坠，礼也

人们佩戴玉时，玉自然地下垂而不张扬。这就像君子一样，为人谦和、有礼貌，沉稳端庄，不趾高气扬，这是"礼"。

5. 叩之其声清越以长，其终诎然，乐也

敲击玉石时，会发出清脆、激昂、悠扬悦耳的声音，很远都能听到，最后能戛然而止。君子在国家需要时，能够不遗余力地贡献自己的才能，当国家不需要时，又能够节制自己，这是"乐"。

6. 瑕不掩瑜、瑜不掩瑕，忠也

玉的瑕疵不会掩盖玉的美好，而玉的美好也不会掩盖它的瑕疵。君

子为人很坦荡、光明正大，不会去掩饰自己的缺点，而这些缺点并不能掩盖他的优点，这是"忠"。

7. 孚尹旁达，信也

"孚"是"浮"的意思，"尹"指玉的光彩，"旁达"指由内到外。指玉的光彩从内部发出来，一直到达表面，表里如一。君子一向言而有信、表里如一，这是"信"。

8. 气如白虹，天也

玉有长虹一样的气质，直贯天际。君子具有浩然正气，洁身自好，凛然不可侵犯，气势冲天。

9. 精神贯于山川，地也

玉的精神浸润在高山和河流中，充盈在整个大地里。君子为人做事都踏实、稳重，好像朴实的大地一样。

10. 圭璋特达，德也

圭璋是祭祀用的玉器，表示玉由于具有优良的性质，从而受到重用。君子由于具有高尚的品行和突出的才能，也经常受到重用，为国效力。

11. 天下莫不贵者，道也

天下的人们都喜爱玉、重视玉，就像君子受到人们的喜爱和敬重一样，这是亘古不变的道理。

二 我国古代玉器的历史沿革

中国人对玉器的使用和传承源远流长、绵延不断，经历了不同的历史时代，创造了千载一脉的玉器史和辉煌灿烂的玉文化。我国古代玉器，以丰富多彩的造型，精巧别致的纹样，完美精湛的制作工艺，形成了独特的风格，是中华民族文化的重要组成部分，也是华夏文明的一颗璀璨明珠。在世界艺术发展史中，更是独放异彩的奇葩。

我国古代玉器的发展，按照历史年代，可以分为七个时期；按照使用性质，古代玉器可以分为三大阶段；按照发展水平，古代玉器可以分为三个高峰。

（一）新石器时期玉器

在新石器时代早期，我国的先民认识和珍视玉石的美与坚实，史前民用玉方式已经延至美身、祭祀、瑞符、殓葬等生活的诸多方面。如在距今8000年前的内蒙古兴隆洼文化遗址中就出土了大量原始玉器。

7000年前南方河姆渡文化的先民们，在选石制器过程中，有意识地把拣到的美石制成装饰品，打扮自己，美化生活，揭开了中国玉文化的序幕。

在距今5500-4000年前的新石器时代中晚期，辽河流域、黄河上下、长江南北，中国玉文化的曙光到处闪耀，以辽河流域红山文化、山东半岛龙山文化和太湖流域良渚文化等遗址出土的玉器，最为引人注目。

（二）夏商时期玉器

　　我国东部沿海的制玉工艺与西部新疆的和田玉汇聚中原，形成玉文化一统之大观，河南偃师二里头出土的玉戈、玉钺、玉璋、玉刀，显示出高超的开料技术和精细的雕工。商代晚期安阳殷墟墓所出的玉器，包括礼器、仪仗、工具、用具、佩饰、艺术品、杂器等七大类，特别是动物形生肖玉佩，种类繁多，双线阴刻的夸张洗练与自然天成的俏色技法运用，将中国高古玉作推向鼎盛。

　　夏朝，中国第一个阶级社会，其玉器的风格，应是良渚文化、龙山文化、红山文化玉器向殷商玉器过渡的形态，这从河南偃师二里头遗址出土玉器中可窥其一斑。二里头出土的七孔玉刀，造型源出新石器时代晚期的多孔石刀，而刻纹又带有商代玉器双线勾勒的滥觞，应是夏代玉器。

　　商代文明不仅以庄重的青铜器闻名，也以众多的玉器著称。商代早期玉器发现不多，琢制也较粗糙。商代晚期玉器以安阳殷墟妇好墓出土玉器为代表，共出玉器755件，都相当精致。考古发现商代玉匠已经开始使用和田玉，且数量较多；该时期也已出现我国最早的俏色玉器"玉鳖"；最令人叹为观止的是，商代还有大量的圆雕作品。

（三）两周时期玉器

　　随着社会礼制的日臻完善，玉器不仅是贵族进行祭祀，还是朝聘、征伐、宴享、婚配、丧葬等活动的国家重器，如圭、璋、璧、琮等。同时人们将玉的贞洁无瑕比附于君子之美德，作为美好事物与人格的参照物。特别是组合玉佩（玉组佩，图78A、图158A），是将璜、环、珠、觿（用骨头制成的，用来解绳结的锥子）等，以彩绥贯之，由短及长，锵鸣清扬，以约束行止，谐和体貌。这一时期的玉器纹饰多见勾云纹，粗细阴阳，勾连多变，成为高古服饰的一道亮丽美景。玉的概念已经远超出其自然属性。

西周玉器在继承殷商玉器双线勾勒技艺的同时，独创一面坡粗线及细阴线镂刻的琢玉技艺，这在鸟形玉刀和兽面纹玉饰上大放异彩。但从总体上看，西周玉器没有商代玉器活泼多样，略显呆板，过于规矩，这与西周严格的宗法、礼俗制度不无关系。

春秋战国时期，政治上诸侯争霸，学术上百家争鸣，文化艺术上百花齐放，玉雕艺术光辉灿烂。东周王室和各路诸侯，为了各自的利益，都把玉当作自己（君子）的化身。他们佩挂玉饰，以标榜自己是有"德"的仁人君子。"君子无故，玉不去身"。当时的每一位士大夫，从头到脚，都有一系列的玉佩饰，尤其腰下的玉佩系列更加复杂化，促使玉佩的雕刻技艺特别发达，玉饰成为身份和地位的象征。

尤能体现时代精神的是大量龙、凤、虎形玉佩，造型呈极富动态美的S形，具有典型的中国气派和浓厚的民族特色。饰纹出现了隐起的谷纹，附以镂空技法，地子上施以单阴线勾连纹或双勾阴线叶纹，显得饱和而又和谐。人首蛇身玉饰、鹦鹉首拱形玉饰，反映了春秋诸侯国的制玉水平和佩玉情形。湖北曾侯乙墓出土的多节玉组佩，河南辉县固围村出土的大玉璜佩，都用若干节玉片组成一套完整玉佩，是战国玉佩中工艺难度最大的。玉带钩和玉剑饰，是这时新出现的玉器。正是在这一时期，和田玉大量输入中原并得到各国诸侯们的青睐。

（四）两汉时期玉器

汉代王室尚玉之甚，痴于对玉的迷信。在大力倡导孝义和厚葬的社会习俗中，以期保护死者不朽的丧葬用玉明显增多。玉衣、玉九窍塞、玉琀、玉握等，是汉代王公贵族特有之葬具，玉衣的使用根据等级不同，有金缕、银缕、铜缕和丝缕之分。另外，乞求神灵的保佑、祓除不祥的辟邪用玉大量出现，如玉刚卯、玉翁仲（图192-1）、司南佩（图266）等。在汉代常见的玉佩中，还有称为觿的心形玉佩（图203、图208-2）和线条流转婀娜的"翘袖折腰"的舞人佩（图268-1）。贵族配剑，常以四种玉件装饰，称为玉剑饰。

（五）隋唐时期玉器

盛世开明，经济繁荣，丝路畅通。玉雕艺术由衰转盛。唐玉受西域文化和佛教艺术影响，呈现出新的面貌。唐人玉带板上多饰"蕃人进宝""伎乐人"形象。玉飞天则是最早的佛教玉雕，尚有一些圆雕的玉佛首（图2A-1）、玉佛像，生动传神。其他玉佩饰也多以珍禽瑞兽为主。光洁玉润的碾琢和富丽华美的神韵透出玉质之美。由于唐代开放大度，往来长安的胡人络绎不绝，因而出现了一些圆雕的玉胡人（图3、图4），极其精美，独具异域风采。

图3-1 白玉乐舞胡人 唐代
高7.2厘米

图3-2 白玉乐舞胡人 唐代

图3-3 白玉乐舞胡人 唐代

图3-4 白玉乐舞胡人 唐代

图3-5 白玉乐舞胡人 唐代

图3-6　白玉乐舞胡人　唐代

图3-7　白玉乐舞胡人　唐代　　　图3-8　白玉乐舞胡人　唐代

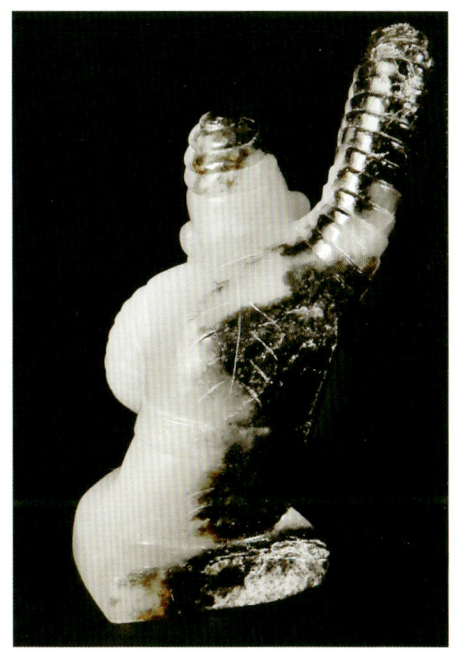

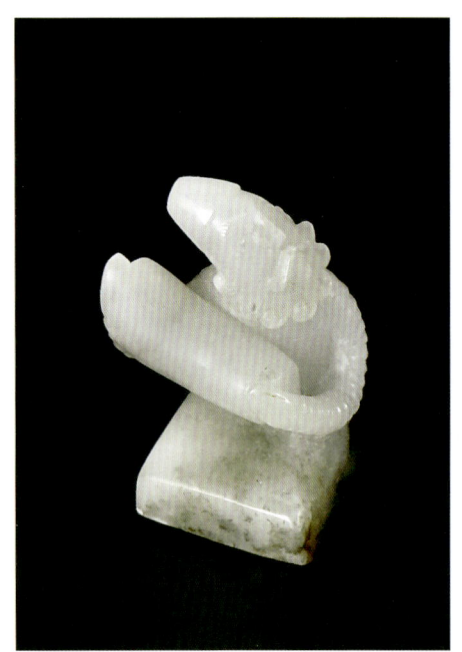

图3-9　白玉乐舞胡人　唐代

图3-10　白玉乐舞胡人　唐代

图3-11　白玉乐舞胡人　唐代

图3-12　白玉乐舞胡人　唐代

第一章 高古玉概述

图3-13 白玉乐舞胡人 唐代

图3-14 白玉乐舞胡人 唐代

图3-15 白玉乐舞胡人 唐代

图3-16 白玉乐舞胡人 唐代

23

图4-1　黄玉胡人献书　唐代
长8.6厘米

图4-2　黄玉胡人献书　唐代

唐代和田青白玉十二生肖（图5-图16），极其珍罕。通体采用和田青白玉、青玉籽料制作，玉色白中闪青，玉质致密温润，打磨抛光精细，光泽如脂如蜡。每个生肖都是人身肖（兽）首，呈盘站状。12个生肖的身形均为文官形象，身着右衽长衫，V形领口，腰带横束于胸，双手打拱于带下。衣衫及长袖分垂两侧，衣褶清晰飘逸，非常具有立体感。身后中下部，刻有两组4个背月槽，与唐代"开元通宝"金、铜钱背面的"背月"纹一样。12个肖首分别雕刻成12生肖样，每个肖首之上均雕刻着一只绶带鸟。绶带鸟姿态各异，但都是双翅收合，尾羽密集，后拖两条长尾垂于背上，生动优美。圆座，平底打磨光润。十二生肖的身体部分虽大同小异，但头像塑造得生动有致，各有神采。

据考，十二生肖，为随葬明器，亦称十二生辰俑、十二支神像，是代表地支的十二种动物俑。常见于隋、唐、五代及宋墓中。隋唐时期胎质多为灰陶、红陶，亦有青瓷制品。俑的形象，其中有的是人俑带生肖，十二种动物前足攀在人俑头上，后足踏在肩上；有的是人身生肖首，有的是人捧生肖。其姿态有的是立姿，有的为坐姿。古代生肖俑有站姿和坐姿两种。坐姿的多见于隋代初唐，分为跪坐和盘坐。站姿俑足下大多有方形座或圆形座。他们身穿宽袖大袍手执笏板人身兽首状，体态丰腴、身姿挺拔，服饰华丽，与当时的唐文官服饰相同。此造型俑流行于盛唐、中唐，唐早期的生肖俑服饰有隋朝遗风，多窄袖紧身。有一种造型是人俑带生肖，动物攀在人俑头冠上；另外一种是人俑胸前捧生肖动物原形，此两种造型以宋代为多见。现有馆藏最著名的是2009年出土于西安南郊的开元二十四年唐代兵部常选孙承嗣和夫人高氏合葬墓的唐代泥质红陶十二生肖俑（俑高约25厘米）。这是两京（长安、洛阳）地区唐墓中所见最早、最完整的一组十二生肖俑。该组生肖俑造型为典型的人身肖首，身形均作文臣形象，再配以不同生肖的头像，构成一个个独立的单体生肖塑像。此套玉生肖形象与该馆藏品总体相似，但头部增雕了绶带鸟，更为精致。

图5-1　青白玉生肖鼠　唐代
高18厘米

图5-2 青白玉生肖鼠 唐代

图5-3　青白玉生肖鼠　唐代

图5-4　青白玉生肖鼠　唐代

图5-5　青白玉生肖鼠　唐代

图5-6　青白玉生肖鼠　唐代

图6-1　青白玉生肖牛　唐代
高18.5厘米

图6-2 青白玉生肖牛 唐代　　图6-3 青白玉生肖牛 唐代

图7-1 青白玉生肖虎 唐代
高18厘米

图7-2　青白玉生肖虎　唐代

第一章 高古玉概述

图7-3 青白玉生肖虎 唐代

图7-4 青白玉生肖虎 唐代

图8-1 青白玉生肖兔 唐代
高18.9厘米

图8-2　青白玉生肖兔　唐代

图9-1 青白玉生肖龙 唐代
高18.2厘米

第一章 高古玉概述

图9-3 青白玉生肖龙 唐代

图9-2 青白玉生肖龙 唐代

图9-4 青白玉生肖龙 唐代

图10-1 青白玉生肖蛇 唐代
高18厘米

图10-2 青白玉生肖蛇 唐代

图10-3 青白玉生肖蛇 唐代

图11-1 青白玉生肖马 唐代
高17.8厘米

图11-2 青白玉生肖马 唐代

图12　青白玉生肖羊　唐代
高17.3厘米

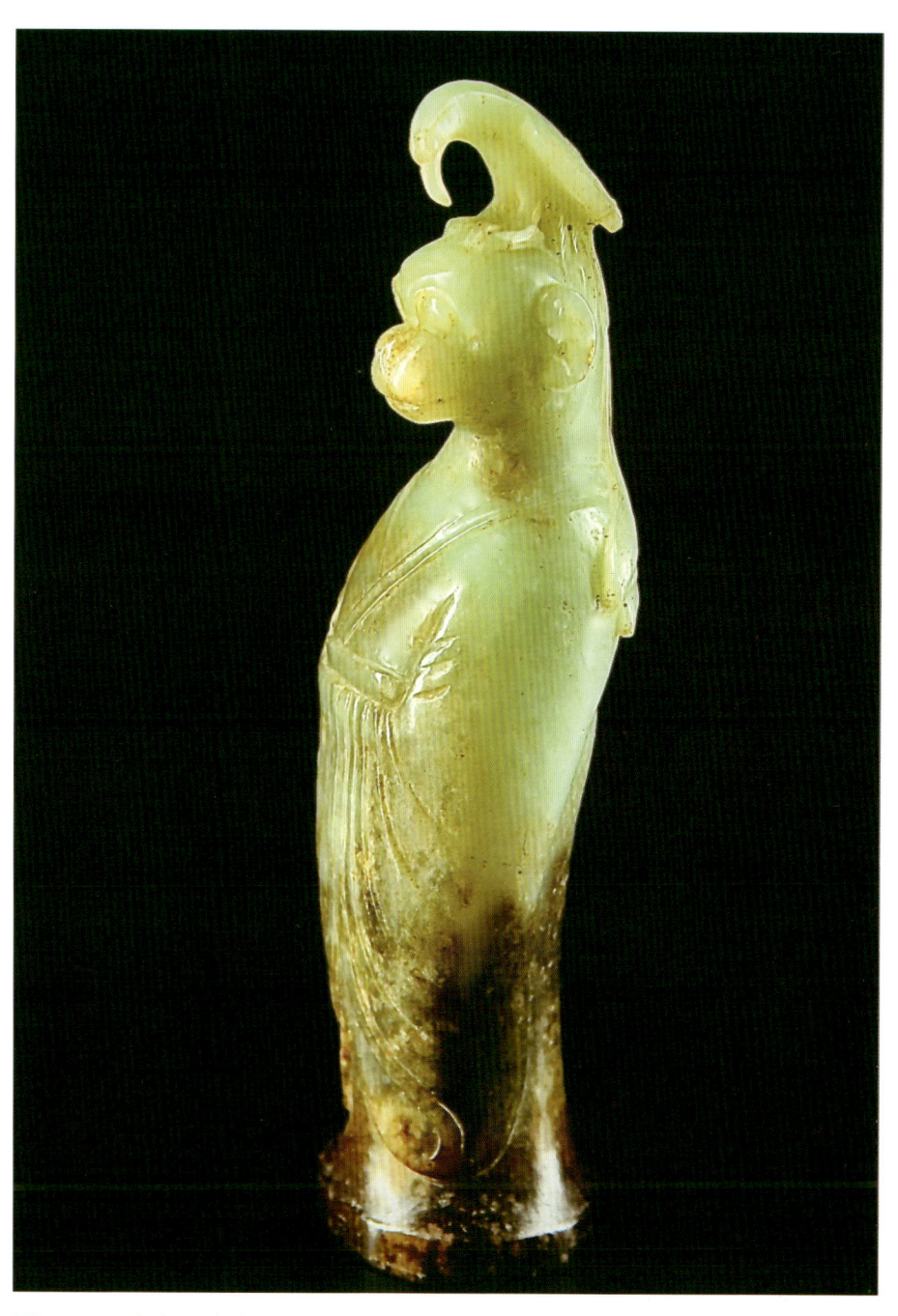

图13-1　青白玉生肖猴　唐代
高18.3厘米

图13-2　青白玉生肖猴　唐代

图13-3　青白玉生肖猴　唐代

图13-4　青白玉生肖猴　唐代

图14-1　青白玉生肖鸡　唐代
高17.7厘米

图14-2　青白玉生肖鸡　唐代

图15-1　青白玉生肖狗　唐代
高18厘米

图15-2　青白玉生肖狗　唐代

　　此套玉生肖头顶雕刻的飞禽是绶带鸟。据考，唐代玉器的器型种类丰富多彩，多数与实用和佩戴有关，盛极一时的礼器和葬玉几已消失。唐代玉器上的动物造型明显增多。除传统的龙、凤、螭外，更有一些写实性很强并具某种吉祥寓意和为推崇伦理道德服务的动物出现，如狮子、骆驼、鹿、象、鹤、雁、鸳鸯、孔雀和绶带鸟（鸟纹短翅，多呈展翅形，翅尖前翘，排列整齐阴线表示羽毛，丰满健壮，活泼和谐，生活气息浓郁）等。我国古代很早就把绶带鸟形象表现在艺术品中。此套唐代青白玉人身肖首十二生肖形神俱佳，保存完好，是带有晚唐至宋辽之际风格的玉雕神品。

　　唐代黄玉胡人献书圆雕件（图4），也相当精美。玉色乳黄半透、黄中闪青。玉质温润致密，打磨抛光精细，光泽如脂如蜡，黑褐、金黄色沁美丽。胡人头戴长尖帽，高鼻深目，络腮胡子，双腿跪地，双手捧书。胡人后背上伏着一只猿猴，双目圆睁，生动可爱。唐代敞开国门，胡人来华甚多，故而胡人题材的三彩陶器、玉器较多。和田黄玉稀少昂贵，此器圆雕、镂雕工艺精湛，十分鲜见。

图16-1 青白玉生肖猪 唐代
高18厘米

图16-2 青白玉生肖猪 唐代

唐代白玉反弹琵琶舞伎（图16A-1）更是美轮美奂，堪称绝品。羊脂白玉籽料，玉色冰清玉洁，玉质致密细腻，玉光如脂如蜡，观感温润细滑，手感沉实下坠。包浆熟旧，打磨光滑，精光内蕴。

舞伎整体造型如唐代飞天，结高发髻，上身赤裸，腰胯着短裙，裙摆飘逸、优美流畅。舞伎手持琵琶，出胯冲身、赤足勾翘，柔曼弯曲的双臂过头向背，边舞边弹手中琵琶。舞伎翩翩起舞，举足旋身，展现了"反弹琵琶"绝技时的瞬间动姿。借以表现伎乐天神态悠闲雍容、落落大方，手持琵琶，翩翩翻飞的风采，其衣裙裾如游龙惊凤，摇曳生姿，别具清韵。人物造型丰满，线条明快，一气呵成，颇具"吴带当风"韵致，令人赏心悦目。此玉舞伎身形线条极美，丰胸、瘦腰、肥臀浑然一体，飘带缠绕其间，飘飘欲仙。

据考，反弹琵琶是唐代敦煌艺术中最美的舞姿，也是盛唐文化一个永恒的符号。甘肃敦煌莫高窟112窟壁画的《伎乐图》，即是一幅典型的唐代反弹琵琶图。此玉舞伎与其形神俱似，是目前仅见的唐代立体圆雕玉舞人，体态较大，玉质绝佳，保存完好，堪为至宝。

（六）宋辽金元时期玉器

宋辽金元时期社会出现规模可观的玉雕市场和官办玉肆，开启了后代世俗陈设玩赏之玉的先河。宋代出现的仿古玉器多为仿汉玉器。宋辽金元的肖生玉具有北方草原民族的浓郁气息，如金元时期传世古玉中的"春水玉""秋山玉"，前者为鹘擒雁鹅春草间，后者是虎逐群鹿秋山中，层次富于变换，雕法多样。

（七）明清时期玉器

明清时期的玉雕艺术走向了新的高峰。玉器普遍涉及生活的方方面

图16A-1　白玉反弹琵琶舞伎　唐代
高19.5厘米

图16A-2　白玉反弹琵琶舞伎　唐代

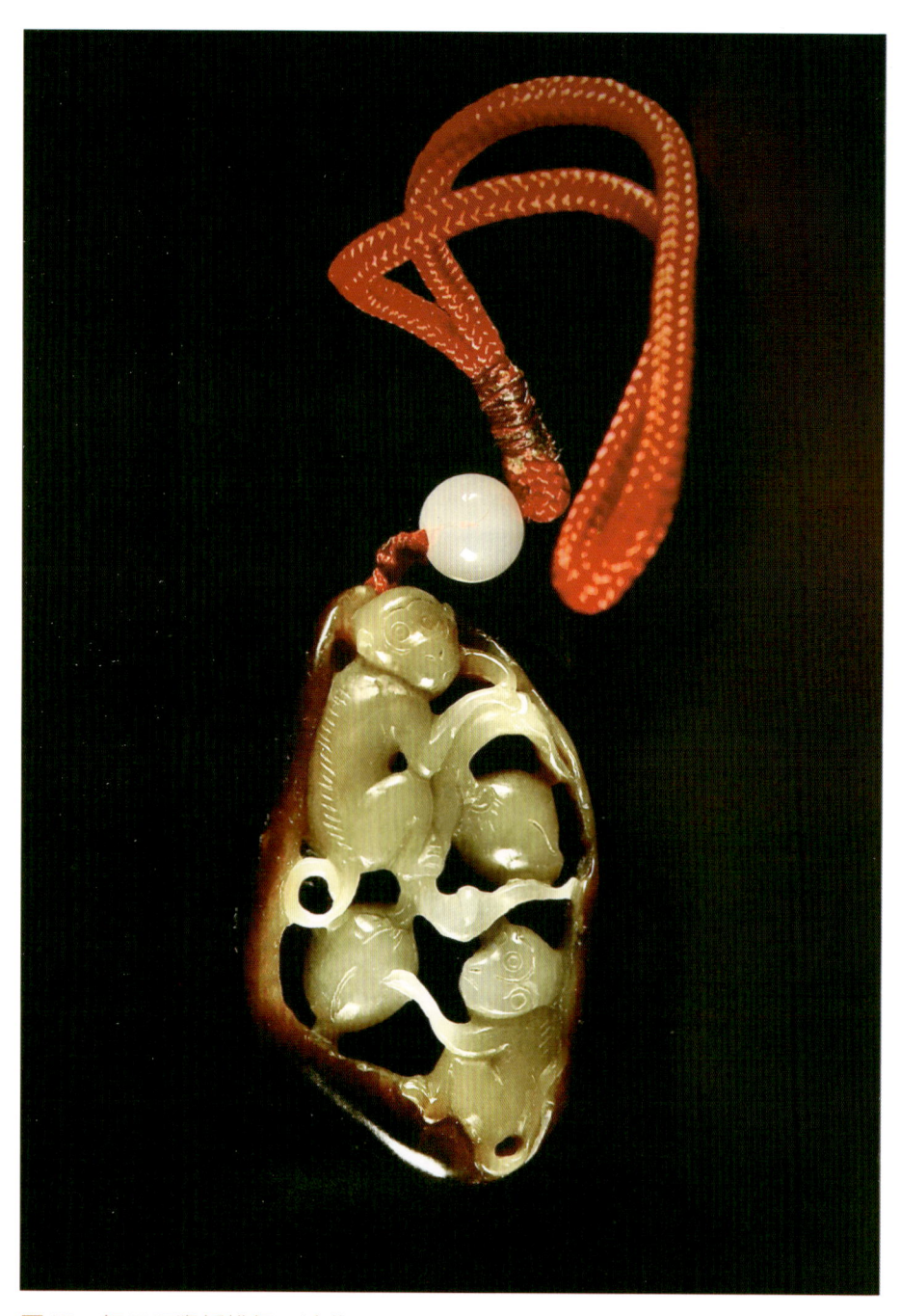

图17 籽玉双猴蟠桃佩 清代
高6厘米

面。玉器的工艺性、装饰性大增，玉雕小至寸许（图17），大至万斤。鬼斧神工的琢玉技巧发挥到极致，山水林壑集于一处且利用玉皮俏色巧琢，匠心独具，集历代玉雕之大成。

（八）古代玉器发展的三大阶段

基于高古玉归属性质和使用功能的不同，可将其分为神玉、王玉和民玉三个大的历史阶段。

1. 神玉阶段

神玉，亦称巫玉，距今10000–4000年为神玉阶段。史前玉文化的发展和繁荣的推动力是神。古代传说的神是巫觋创造出来的，她（他）们依靠虚幻的神的力量统治社会。新石器时期反映巫觋的玉像、玉面像见于红山、大溪、凌家滩、良渚、龙山、石家河等史前文化遗存。在我国东北、东南、长江中下游及西北等地蕴藏丰富的五大玉资源，促使史前社会有了巨大的发展，形成三大玉文化板块及五个支玉文化亚板块，为中华文明铺设了奠基石。

2. 王玉阶段

从夏至唐代为王玉阶段（夏商周–唐代）。王室宫廷掌握着生产、使用玉器的大权。夏商周三代王玉到了秦汉，成为帝王专用玉。玉器的主要功能为礼器（六端）、祭器（六器）、仪仗、工具、用具、器皿、佩饰和塑造人物、动物等。砣具为青铜或铁质。其间的历朝玉器均有自己的时代风格，既有传承又有创新。春秋时期"君子比德于玉"已很普遍。孔子及儒家做出的重要贡献，是将玉从神手里解放出来，交给"君子"，作为德的载体。王玉阶段民间极少用玉。

3. 民玉阶段

在玉文化的王玉阶段之中，民玉文化也逐渐形成并发展起来，从宋至清为中国玉文化的民玉阶段（宋代–清代）。玉除了为帝王朝廷专用之外，由于工商业发达和玉器的商品化生产，工商、富户人家置朝廷禁制于不顾，从店铺购置玉器用于喜庆、佩戴、文房、宴饮、鉴赏、收藏等物质文化生活的各方面。这个阶段的民玉是商品玉，没有王玉特殊的阶级属性。与王玉不同，民玉的特点是与民间生活更加贴近，有着生动清新的写实艺术风格。

（九）古代玉器发展的三个高峰

基于古代制玉业发展水平的不同，可将其划分为三个具有划时代意义的高峰。

1. 第一个高峰是新石器时代

我国玉器的萌芽始于新石器时代早期，今天的辽宁西部和内蒙古东部可能是古代玉器最早的发源地。我国玉器早期的发展进程呈现多元化特点，玉文化分布区主要有三大板块：一是以红山文化玉器（图39–1）为代表的东北、华北地区的夷玉板块；二是以良渚文化玉器（图35–1）为代表的长江以南中部地区的越玉板块；三是以齐家文化玉器为代表的西北地区的羌玉板块（图58）。

新石器时代玉文化的三大板块并不是孤立存在的，而是在共同发展中相互碰撞、相互影响并交汇融合，最终共同造就了古代玉器发展的第一个高峰。

2. 第二个高峰是汉代

西周至汉代形成了我国古代玉器的第二个高峰，也是高古玉的顶峰。作为王玉最为鼎盛的汉代，是中国封建社会的形成和发展时期，罢黜百家、独尊儒术成为社会主流。"君子比德于玉"等一系列儒家文化思想使玉器除了继续承载着祭祀天地的功能外，又成为一种具有社会道德含义的重要物质载体。因此，这一时期的玉器制作越来越趋向理性化和规范化。由于凝结着深厚的理性因素，所以汉代玉器在审美上体现出神圣、工整的时代特色，成为封建社会早期中国玉器的典范，并奠定了中国玉文化的基本格局。

商周至战汉时期，是我国古代玉器发展的颠峰时期。制玉水平更加高超，器物精美绝伦，前无古人，后无来者。一方面雕琢工艺技术发展提高迅速，另一方面玉料获得量开始大增，特别是张骞出使西域之后，优质和田玉资源开始进入中原腹地。在传承商周玉器造型纹饰的基础上，又有了不同程度的发展和创新，如汉八刀雕琢工艺技法的出现，就是一个创新发展的明显例证。汉代用玉制度得到更进一步完善，礼器用玉已经成为一种体系，等级用玉开始细化，玉文化理论也更加深化，以至于影响和贯穿了整个封建社会时期，直到元、明、清，这种根深蒂固的约束力仍然有所残存和体现。

汉代玉器可以分为礼玉、葬玉、饰玉和陈设玉四大类。最能体现汉代玉器特色和雕琢工艺水平的，是葬玉（图165-1）、饰玉（图154-1）和陈设玉（图166-2）。汉代玉器集高古玉之大成，从总体上说，其玉材最好、形制最美、雕工最精、质量最高，玉器的名品、精品和上品最多。

3. 第三个高峰是清代乾隆年间

随着唐宋元明之后玉器加工工艺和技法日臻完善，玉雕艺术逐渐步入程式化发展的阶段，各种玉雕技法和艺术理念的日渐成熟，进一步促进了玉器生产的蓬勃发展。

明清时期是中国玉器发展的繁荣时期，尤其到了清代乾隆年间，随着清政府用兵西域，平定了准噶尔叛乱之后，打通了和田玉运往内地的通道，恢复了和田玉料的供应，从根本上解决了玉雕材料的来源问题。

乾隆皇帝非常喜爱玉器，素有"玉痴"之称。在其当政期间极力发展制玉业，更是不遗余力地制作了包括"大禹治水玉山子"在内的诸多玉雕精品，从而进一步推动玉器发展走向了一个前所未及的高峰。

三 高古玉的品类

按照用途划分，中国古代玉器可以分为礼玉、葬玉、佩玉和日用玉四大类。不同时代玉器的造型及用途又有各自的分类。

（一）礼玉

礼玉是古代用于宗教祭祀及国家大典的玉器。按《周礼》记载，礼玉有璧、琮、圭、璋、璜、琥等六种，称为"六器"。

1. 玉璧

玉璧是一种中心有孔的扁圆形玉器。古人在祭祀时，认为这种器物能同祖先神灵相通。除用作祭祀外，还可用作装饰、祥瑞、敛葬等。玉璧出现在新石器时代，以良渚文化为代表，春秋战国时代（图99）已相当精美。汉代玉璧雕工愈加精细，汉墓中常出土玉璧（图18-1）陪葬品。

图18-1　青白玉螭龙璧　汉代
长7.1厘米

图18-2　青白玉螭龙璧　汉代

2. 玉琮

玉琮（图40）为一种外方内圆的柱状管形玉器。琮的方圆表示地和天，是出于天圆地方的高古宇宙观，做成方琮来祭祀地神，用作礼地之器。此外，玉琮亦被用于祥瑞、敛葬等。玉琮出现于新石器时代，以良渚文化最为发达，其中有的刻有兽面纹饰，是玉琮的辉煌时期。汉朝以后，玉琮均为外方内圆的短柱形，不加纹饰，用途已变为装饰和丧葬用具。宋至明清，仿古玉琮大量出现，成为一种装饰或陈设玉器。

3. 玉圭

玉圭是一种上端为三角形或直平，身为长方形的玉器。古代玉圭不仅用以祭方位神，还用以区别等级和作符节等职能（图263-1）。战国时期玉圭和玉璋最为盛行，其后由宋代至明清，历代均有制作。

4. 玉璋

玉璋是一种扁平长方器物，一端斜刃，形状似半边圭。玉璋始见于龙山文化，盛行于商周（图92A-1）。璋与圭一样曾为礼朝区分等级的器物，春秋以后趋于少见。

5. 玉璜

玉璜是一种弧形的玉器。汉制称"半璧玉璜"，但常见出土的玉璜仅有三分之一玉璧大小（图124-1），弯弧两端（或中间）有小孔，往往出于墓主领下，可能用于佩戴，故有"佩璜"之称。

6. 玉琥

玉琥是刻有虎纹（图100-1）或形似老虎的玉器（图80-1、图87-2），殷商至汉代常见。

（二）葬玉

汉代以前盛行厚葬，人们视死如生，认为玉可以使死者灵魂不朽。葬玉是专用于随葬的玉器，古人认为以玉敛葬，能够保护尸体。葬玉是指这类专门为保护尸体而制造的随葬玉器，主要有玉衣、玉琀、玉握、九窍玉塞等。

1. 玉衣

玉衣又称"玉匣""玉押"，即用金属丝线将玉片穿缀而成的尸罩，相传可保存尸身不腐，可分为金缕玉衣、银缕玉衣、铜缕玉衣和丝缕玉衣。

2. 玉琀

玉琀又称"含玉"，是含于死者口内的葬玉。玉琀各代形制不一，商周玉琀有玉蝉、玉蚕、玉鱼、玉管等，春秋战国时玉琀有玉猪、玉狗、玉牛、玉鱼等，大约任何较小的玉件均可充当口含。汉代以后大量使用玉蝉做琀，明初墓葬中还见有以小璧充作玉琀的。

3. 玉握

亦称"握玉"，是握于死者手中的葬玉。汉代常见的玉握是猪形，即"玉豚"，其他如璜形玉器有时亦作玉握使用。

4.九窍玉塞

它是指填塞死者的九窍玉塞，包括双耳、双眼、双鼻孔、一口、前阴、后阴等，目的是保护尸体，以防精气外逸。

（三）佩玉

佩玉是指佩戴于人身的各种装饰玉器，其特点是个体较小，大多有可穿线的孔洞。佩玉的种类较多，如玉玦、玉镯、玉刚卯、玉牌、玉带钩等，有的成组佩戴，有的单独悬挂。

1. 玉玦

人的耳饰，形似小玉璧，但有一缺口。新石器时代的玉玦多光素无纹（图19），商代的玉玦常为蟠龙形制，首尾相向，西周玉玦多以斜刀刻出龙纹、云纹、鸟纹等，春秋战国出土的玉玦较多，形制较小，外径在2-5厘米。战国以后，玉玦不再流行（图259-2）。

2. 玉镯

亦称玉钏，自古以来是人们最基本的腕饰之一。新石器时代墓葬中已见有出土，大汶口文化玉镯呈外方内圆形，春秋战国时期玉镯为扁圆形，唐代有镶金玉镯，发展至宋代玉镯呈圆环形，内平外圆，明清玉镯多见装饰，如联珠纹、绳索纹、竹节纹等。高古玉除了有腕镯之外，还有臂钏（图112-1）。

3. 玉龙

玉龙的形象随时代而演变，新石器时代红山文化的玉龙，身躯作"C"字形，简练优美，极富特色。此后，玉龙呈现多姿多彩的风貌。历代带有各自鲜明的特征（图106-1）。

4. 玉动物

玉动物取象于自然界真实动物，圆雕或片状雕均有，造型姿态多样，栩栩如生。玉动物一般作为佩饰，也有的可作为陈设器（多为圆雕）。玉动物主要有玉虎（图80-2）、玉象（图169-1）、玉熊（图20-1）、玉马（图167-2）、玉牛（图173-1）、玉鹿（图84-2）、玉猪（图96-1）、玉鹰（图75）、玉鱼、玉龟（图97-1）、玉鸟（图21-1、图146-1）、玉鸭（图22-1）、玉羊（图147-2）、玉凤（图29-1）、玉兽（图174-1）等，在历代玉器中最为多见。

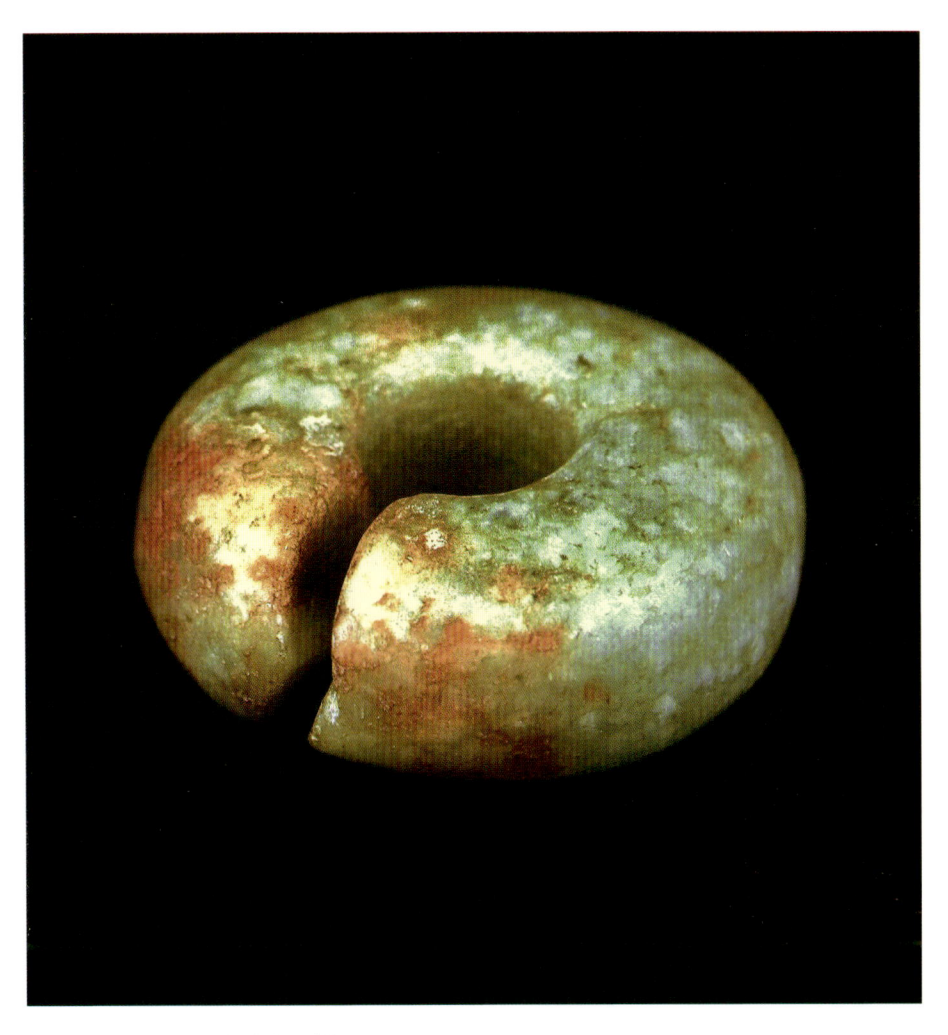

图19　玉玦　红山文化时期

图20-1　白玉熊　商代
高4.1厘米

图20-2　白玉熊　商代

图21-1 白玉鸟 西汉
长8.9厘米

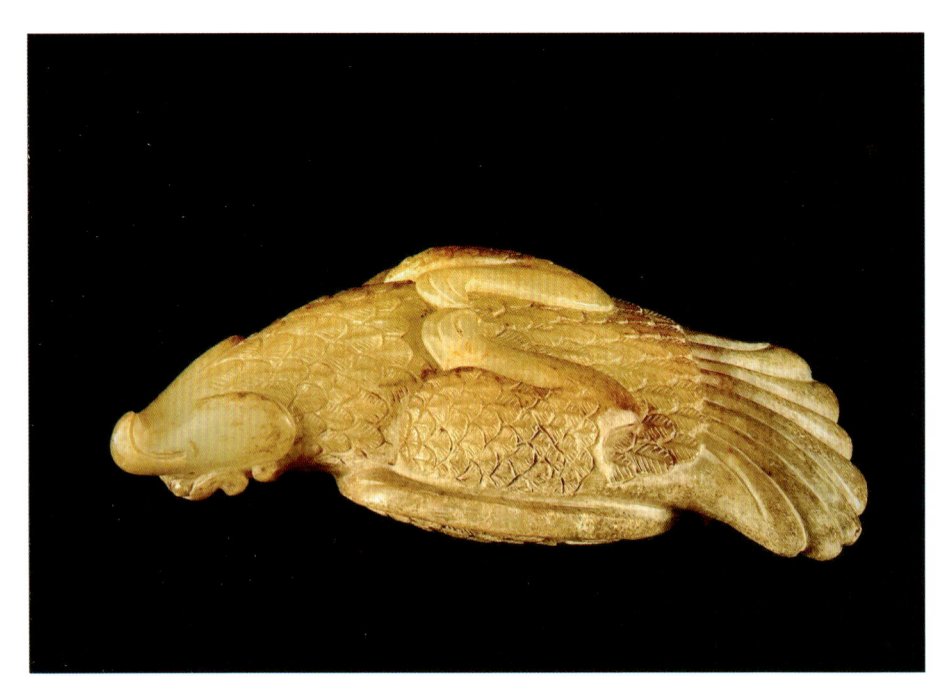

图21-2　白玉鸟　西汉

图21-3　白玉鸟　西汉

图22-1　白玉鸭　西汉
长5.8厘米

图22-2　白玉鸭　西汉

5. 玉人

玉人是直接反映人类自身形象的作品，有全身、半身、人首和人面等，多半为扁平状，除可用以佩系外，大型的可作为陈设器，具有祭祀、辟邪的作用。新石器时代已出现玉人，琢工带有明显的稚拙性；商代以后的玉人形象较多，尤以汉代的玉人最为生动：有站立（图212-1）的、有跪踞（图76-1）的，有全身（图23）的、有人首（图24-1）的，有男人（图76-1）的、有女人（图268-1）的，有圆雕（图86-1）的、有平雕（图157）的。各个时代玉人具有不同的形象特点。

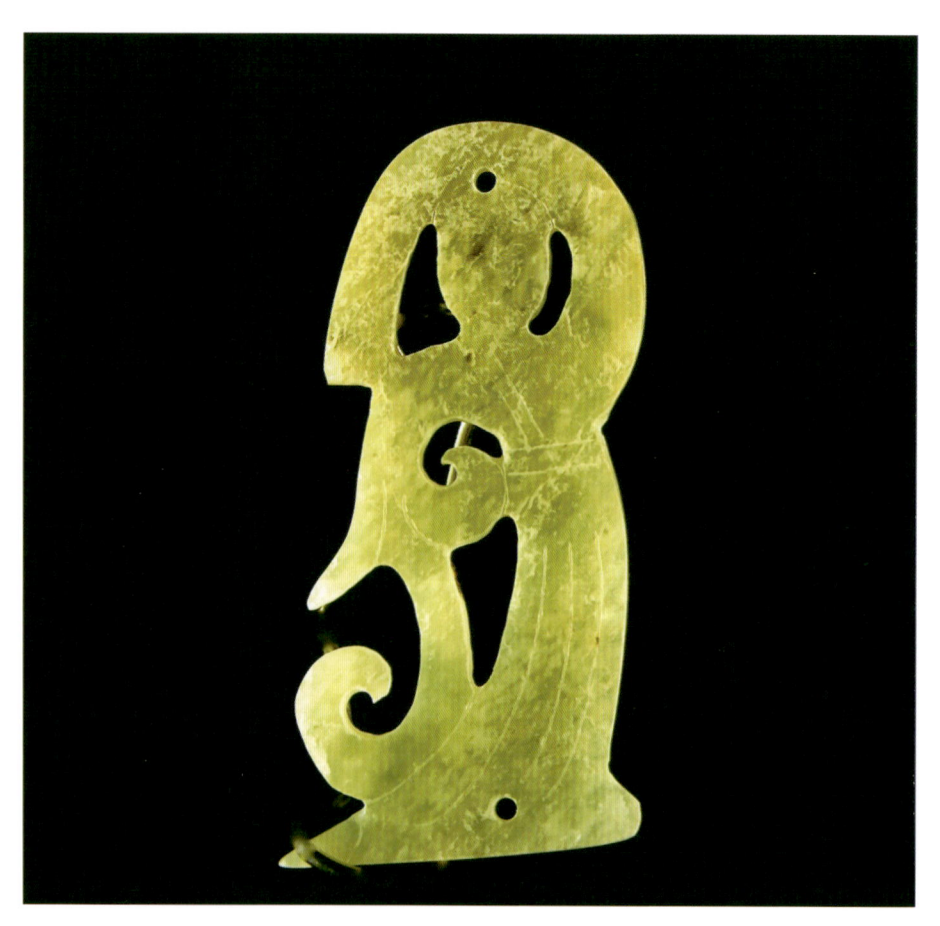

图23　黄玉舞人　西汉
　高4.2厘米

第一章 高古玉概述

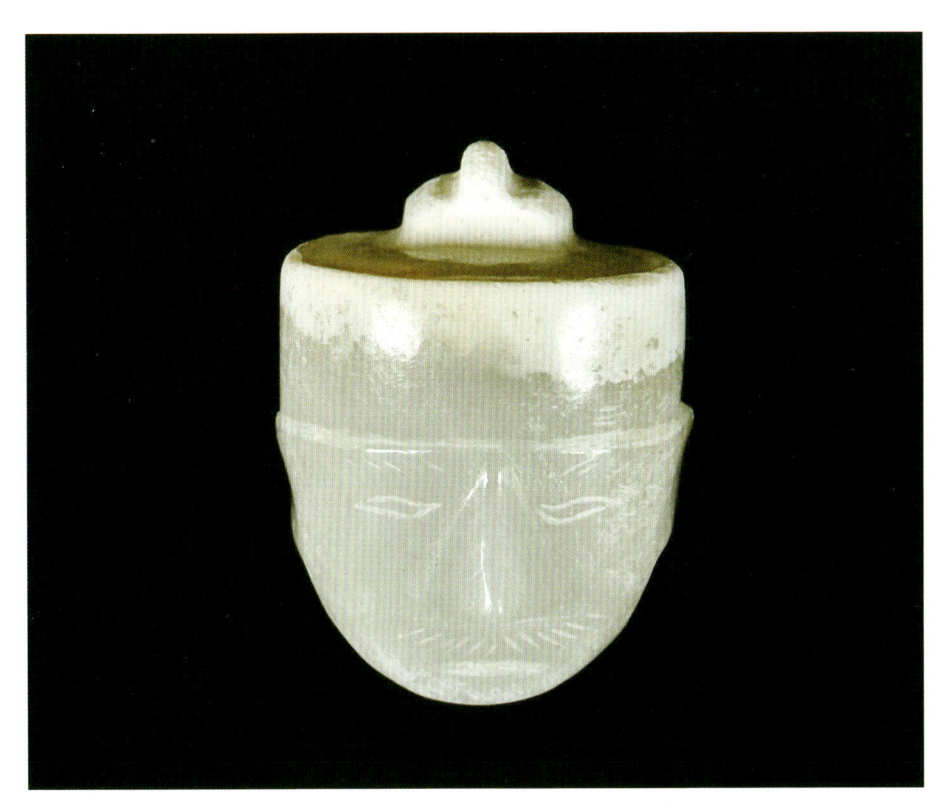

图24-1 白玉人首 西汉
高3.6厘米

图24-2 白玉人首 西汉　　图24-3 白玉人首 西汉

6. 玉剑饰

玉剑饰是用于剑上的装饰玉件，饰于剑首的称为玉剑首，饰于剑柄与剑身之间的称玉剑格。玉剑饰盛行于春秋战国至秦汉时代。

7. 玉佩

玉佩分为单佩和组佩，都属于片玉，经拉丝切片后再雕琢而成，佩戴于颈部、胸前或腰身等部位。玉单佩形制多样，有辟邪玉（刚卯、司南、翁仲等）、玉牌（图189-1）、玉带钩（图126-1）、玉勒（图25）、玉管等。玉组佩是由多片单佩及佩饰组合而成的大型玉饰（图78A），都是王侯贵族的专享品，极其珍贵。

8. 玉珠串

采用玉、宝石、玛瑙（图178）、水晶、琉璃、蜜蜡、绿松石（图74-1）等材质，制成管状、片状、珠状、环状的小附件，单独或与其他佩玉组合（图158A）使用。

（四）日用玉

日用玉是为了满足日常生活需要而制作的玉器，因耗材较多而较少制作。日用玉主要有玉盘、玉碗、玉勺、玉筷、玉杯（图116-1）、玉卮、玉簪、玉发箍（图81-1、图82-1）、玉梳、玉盒、玉奁等。广义的日用玉，也包括陈设玉器。

图25 黄玉勒 战国
　长7厘米

四
高古玉的制作技法

高古玉的制作技法很多，主要有平雕、阴刻、浮雕、圆雕、镂雕、镶嵌和混合技法雕琢7种。

1. 平雕

平雕，指用拉丝切片方法切割而成的平面玉器。高古玉的平雕器物，有光素无纹饰（不带工的）的与阴刻纹饰（带工的，图23）的两种，行家将其统称为"片玉"或"片子玉"。新石器时代的许多片玉都是光素无纹的，西周至汉代的片玉基本都有阴刻纹饰。平雕片玉的用料、制作相对简单，最为常见。高古玉中平雕器物的数量最多。

2. 阴刻

亦称凹刻，指在平面或立体的玉材上向下雕刻而显现凹陷纹饰、文字的技法。阴刻有纵向直刻（图121）的，也有斜向斜刻的，所谓的"一面坡"（图92）技法实际也是大宽度、深尺度的特殊阴刻技法。阴刻是最常用、最多见的玉雕技法，流行于高古玉的各个时期。

3. 浮雕

浮雕，是在平面上雕刻出凹凸起伏形象、纹样的技法，是介于圆雕和平雕之间的艺术表现形式。浮雕的空间构造可以是三维的立体形态，也可以兼备某种平面形态；既可以依附于某种载体，又可相对独立地运用。浮雕与圆雕的不同之处，在于它相对的平面性与立体性。根据压缩空间的不同程度，形成浮雕的两种基本形态即高浮雕和浅浮雕。浮雕玉

图26 黄玉鹿 西周
长11.6厘米

器在春秋战国至汉代发展到极致。

（1）高浮雕。具有较大的空间深度和较强的可塑性，赋予高古玉表达形式以庄重、沉稳、肃穆、浑厚的效果和恢弘的气势。高浮雕由于起位较高、较厚，形体压缩程度较小，因此其空间构造和塑造特征更接近于圆雕，甚至部分局部处理完全采用圆雕的处理方式。高浮雕（图199-1）往往利用三维形体的空间起伏或夸张处理，形成浓缩的空间深度感和强烈的视觉冲击力，使浮雕艺术对于形象的塑造具有一种特别的表现力和魅力。

高古玉工匠将圆雕与浮雕的制作技法有机结合，充分地表现出人物、动物或纹样之间相互叠错、起伏变化的复杂层次关系，给人以强烈的、扑面而来的视觉冲击感。

（2）浅浮雕。浅浮雕是以行云流水般涌动的绘画性线条和多视点切入的平面性线纹构图（图133-1）。浅浮雕起位较低，形体压缩较大，平面感较强，更大程度地接近于平雕、绘画形式。它主要不是靠实体性空间来营造空间效果，而更多地利用绘画的描绘技法或透视、错觉等处理方式来造成较抽象的压缩空间，这有利于加强浮雕适合于载体的依附性。

古代玉匠很好地运用浅浮雕技法（图142），富有节奏感和韵律感地表现出充满生气的艺术形象，并以复杂的动势贴切地展现出人物（图138-1）、动物（图100-1）或纹样（图135-1）的神韵。

4. 圆雕

圆雕亦称立体雕，指非压缩的，可以多方位、多角度欣赏的三维立体雕塑技法。它是高古玉的整体表现形式，要求工匠从前、后、左、右、上、中、下全方位雕刻玉器。圆雕玉器亦称立件，它以器物的外形、纹饰取胜。圆雕高古玉既有素面（图19）的，也有带雕工（图49-1）的。从新石器（图42-1）至汉代（图161）均有圆雕玉。圆雕玉的用料较多、制作复杂，艺术性更高。高古玉中的小型圆雕件（图27）较多，大型圆雕件（图67-2）较少，圆雕玉器基本都使用高级玉材制作。

图27　白玉猴　汉代
高6厘米

5. 镂雕

镂雕亦称通体式镂空，是以镂空为主，结合圆雕、堆雕等技法在玉器坯体上，把装饰纹样雕琢通透的装饰技法。高古玉镂雕技法（图133-1）在战汉时期已非常娴熟，多在礼玉（图115-2）、佩玉（图144-2）上采用。

6. 镶嵌

镶嵌亦指以物嵌入，指将一个物体嵌入另一个物体中，使二者固定结合。镶是指把物体嵌入，嵌是指把小物体卡紧在大物体的空隙里。高古玉镶嵌，指在一件玉器或金属器上镶嵌不同材质的佩饰所合成的玉器，还包括不同单件玉器的勾连、环接而形成的组合玉器（玉组佩等）。新石器时代就有玉器上镶嵌其他宝石（绿松石，图38-2）的，两周、两汉也有玉镶宝石和玉组佩的，汉代、唐代还有金银（宝石）镶嵌玉器（图184-2）和玉器错金、银纹饰的。镶嵌玉用料多、费工耗时、多种工艺并用，艺术性很高。

7. 混合技法雕琢

高古玉也有将平雕、阴刻、浮雕、圆雕和镂雕集于一器（图61、图268-1）的技法。这是高古玉工艺技法集大成者，作品存世极少。

五 高古玉的纹饰

纹饰，是玉器的重要组成部分，它直观地反映了高古玉的图案艺术美。我国高古玉上雕琢的各种纹样装饰，或朴素无华，或精雕细刻，或简约洗练，或复杂多变，其构图、雕刻技法、表现的主题所呈现的具象艺术，从一个方面反映了古代玉器的不同时代特征，既可把玩欣赏，又可鉴别真伪。高古玉的纹饰很多，下面介绍一些常用、常见的纹饰。

1. 谷纹

谷纹亦称豆芽纹、蝌蚪纹、逗号纹（图222-3）。它通常被用在片玉（玉佩、玉璧、玉璜等）的地子上，雕琢成一个圆形带小尾巴纹饰，颇似禾谷种子发芽的形状。五谷杂粮为人生存之本，玉器上的谷纹有祈求五谷丰登之意。这种纹饰流行于战国秦汉时期。

2. 蒲纹

它是由两组或三组平行线交叉而成的类编织纹，常见三组平行线等角度相互交叉形成的纹饰，类似古人席地而坐所用的蒲草编织席纹（图186-2）。蒲纹表达了古人对安居乐业的向往。战国、秦汉的玉璧上多见蒲纹。

3. 乳钉纹

乳钉纹亦称乳突纹、鼓钉纹（图224-1），是在玉器表面雕琢出凸起的圆点，似乳似钉，经常是多个整齐排列或不规则排列，也有时将单个乳钉纹雕琢在蒲纹交叉线所构成的空格上，还有相互勾连（图150-2、图223-5）的。乳钉纹既有对母亲的敬重和怀恋之情，也有祈求子孙满堂、人丁兴旺之意。乳钉纹是最简单的玉器纹饰之一，在战国、秦汉玉璧上广为采用。

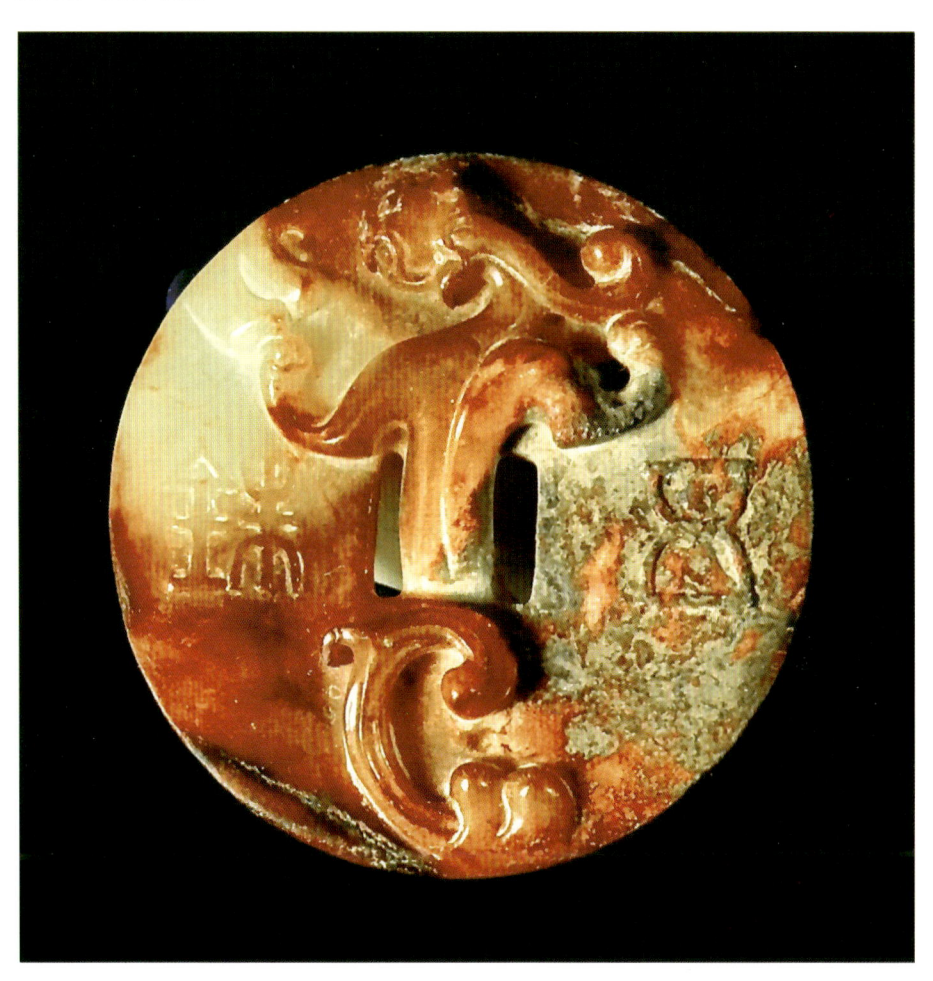

图28-1　白玉五铢币　汉代
径5.3厘米

4. 云纹

云纹亦称卷云纹（图107-1、图109、图118-2）、勾云纹（图33-3、图117-2），古人祈求敬天祭地、行云播雨。无云则不生雨，无雨则不生谷。在玉器上雕琢云纹，一则敬天，二则求雨。早期的云纹比较抽象，其形似两端同向内卷的弯钩，故又称之为勾云纹。这种抽象的云纹既有整齐排列的，也有相互穿插勾连的，形状变化较多，流行于春秋战国时期的玉器之上。

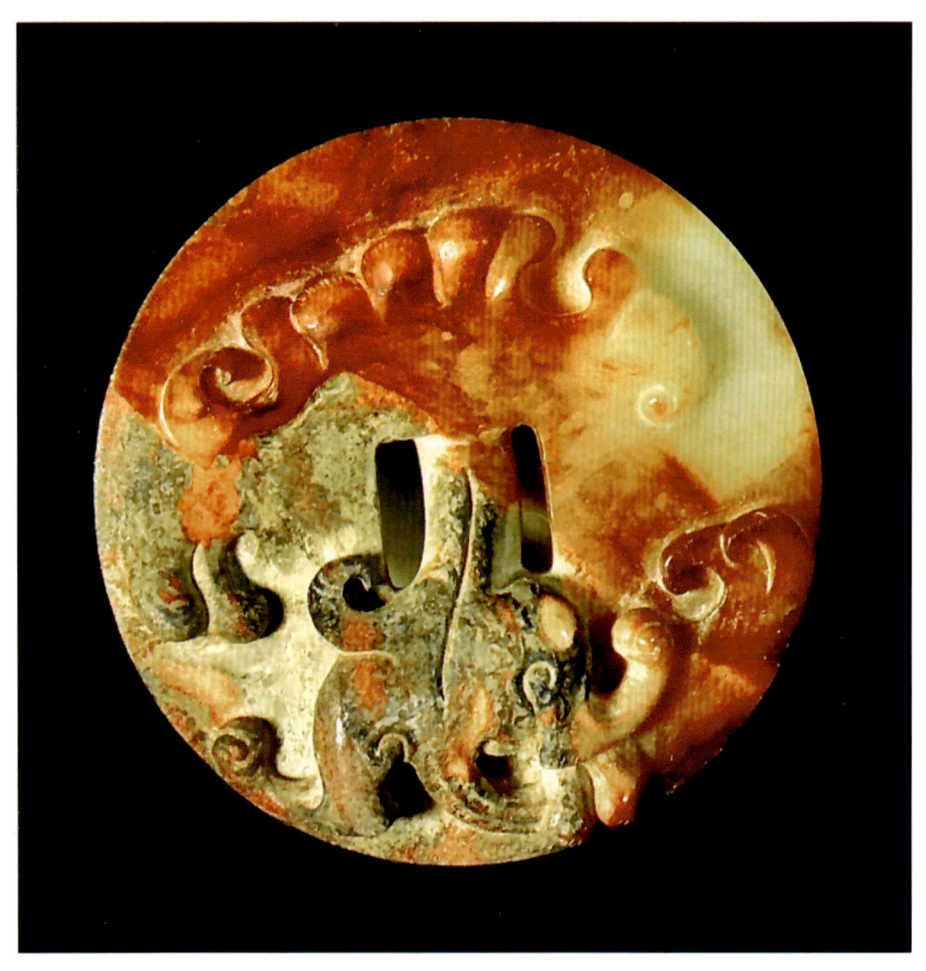

图28-2　白玉五铢币　汉代

5. 螭纹

螭是龙的九子之一，亦称螭龙、螭虎。螭形似蜥蜴类的爬虫，方头（无角），蛇身逶迤，无鳞，四肢四爪，长尾。螭纹多为蟠卷起伏之状，又称蟠螭纹。螭纹盛行于战汉时期，多为高浮雕形象（图219-1、270-1），常见于玉璧（图180-1、图197-1）、樽杯之上。

6. 虺纹

虺是古代传说中带有剧毒的小蛇，有单头（图198）和双头（图144-2）之分。虺纹多见于春秋战国时期的玉璧、玉佩上，往往是两条或多条（图99）相互缠卷盘绕，虺身上常用游丝毛雕技法雕刻细密的鳞纹（图98-1、图121），非常精美。

7. 龙纹

龙是华夏文化的图腾，是最早出现在玉器上的纹饰和形象。新石器时代的玉龙多为圆雕的C型龙和猪龙。

作为纹饰，最早出现的龙纹是夔龙纹，始于商（图61-3）、周时期，其线条比同期青铜器上的龙纹要柔美一些，有单、双阴刻线和少量浮雕形象。商、周时期的夔龙不张大口、无齿，战汉时期的夔龙多张大口、无齿，东汉以后开始有齿。夔龙纹在商、周以后的历代玉器纹饰中都占有重要位置，它是体现和展现神王威仪和皇家权力的代表性玉纹饰。夔龙纹（图129）最盛行的是战汉时期，变化多端，形象威猛。

8. 凤纹

高古玉器上的凤纹往往是头有高冠、弯喙、圆眼、展翅、长尾，颇似孔雀形象。传说商代氏族的图腾即为凤，凤通常是后妃贵妇的象征。新石器晚期和商代见有单独的片状玉凤（图64-1），两周（图85）及战汉（图29-1、图30-1）时期则较少单独采用凤纹，多与龙纹作为搭配，龙凤纹（图220-2）多见于玉佩（图265）、玉觿（图31）上。

图29-1　青玉凤鸟佩　战国
高3.8厘米

图29-2　青玉凤鸟佩　战国

图30-1　白玉凤纹佩　汉代
长5.6厘米

图30-2　白玉凤纹佩　汉代

图31 白玉鐮 西汉

9. 饕餮纹

饕餮亦为龙的九子之一，是古代传说中一种只进不出（只吃不吐）的贪食异兽。新石器晚期至商、周青铜器上出现的饕餮纹是一种图案化、抽象化的怪异兽面纹，其形象头大身小，有脸无颌，狰狞诡异。高古玉器上的饕餮纹（图41）多见于商周（图61-1、图82-4）、战汉（图103-1、图119-1、图260-2）时期，与同期青铜器上的饕餮纹大同小异。

10. 雷纹

雷纹亦称云雷纹，是一种类似"回"字的连续方形辅助纹饰，既有作为玉器边缘装饰的，也有大面积作为玉器地纹装饰的，连方排列或缠绕。雷纹常见于商周（图67-3、图96-1）至战汉时期的玉器上。

11. 弦纹

弦纹有平弦纹和弧弦纹之分。平弦纹用于片玉上，多做边线或轮廓线使用。弧弦纹常出现在圆柱或筒形玉器（图116-4）上，有双线和多弦纹之分，环绕玉器刻划。

12. 陶纹

陶纹亦称绳纹（图112-2），表现为两股或多股绳索状线纹，多作为圆形或圆筒状玉器的边缘装饰。

13. 圈纹

流行于春秋战国时期，常见于璧、瑗、璜等片玉上。圈纹是排列成行的小圆圈，有单圈（图32-2）、同心圆和圈点等，使用灵活。

14. 重环纹

始见于商代，流行于西周。重环纹是由若干个近椭圆形的环组成的纹饰带，环有1—3层不等，环的一侧有两个尖锐角（图116-4）。

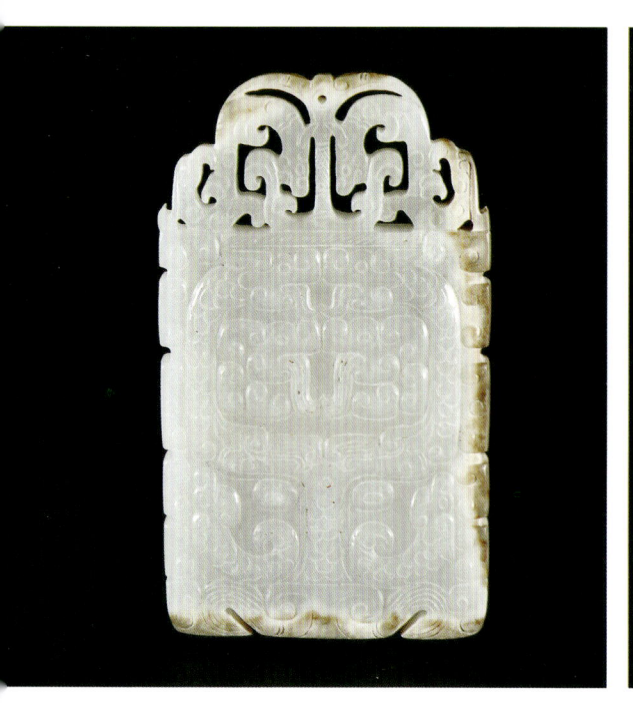

图32-1　白玉镂雕牌　西汉
高6.7厘米

图32-2　白玉镂雕牌　西汉

15. 涡纹

涡纹亦称水涡纹，涡纹形如水涡旋转的集合图案。此纹较早出现于新石器晚期（图43-2）和西周玉器上，到春秋时作为小件玉器的纹饰，从战国时起，才出现在大件玉器上。

16. 鳞纹

形似鱼鳞（图146-1），常雕成上下数层、重叠出现，流行于商代晚期至春秋时期，常在龙凤鸟兽身上使用。

此外，还有一些纹饰也时有所见。如四灵纹（图254-1）、虎纹（图68-1）、鱼纹、象纹、人面纹（图42-1）及水波纹（图47-1）、蚕纹（类似卷云纹，图140-1）、回纹（图61-1）、麦穗纹（图112-4）、柿蒂纹等。

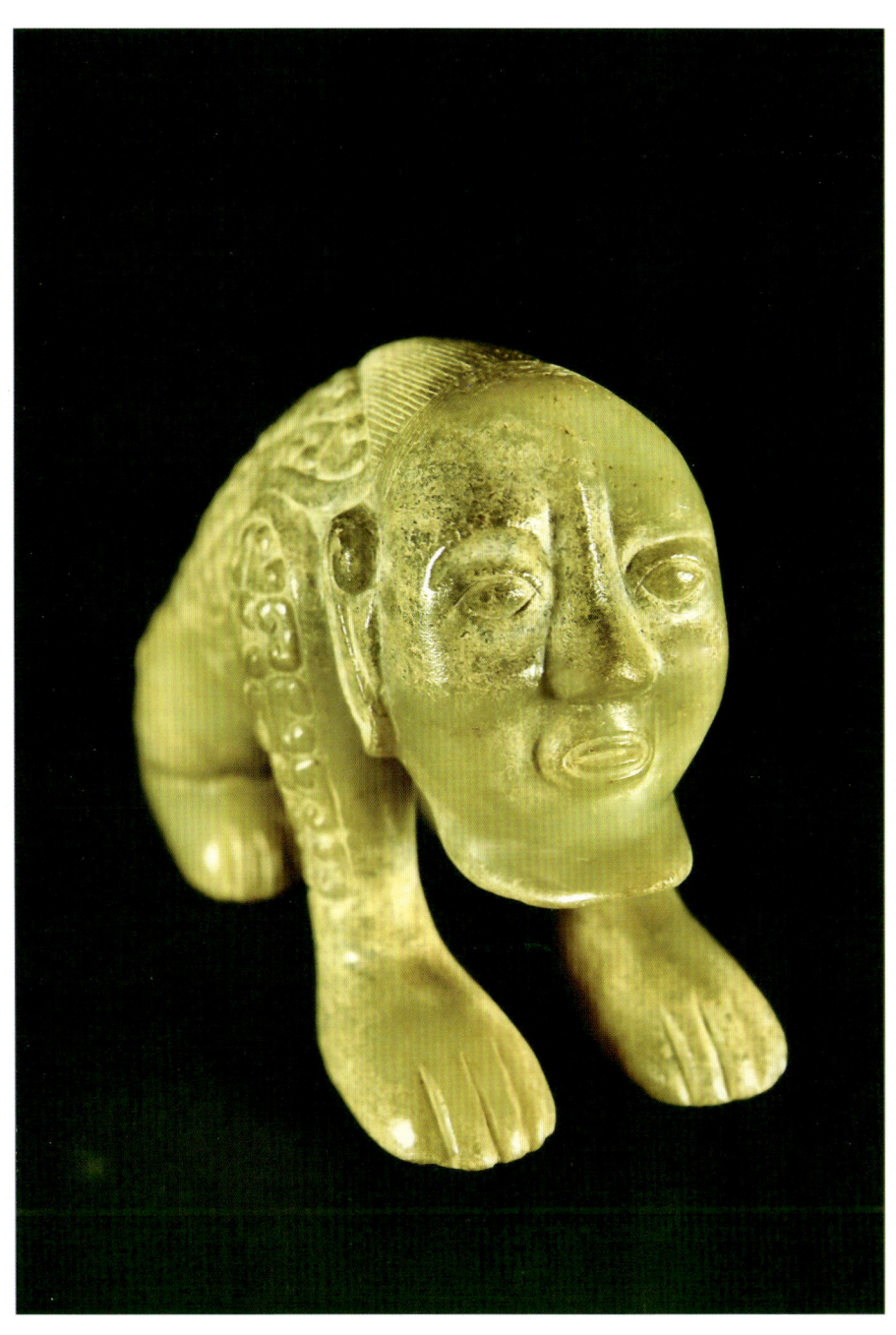

图33-1 黄玉人面兽 西周
长8.9厘米

图33-2 黄玉人面兽 西周

图33-3 黄玉人面兽 西周

第二章

新石器时代玉器

新石器时代是考古学家设定的一个历史时间区段，大约从公元1万多年前开始，至距今5000-2000多年结束。新石器文化是人类的早期文化、原始文化。国内已知并有考古发现的、具有代表性的新石器文化遗址主要有河姆渡文化遗址、良渚文化遗址、仰韶文化遗址和龙山文化遗址等。

在旧石器时期，人们还未对玉有深刻的认识，也未赋予玉更高的思想含义和理念。当时含有玉性的石头仅是石料的一种，即通过打磨之后的生产工具，并未把玉看得特别重要和多么珍贵。因而，考古出土的只是石斧、石犁、石锛、石锄、石针等劳动生产工具和生活实用器，其中有些是玉质石器。

新石器中期以后，人们开始从石料中把精美的一类挑选出来，赋予它原始的信仰、崇拜、审美的思想意识。从而孕育产生了原始宗教信仰色彩下的祭祀、礼仪，产生了玉器制作艺术并使用装饰玉。

良渚文化玉器种类较多，典型器有玉琮、玉璧、玉钺、三叉形玉器及串玉项饰等。良渚玉器以体大为尚，显得深沉严谨，以对称均衡的浅浮雕装饰技法见长，尤其是其线刻技艺巧夺天工。良渚琢玉水平的代表作是形式多样、数量众多、形象诡谲的玉琮和兽面神人纹饰的刻画。

红山文化则以动物形玉器和圆形玉器为特色。典型器有玉龙、猪龙、玉兽形饰、玉箍形器等。红山文化琢玉技艺最大的特点，是玉匠能巧妙地运用玉材，把握住物体的造型特点，寥寥数刀，就能把器物的形象刻画得栩栩如生，生动传神。神似是红山古玉最大的特色。红山古玉，不以大取胜，而以精巧见长。

从良渚、红山古玉多出自大中型墓葬分析，新石器时代玉器除有祭天祀地、陪葬殓尸等用途外，还有辟邪及象征权力、财富、贵贱等功能。中国玉器自早期伊始，便带有高深莫测的原始神秘色彩。

距今5500-4000年的辽宁红山文化、江浙良渚文化、山东半岛的大汶口文化乃至山东龙山文化遗址中出土的玉器，首先是作为巫师祀神、沟通天地人的媒介。圆形中空的玉璧，是先民升天通灵的祭器，外方内圆的玉琮作为礼地之器，与天圆地方的原始宇宙观念相关，象征着天地、神灵、祖先的法力。红山文化中的玉龙、云形玉佩，是部落图腾和首领权力的标志物。玉在中国古代文明起源中扮演了重要的角色。

一 新石器时代玉器工艺

1. 新石器时代早期

当时还没有发明砣机，更没有金属工具，玉器的工艺痕迹非常特殊、原始。正因为新石器时代玉器具有原始玉器独特的工艺特征，所以现代制玉是很难掌握和仿制的，尤其是几个重要特征很难被现代造假者突破，这也是新石器时代玉器鉴定的判断重点。

（1）新石器时代玉器的工痕特征。受生产力水平的制约，新石器时期尤其新石器时代早期，玉器生产过程中尚无金属工具的出现，因此当时的玉器生产是一项异常艰巨的、费工耗时的工作。

根据痕迹推测，新石器时代玉器的加工方法主要是：玉石开片使用皮筋、绳索醮解玉砂进行磨锯；细加工使用玉石料、骨头等中介物醮解玉砂研磨而成；抛光使用植物、兽皮等醮解玉砂进行揉、擦、磨等方法完成。

原始社会的解玉砂，是比玉硬度高的石英类矿物捣碎加工而成的细砂。由于到当时工具、方法落后等因素的限制，制成一件玉器十分不易，需要经年累月、长时间地缓慢琢制。

由于新石器时代玉器的精细加工均为渐进缓慢地进行，所以很少会在玉器上留下类似快速机器打磨而留下的"小平面"。而现代高速电动工具仿制的新石器时期玉器，往往圆雕面不够圆润、光滑；古代的细加工是一点一滴完成，不会在圆面留下棱面的特征。

新石器时代玉器的阴刻线是古人用解玉砂逐渐琢磨而成，沟槽边棱圆润、光滑，一般不会出现尖锐棱面、蹦碴现象。阴刻线的蹦碴现象，通常在铁器发明的战国以后才出现。常见的蹦碴，是钻孔时由管钻从一端钻至另一端即将穿透、捅破时留下的，开始钻的一端反而无蹦碴现象，此后的玉器的单向穿孔常有此现象。而对钻的孔则无蹦碴现象。由现代电动工具钻孔常在两端皆有微小的蹦碴现象。

（2）新石器时代玉器的抛光特征。新石器时代玉器的抛光进行缓慢，由于解玉砂的粗细不均，手工抛光方向不一致，玉器表面出现粗细不等、方向不一、长短不同的线条痕迹，新石器晚期的玉器平面或沟槽处的抛光痕方向较有一致性。这种痕迹有的肉眼可看出，鉴定时需用10-20倍放大镜，才能细致入微地观察清楚。

2. 新石器时代晚期

新石器时代晚期出现了棱角锐利、体型扁薄、整体抛光的石质制玉工具，单面穿孔技术得以推广，双面穿孔出现。

新石器时代晚期，制玉手工业在我国部分地区逐渐形成规模，璜、镯、环、珠、管等玉器广为流行。如红山文化的马蹄状玉箍、勾云形器（图39-2）、玉猪龙、玉龟、玉鸟（图34-1）；凌家滩遗址的玉人、玉钺、玉戈、鸟兽结合的展翅玉鹰、玉龙凤璜、背腹分体的玉龟、长方形鱼片（占卜工具）。

这一时期，制玉手工业与用玉风气以凌家滩文化最盛，具有较高的专业化生产水平，对其他文化的玉器产生重要影响。

3. 新石器时代末期

玉器制作盛行，已有专门的制玉手工业，琢玉工艺出现了浮雕、透雕、圆雕和镶嵌（图38-2），玉器制作空前繁盛，在各地龙山时代文化

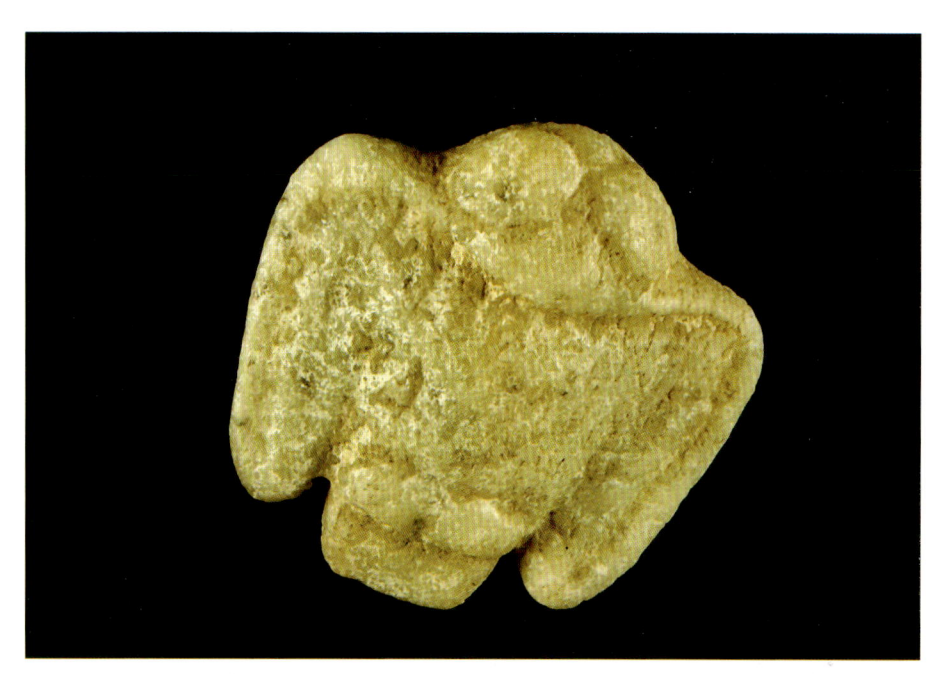

图34-1 玉鸮 红山文化时期
长5.2厘米

图34-2 玉鸮 红山文化时期

遗址中都有发现，良渚文化玉器最具代表性。良渚玉器种类繁多，数量多，多是琮、璧、璜、钺、冠形器等礼器，环、镯、牌饰、坠饰等装饰品和组件，多繁缛精致的纹饰，阴刻线细如毫发，堪称微雕。

与新石器早、中期相比，新石器晚期的玉器数量骤增，种类繁多，出现了一批体积大、造型复杂、工艺技术含量高的精美玉器。此外，良渚大墓的"玉敛葬"、红山文化动物形象的玉制品、山东临朐朱封大墓出土的嵌绿松石透雕冠状形玉笄、陶寺大墓出土的骨笄、龙山文化的玉神人首（图37-1）、石家河文化的圆雕虎头等，都表现出极高的琢玉工艺技术。

如龙山文化玉器工艺就包括了阴刻线（43-1）、阳线（图50-1）、斜面棱线（图48-1）、减地凸雕（图48-1）、透雕（图48-2）等技法。龙山文化玉器工艺上最突出的特点是剔地阳纹，亦称压地或减地阳纹。此工艺琢一条阳线，首先要刻两条阴线作为阳线两边的轮廓，再分别剔除多余部分而将阳线凸起，最后还要磨平除去部分的地子，工序相当复杂精细，令后代望尘莫及。再如西周玉器的双勾阴线加斜刀"一面坡"工艺，只是龙山文化玉器剔地阳纹工艺的一步半；商代玉器的双勾阴线工艺也只是龙山玉器剔地阳纹工艺的第一步。

新石器时代不同文化区域的古人在选石制器的过程中，已经开始有意识地把拣到的美石制成装饰品，打扮自己，美化生活。由于当时人们制作玉器的经验不足，琢玉工具尚不完备，再加上艺术欣赏能力较低，制作不规范，所以器形较简单，器身多无纹饰，一般仅采用雕琢打磨的方法。

在高古玉的收藏实践中，人们偶尔可见一些新石器时代的玉器遗存，这些距今时隔久远的古代玉器，虽然受到当时生产力水平的制约，处于中国玉器生产的简单雕琢时期，但原始社会那种粗犷奔放的艺术表达却依然生动而强烈，显现出一种无可替代的朴拙美。

4. 新石器时代玉器的氧化特征

由于新石器时代玉器距今年深日久，经过漫长的岁月洗礼，玉器在地下或地表长期与空气或水土中其他物质接触，绝大多数都程度不同地存在着氧化、腐蚀现象。如良渚文化、凌家滩的出土玉器，几乎没有一件玉器表面是玉质晶莹、颜色新艳的。

高古玉器的氧化程度，通常有轻微、稍重、重度、极重等四种。轻微氧化不太明显，在玉器尖角、棱角处常呈现白色或灰白色小斑点，平面也常见，这种白斑通常在玉器浅表，虽入玉内但不深，表面光泽无变化。

稍重氧化，在玉器棱角处是大片灰白或白色类似鸡骨白现象，并深浅不等地进入玉体内，平面或圆面呈现分布不均的局部泛白现象，但皆沁入玉器肌理内。新石器时代玉器的氧化与未氧化之间的界限，是在放大镜下观察呈白色絮状。特别要注意的是，这种氧化斑点处的表面抛光痕、亮度与整个玉器表面是一致的，唯有受腐蚀或侵蚀形成的小孔洞内、小斑点处看不到抛光痕。

重度氧化，是整器被氧化呈鸡骨白状（图35-2），强白灯光照射下，局部仍可见玉质、玉色，器型薄小的看不到玉质、玉色。

极重氧化，是全器被完全氧化、形同朽木枯石，丧失了玉器的基本特征，目鉴难以看到玉色、玉质。

5. 新石器时代玉器的艺术特征

新石器时代虽受生产力水平的制约，制玉工艺比较原始简单，但经过长期发展业已具备了较高的艺术水准，特别是新石器晚期。新石器玉器的神韵和艺术表现力远非今人能够简单仿制。从艺术层面理解，玉器的技术水平不代表艺术水平，艺术只有技法而无方法，则这种技巧也不能传达，正所谓"简约不简单"。

古人对玉的理解与现代玉器造假者截然不同，这在高古玉器上整体呈现出古拙、质朴、神韵十足的特点，其线条优美流畅、形神兼备，不像赝品那样有形无神、线条迟钝、呆滞。这种被收藏界称为高古玉神韵的魅力，需要鉴赏者经过反复实践方能领悟。

图35-1 玉琮 良渚文化时期
高21.1厘米

图35-2　玉琮　良渚文化时期　　　图35-3　玉琮　良渚文化时期

二
新石器时代玉器造型

新石器时代属于玉器生产的初期阶段，玉器数量比较稀少，制作工艺也相对简单。新石器时代玉器的造型，多为小件饰品且无装饰纹样，其代表品种是玦、璜、珠、琀、坠等。

新石器时代玉器的器型较多，多为礼仪用器，以素器为主，有纹饰者甚少。可分为直方系器，如斧、锛、凿、圭、璋、多孔刀；圆形系器，如璧、环、瑗、璜、珠、玉管等；直圆合体器，如琮；仿生器，如玉人、玉鸟、玉鱼、玉蝉、玉龙、玉鳖等。它们奠定了我国玉器器型的基础。从其玉器的数量、质量看，可以说已经形成了第一次制玉的高潮，玉器艺术表现技法仍处于原始古拙时期。

新石器时代玉器造型，以河姆渡文化、红山文化、良渚文化、龙山文化和凌家滩文化等五个文化时期的玉器最具代表性。

（一）河姆渡文化时期玉器造型

河姆渡文化发现于浙江省杭州湾附近的余姚县河姆渡，距今约7000年。在河姆渡遗址第三、第四层所出土的玉器，是我国迄今发现较早的玉饰件之一。

河姆渡玉器品种有璜、玦、管、珠、饼、丸、坠等，多系小件装饰品。由于当时人们制作玉器经验不足，琢玉工具尚不完备，再加之艺术欣赏能力较低，制作多不规范。工艺一般仅采用琢打磨光，器形较简单，器身多无纹饰。

（二）红山文化时期玉器造型

红山文明形成于距今5300-5000年左右。最新考古发掘资料表明，在地处辽宁省阜新查海原始村落遗址中，出土了玉玦（图19）、玉匕、玉凿及管状玉玦共8件玉器。它的发现，标志着我国制玉历史进一步发展。

红山文化遗址出土了一批包括龙和与龙有关的各种动物图案为题材的玉器群，而装饰用的小件玉器则发现甚少，也无琮、钺、璋等礼器出现。按照红山文化玉器的造型和题材，可以分为动物形玉和几何形玉两类：

1. 动物形玉

分为现实动物和幻想动物，现实动物如玉鸟、双龙首玉璜、兽形玉、玉龟（图36-1）、鱼形坠、玉鹗等；幻想动物如兽形玉和玉龙、兽形玦等。

图36-1　玉龟　红山文化时期
长6厘米

图36-2　玉龟　红山文化时期

2. 几何形玉饰

主要有勾云形玉佩（图39-1）、马蹄形玉箍、方圆形边似刃的玉璧、双联玉璧、三联玉璧、棒形玉等等。红山文化时期的玉器中最具有代表性的是玉雕龙，此件玉龙呈碧绿色，体卷曲，形似"C"字，吻前伸，嘴紧闭，鼻端平齐，双眼突出，额及颚底皆刻细密的方格网纹，颈脊长鬣上卷，边缘斜削成锐刃，末端尖锐，尾向内弯曲，末端圆钝，背有一对穿圆孔，可供穿挂用。红山文化玉器中的动物造型，风格质朴而豪放，制玉技法中的圆雕、浮雕、透雕、两面雕、线刻等日臻成熟。

（三）良渚文化时期玉器造型

良渚文化是我国长江下游重要的新石器晚期文化，最初发现于浙江余杭良渚镇，距今5000-4000年。良渚文化分布范围大体是南自浙江的杭州湾，北跨长江到达苏北的海安，东至上海，西到南京附近的宁镇山脉。良渚玉器的造型、装饰技艺都有一定的创新。在造型上除琮（图40）、璧、璜（图41）、玦、管、珠、环等以简单的几何形状为主的饰品外，还出现了鸟、鱼、蝉、蛙、龟等动物形态的圆雕器物。良渚文化中的大型玉璧和高矮不同的多节玉琮（图35-1），标志着制玉工艺已与石器工艺分离。

良渚玉器造型较为复杂，已能碾琢阴线或阳线、平凸或隐起的几何形及动物形的图案，具有朴素雅拙的风格。在装饰方面，一扫前代朴实无华的光素传统，出现了云雷纹、鸟纹、蛙纹等繁密精细的装饰纹样，其中以多种形态出现的神人、兽面复合的纹样最为重要。良渚文化玉器中最令人瞩目的是以"两眼一嘴"为特征的所谓"兽面纹"，这也是最具代表性的纹饰。这种"兽面纹"或繁或简，变化多端，它以其狰狞而怪异的色彩，对后世的类似纹饰（尤其是商周青铜器饕餮纹）产生了巨大影响。

（四）龙山文化时期玉器造型

龙山文化是因1928年首次发现于山东章丘市龙山镇城子崖而得名的。龙山文化距今4000–3500年，它的下限年代较晚，有可能已经跨入我国历史上的夏代，是高度成熟的新石器时代晚期文化。

城子崖遗址出土了许多玉石装饰品，鸟形或鸟头形玉饰成组随葬，为以后商代盛行动物雕开创了先例。出土器物中另有玉斧、玉锛、玉刀、玉凿、玉璇玑等。从龙山文化出土玉器的造型、纹饰来分析，它们所体现的思想内容和社会特点及时代所赋予的特殊性质，不仅只具有装饰的意义，说明它还与当时的宗教思想有关，这种以某种生物为崇拜对象（图85）的现象正是原始图腾崇拜的特征。

（五）凌家滩文化时期玉器造型

凌家滩文化是新石器晚期文化的重要组成部分，早于龙山文化。凌家滩文化遗址年代距今5500–5300年，位于安徽省含山县铜闸镇凌家滩村，总面积160万平方米。1985年发现，1987年安徽省文物考古研究所试掘，又于1987年至2007年先后进行了五次发掘。

凌家滩文化遗址发掘清理了墓葬44座、祭祀坑3座、积石圈4个以及红陶土块建筑、人工巨石堆等12个方面的遗存，出土了大量精美的器物，除陶器、石器外，还有利用透闪石、东陵玉、灰白色玉料（鸡骨白）雕琢的玉人、玉龙、玉鹰、玉版、玉勺、玉猪、玉钺及斧、玉管微雕、玉戈、玉虎首璜等多种类型的玉器。这在中国考古发掘史上占有重要而独特的地位，为探索中华文明凌家滩遗址玉器的起源提供了可靠的依据。遗址墓葬可以折射出从野蛮时代步入文明时代的痕迹，以及当地日趋成熟的社会思想、阶级状况、审美趣味和工艺水平等方面的发展状况。

三
新石器时代玉器装饰

（一）红山文化玉器纹饰

红山玉器以素面无纹饰的居多，也有少量玉器上饰有瓦沟纹（图39-2）。瓦沟纹，就是随器物形体的走向而游动碾磨出片状玉器的上凸面和下凹槽，这些碾磨出来的沟槽使器物表面凸凹有致，缓和而又自然。红山文化玉器中的勾形器、勾云形佩均有这种纹饰。

（二）良渚文化玉器纹饰

良渚玉器种类丰富，有冠形器、玉琮（图35-1）、玉璧、玉璜（图41）、玉带钩、玉钺、锥形器、手镯、圆盾形器、玉玦，各种动物造型、管珠等。纹样的主要表达方式为阴刻线，用阴刻线突出阳线的立体感和纹饰的层次感，并有浮雕、透雕、圆雕等雕刻技法。其中最为精妙的是玉器上的阴刻线，细如发丝、繁而不乱，有线纹饰的阴刻线需要借助放大镜才能够看清。在良渚文化博物馆里就有一件小玉琮，需要借助放大镜，才能够看清神人图案嘴部极细阴刻线组成的纹饰，因此被誉为"中国第一微雕"。

良渚文化玉器最经典的纹饰是饕餮纹，亦称神人兽面纹（图-41）、神像纹，多见于玉琮、玉璜之上。早期是面目狰狞的兽面纹，后逐渐与冠帽、五官、四肢具备的人形互相融合而成。这种人、兽形态抽象并合二为一的纹饰表达了古代先人对于征服自然、征服野兽的雄心壮志，也表明了对于人对拥有野兽般力量的向往，是神权的象征。如良渚玉璜为半圆扁薄型，中部雕有阴线刻神人兽面纹，兽眼椭圆形如铜铃，锥形鼻，卷云形嘴，纹饰十分繁复，毫米之间居然能有数条阴刻线，即使是采用现代工艺技术雕刻也有非常高的难度。除长年累月所习得高超的雕刻技艺，对神明的敬畏之心恐怕也是工匠得以制作出如此精美玉器的关键。新石器时期玉器饕餮纹也在不断地演变，对我国青铜器上的兽面纹饰产生了深远影响。

（三）龙山文化玉器纹饰

龙山文化玉器是新石器晚期玉器的奇葩，它以抽象多变、神秘莫测的纹饰而著称，令人匪夷所思。从工艺特点看，龙山文化玉器有四个方面可谓登峰造极。

1. 平面镂空之精致

龙山文化平面镂雕堪称绝技，常常能把玉器雕出剪纸的效果。如北京故宫博物院收藏的龙山文化鹰攫人首玉佩（高9.1厘米，宽5.2厘米，厚0.9厘米），上端为一只展翅的鹰，下端为二颗人头。类似造型的龙山文化玉佩在上海博物馆、天津博物馆、温州博物馆均有收藏。再如，凤攫人首佩，这件玉器整体使用镂雕工艺，主要描绘了凤鸟或者是鹰这类凶猛的飞禽抓住人首的瞬间场景，极为传神。又如龙山文化期玉神面首（图43-1）制作得相当精美。

2. 玉石镶嵌之精绝

如温州博物馆收藏的龙山文化鹰攫人首玉佩（高7.3厘米，宽4.5厘米，厚0.6厘米），以隐起的阳线勾画出一只雄鹰抓攫两个人首的形象。

山东临朐西朱封遗址出土的龙山文化组合玉笄是迄今发现最早的玉石镶嵌艺术品，工艺十复杂，不仅有镂雕、还有插接，最为难得的是白玉上面镶嵌绿松石，在新石器文化期就能做到且做得这么精致，实在令人难以想象。

3. 几何造型之精准

龙山文化玉礼器、玉兵器尺寸多比较大，但基本都可以做到横平竖直、十分规整，尤其是龙山文化的玉璇玑，线条之美堪称一绝。如加拿大皇家安大略博物馆收藏的龙山文化镂雕玉璇玑。

4. 刻纹图案之精美

龙山文化玉器中既有素面玉器，也有刻纹玉器，其阴刻纹饰虽然不像良渚文化神人兽面纹那样成为特有的标志，却也别有风韵。如山东大学收藏的山东日照两城镇出土的龙山文化中期兽面纹玉圭，美国芝加哥艺术研究院收藏的龙山文化玉璜。

镂雕玉璇玑，以镂雕鹰纹和两组镂雕龙纹为主，说明在这个时期是以鹰为图腾的。

组合玉发簪，是由两部分组合而成的，上端的扇形镂雕玉件是镶嵌在下端的竹节形发簪上的，体现了当时极高的制作水平。

阴刻饕餮纹玉锛，这件玉器的奇特之处在于，一是上、下两节分别埋藏在墓葬中不同位置，故出土时形成了不同的沁色。二是阴刻兽面纹，有人把它作为玉器饕餮纹的起源。

龙山文化晚期的神木石峁遗址出土的戴耳环玉人（上海博物馆镇馆之宝），如果不知其确切年代，很难想象这是一件史前玉器。从这件玉器上可以观察到当时人的服饰穿戴、装饰耳环等特征，是了解史前文明的重要资料。

此外，与龙山文化临近的石家河文化玉器也别具一格。动物类玉器颇为写实：展翅高飞的玉鹰生动逼真、惟妙惟肖；玉虎头方首卷耳，生气勃勃；玉神面首头戴冠帽，菱形眼、宽鼻、戴耳环，表情庄重威严，堪称一绝。

四
新石器时代玉器撷英

1. 玉神面首（图37）

玉神面首，亦称玉神人首、玉神像，通体采用和田黄玉制作，黄中闪青，沉稳清丽。玉质致密细腻，温润细滑，手感下坠。包浆熟旧，精光内蕴。因受沁器表有程度不同的钙化灰皮。

神面首为竖高式，采用浮雕加镂孔工艺制作：正面整体琢磨出窄凸的脸庞边线。菱形眼凸起，眉峰窄凸，扁宽鼻翼，浮雕出上下、正反八撇式脸廓，眼角、阔嘴的两侧雕有深沟纹，呲牙咧嘴，神态威严诡谲。双耳为扇翅形，耳垂佩环。头戴长条形弧面高冠，冠上部为扇形、有沟槽，中部较窄、无纹，下部稍宽、正面雕刻一组反向勾云纹。

神面首的背面亦呈半圆形，高冠与正面形状相同，但下部光素无纹。背面雕刻形象夸张且与正面不同：自眉峰、顺鼻梁至鼻翼连贯雕琢碾磨出轮廓棱线，一气呵成。双眼圆睁，三角阔鼻，半圆形嘴，门齿呲露，极有张力。颈部呈梯弧形，下承条形底座。

此器与其他玉神面首的最大不同之处，就是双面雕刻不同的神面纹，其工艺繁复精细，纹样图案抽象诡异，神性十足，殊为难得。美国国家博物馆馆藏品"泛龙山文化期高冠玉神像"，与此器几乎完全一样。

图37-1 黄玉神面首 龙山文化时期 高7.2厘米　　图37-2 黄玉神面首 龙山文化时期

2. 碧玉蛙佩（图38）

新疆碧玉制作，玉色青翠，玉质致密温润，包浆熟旧，器表多有饭糁。器型如蛙，分为双层制作：上层面积较小、雕琢呈青蛙形，青蛙呈俯卧状，张口，圆眼，四肢蜷伏，短尖尾。双眼后中有一个穿孔。上下层之间研磨出一圈沟槽，沟槽之下是底托。底托背面研磨出两个圆形凹坑，每个凹坑四周剔出凹槽，在凹槽里镶嵌充填细碎的绿松石为饰。

古代将青蛙作为祈求子孙繁盛、多子多福的祥瑞之物。此佩以蛙为形，碧玉与绿松石镶嵌成器，精致可人，颇具齐家文化风格。

3. 勾云形佩（图39）

造型为勾云形，中间为云窝，四边有云尾。此佩先切片成型，再碾磨出瓦楞沟状凹槽，两面形成凸凹纹路，佩中镂孔和四边均打磨得薄如刀削，边缘锋利而不划手。佩的上部中间，有一个双面对磨的贯通孔。采用岫岩玉制作，玉色青黄，玉质温润，包浆熟旧，器表多有土黄色沁斑。

红山文化期的部落氏族信奉萨满教，其玉器多带有神秘色彩。红山玉勾云形佩属于几何造型，其创型母源是来自萨满在昏迷状态下"转迷溜"的幻象。萨满把他的幻象绘记下来，用玉雕刻成器，缝缀于神服上，用以引导萨满更快地进入昏迷、升天状态，与神沟通。勾云形佩中央的漩涡代表灵魂升天时所见到的宇宙魂气旋涡图或是灵魂旋转升天的线路图，四角的弯钩则是浩大宇宙中的云朵，上面琢磨的宽缓浅凹沟代表流动的云气。此器造型简约，精工细作，是红山文化期代表性玉器。

图38-1 碧玉蛙佩 新石器晚期
长6.2厘米

图38-2 碧玉蛙佩 新石器晚期

图39-1　勾云形佩　红山文化时期
　长14.7厘米

图39-2　勾云形佩　红山文化时期

4. 玉琮（图40）

黄玉制作，黄中微青，沉稳清雅，质感很强。玉质细腻，温润光滑，包浆熟旧，精光内蕴。局部有大面积的红沁和丝丝绺裂深入玉肌，美丽自然。造型为外方内圆的长筒形，四面微弧。琮体的四角各刻有细如发丝的神兽面纹，中间为完整的神兽面纹，上下两端为半神兽面纹；神兽面纹之间以多条线纹、连续涡纹分隔并为边饰。琮的射部凸出，口底相若，口沿平切，口沿一处有斜坡状凹陷，这是良渚玉琮的特征之一。琮内腔可见双向对穿掏膛时所留下的弦纹和衔接痕。

据考，玉琮是一种外方内圆的筒型玉器，是古代人们用于祭祀地神祇的一种礼器，古籍中有"黄琮礼地"之说。最早的玉琮见于安徽潜山薛家岗第三期文化遗址，距今约5100年。在新石器中晚期，玉琮在江浙一带的良渚文化、广东的石峡文化、山西陶寺文化中大量出现，尤以良渚文化的玉琮最发达，出土与传世的数量很多。四川成都金沙遗址（商周时期）出土的一件同类玉琮，与此玉琮极似。

5. 玉璜（图41）

青玉制作，青中泛黄，沉稳清雅，质感很强。玉质细腻，温润光滑，包浆熟旧，精光内蕴。局部有大面积的黑色沁、褐色沁和结晶深入玉肌，犹如云蒸霞蔚。有人说，半璧为璜。半圆形，底边中间有圆孔，两边有系孔用于悬挂。正面雕刻一组神兽面纹显得突出醒目，雕刻细腻入微。背面打磨光滑，无纹饰。

良渚文化期玉璜是具有身份、职能象征的一种功能性佩饰。此璜保存完好，难得一见。

6. 青玉人首（图42）

玉人首粗犷怪异，写实似人。形体上宽下瘦，面首的四角磨圆，颈

第二章　新石器时代玉器

图40　玉琮　新石器晚期
高8.3厘米

图41　玉璜　良渚文化时期
长14.6厘米

部呈梯形；正面打磨圆滑，背部平滑；头顶中间有两个斜向对穿孔，为系戴之用。粗眉、大眼、长方耳、扁鼻、阔嘴露齿、似笑非笑。和田青玉，玉色青翠，玉质致密温润，包浆厚重。器表有年久形成的绺裂、沁色和饭糁。

据考，新石器时期我国处于半人半神文化阶段，早期人类不能通晓世间万物和自然现象，因而在一些氏族部落出现了神巫文化，以神灵巫师主宰氏族事务。玉人首应为当时人与天地、鬼神的沟通之物，多由巫师或部落首领（酋长）执掌佩戴，用于祭祀活动中氏族与神鬼通达，祈求神灵庇佑。此器制作工艺比较原始粗简，应为新石器中晚期作品。

7. 玉铭文神面首（图43—图47）

这是一组等级至尊无上的玉铭文神面首，形态各异，神情不一。通体采用和田黄玉、青玉制作，黄中闪青、黄中微青，沉稳清丽，很有质感。玉质致密细腻，玉光如脂，温润细滑，手感沉实下坠。打磨光滑，包浆熟旧，精光内蕴。因受沁器表有程度不同的钙化灰皮。

图43神面首为竖高式，采用浮雕加镂孔工艺制作：整体琢磨出窄凸的脸庞边线。菱形眼凸起，眉峰窄凸，鹰勾小鼻，浮雕出上下、正反八撇式脸廓，里面是扁口阔嘴、门齿呲出，神态似威似笑、神秘诡谲。双耳为扇翅形，耳垂佩环。头戴浅V形冠、两端微翘，冠边阴刻细密的连续涡纹。冠顶雕有两个圆柱，圆柱外面雕刻粗弦纹，柱内钻孔。扁宽长颈，颈背下部刻有铭文3个（其意不得而知），颈下承条形底座。神面首的正面观呈半圆形，背面中部高浮雕穿绳台，台面雕成两个长舌状弧形面。平面上钻出两个斜孔，呈"人"字形交合于体内中心点并连通。这种交合式孔又称为"蚁鼻孔"，即孔很细小，像两个鼻孔一样在器物内部通连。这种蚁鼻孔在新石器时代玉器上已被较多地运用，作为系绳之用。

图42-1　青玉人首　新石器时期
高7.2厘米

图42-2　青玉人首　新石器时期

第二章 新石器时代玉器

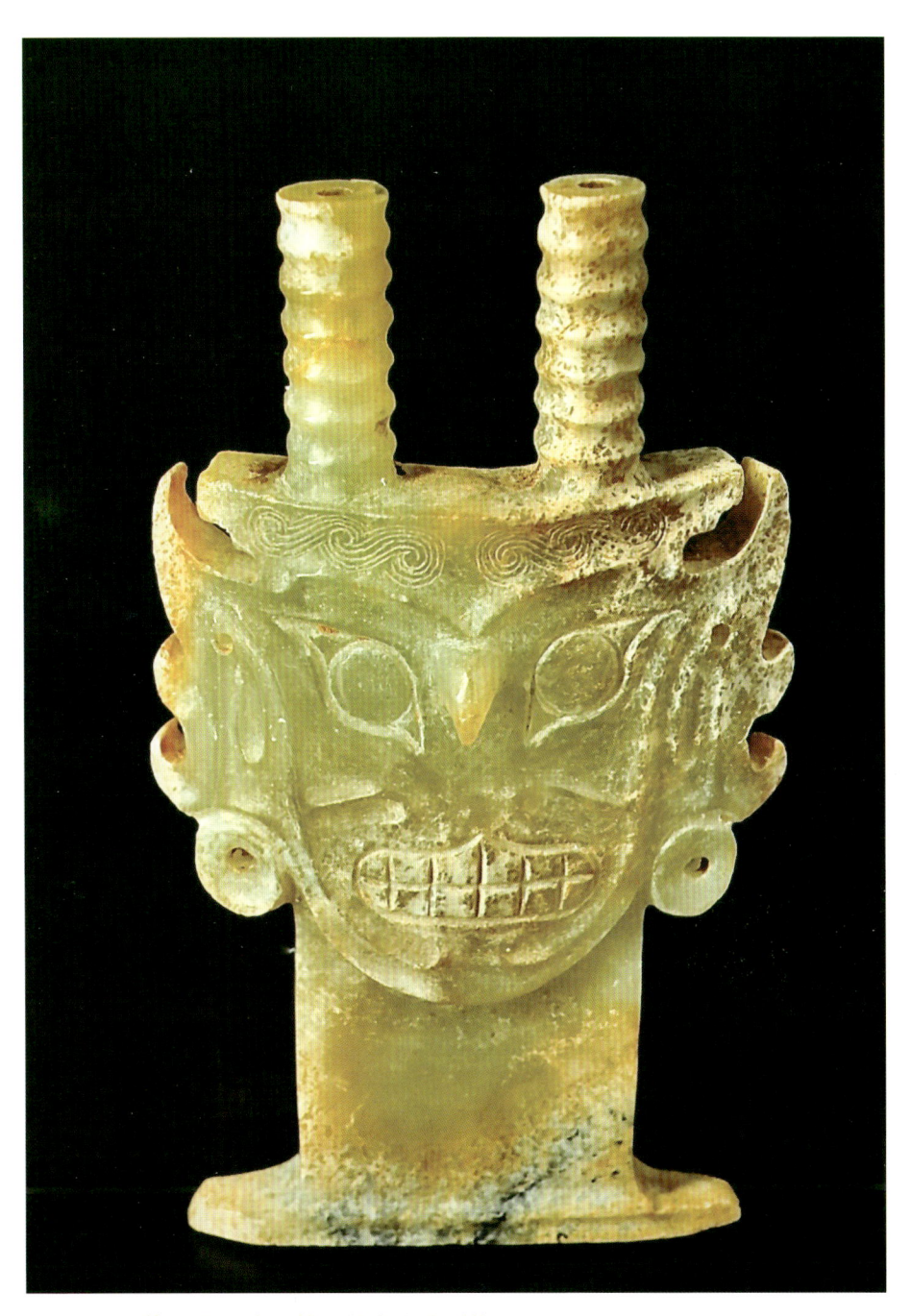

图43-1 黄玉铭文神面首　龙山文化时期
高7.4厘米

图43-2　黄玉铭文神面首　龙山文化时期

图43-3　黄玉铭文神面首　龙山文化时期

图44神面首亦为竖高式，采用浮雕加镂孔工艺制作：整体琢磨出窄凸的脸庞边线。菱形眼凸起，眉峰窄凸，鹰勾小鼻，浮雕出上下、正反八撇式脸廓，里面是扁口阔嘴、门齿呲出，神态似威似笑、神秘诡谲。双耳为扇翅形，耳垂佩环。头戴浅V形冠、两端微翘，冠边阴刻细密的连续涡纹。冠顶镂雕神鹰一只，双爪抓住冠顶、双翅展开（平齐）、鹰首向前。

神面首背面的平台上亦有"蚁鼻孔"。扁宽长颈，颈背下部刻有铭文3个，颈下承条形底座。由此可判定这个神面首不是王者就是大祭司举行祭祀或敬天时佩戴的通神之器，显得至尊至上、王者神威。

图45神面首亦为竖高式，采用浮雕加镂孔工艺制作：整体琢磨出窄凸的脸庞边线。菱形眼凸起，眉峰窄凸，鹰勾小鼻，浮雕出上下、正反八撇式脸廓，里面是扁口阔嘴、门齿呲出，神态似威似笑、神秘诡谲。双耳为扇翅形，耳垂佩环。头戴浅V形冠、两端微翘，冠边阴刻细密的连续涡纹。冠顶镂雕神鹰一只，双爪抓住冠顶、双翅展开（右翅较高）、鹰首向左。长颈，上有一道凸棱。神面首背面的平台上亦有"蚁鼻孔"。扁宽长颈，颈背下部刻有铭文3个，颈下承条形底座。图46神面首与图45神面首的形制、纹饰基本相同，只是颈部背面的铭文不同。

图47神面首为横宽式，采用浮雕加镂孔工艺制作：整体琢磨出窄凸的脸庞边线。大圆眼、凸起，眉峰窄凸，鹰勾小鼻，浮雕出上下、正反八撇式和两边括号式脸廓，里面是方口大嘴、门齿呲出，神态似威似笑、神秘诡谲。双耳为扇翅形，耳垂佩环。头戴浅V形冠、两端微翘，冠边阴刻细密的连续涡纹。冠顶中间凸三角尖，两边各有圆环配饰一个。神面首背面的平台上亦有"蚁鼻孔"。扁宽短颈，颈背下部刻有铭文3个，颈下承条形底座。

图44 黄玉铭文神面首　龙山文化时期
高8.8厘米

图45 黄玉铭文神面首 龙山文化时期
高7.1厘米

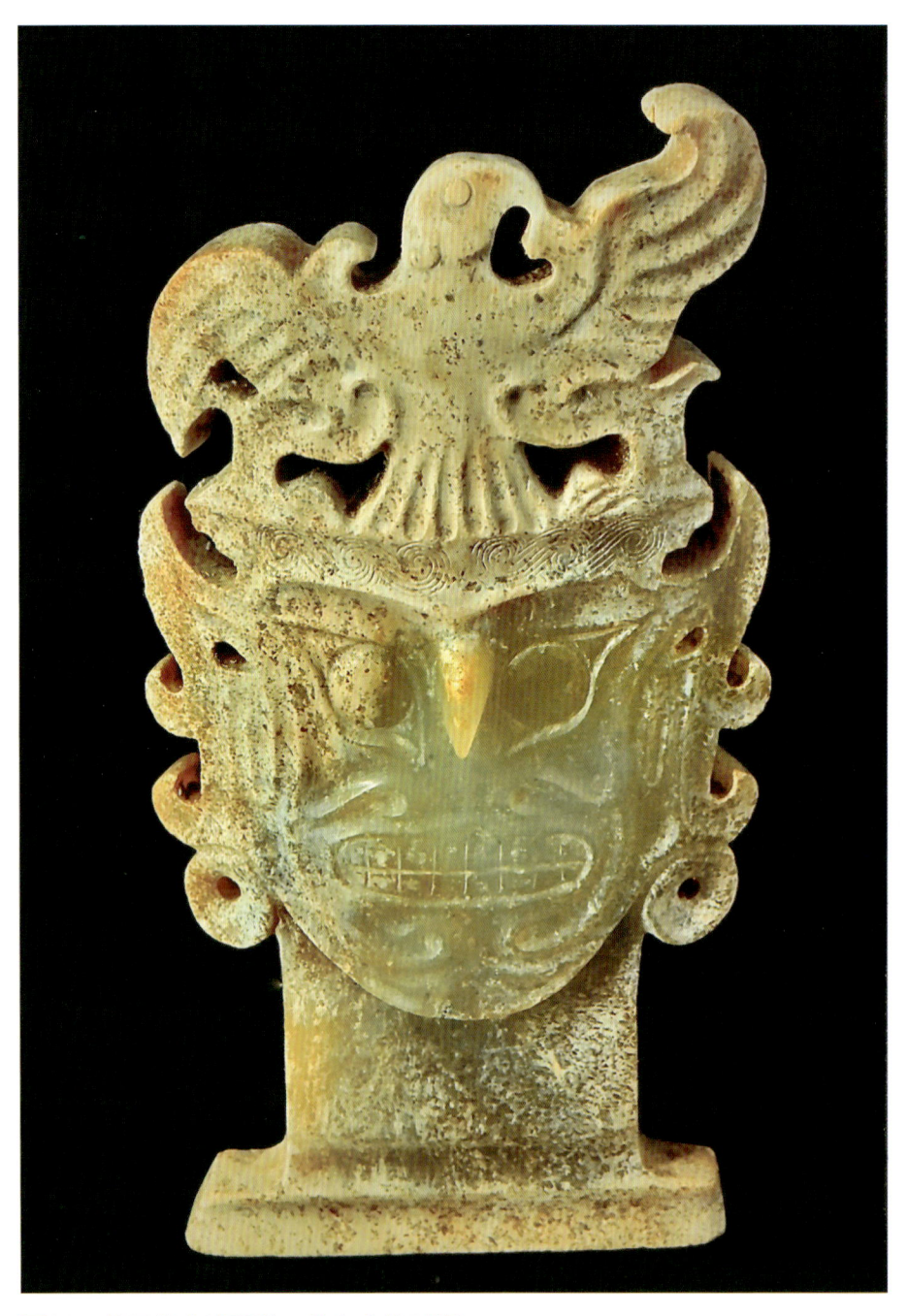

图46 黄玉铭文神面首 龙山文化时期
高9厘米

图47-1　青玉铭文神面首　龙山文化时期
　高6.7厘米

图47-2 青玉铭文神面首 龙山文化时期

图43-47的5个玉神面首均采用了镂雕、浮雕和阴刻工艺，选材精良，工艺一流，具有极高的艺术价值。特别难得一见的是它们均刻有铭文（字意有待考证释读），这在国内外尚属首见，具有难以估量的科学价值和历史价值。这组5件新石器晚期遗存的玉神器，完好无损地保存至今，均为孤品。

　　新石器时期（文化期）的红山文化、龙山文化、石家河文化（今湖北天门市石河镇）等文化遗址均发现过玉神面首，形象大同小异。文博界普遍认为这类玉器是最高等级之一的王者之玉或是祭祀之玉，国内考古发现的同类器不过十余件（但均无铭文），被奉为国宝。此组带有铭文的玉神面首则更为珍罕。

8. 白玉鹰徽神面首（图48）

　　羊脂白玉，白如截脂。玉质致密细腻，玉光如脂如蜡，观感温润细滑，手感沉实下坠。包浆熟旧，打磨光滑，精光外发。局部有黑沁、土黄沁，美丽自然。

　　玉神面首为竖高式，采用浮雕加镂孔工艺制作：整体琢磨出窄凸的脸庞边线。圆眼凸起，眉峰窄凸，鹰勾小鼻，浮雕出上下、正反八撇式脸廓，扁口阔嘴、门齿呲出，上唇两侧凸雕出八字形胡须，神态似威似笑、神秘诡谲。双耳雕刻成边翅形，如同两面羽扇。两侧耳垂圆形，内有圆孔一个。头顶倒梯形冠，冠上边阴刻细密的连续涡纹，冠外缘呈起伏状；冠顶镂雕神鹰（族徽）一只，双腿爪抓住冠顶、双翅展开（齐平）、鹰首向前，翅羽均有浮雕纹线。长颈，上有2道横凸棱。长颈下部为倒梯形。神面首正面看呈半圆形，背后中部高浮雕穿绳座，座面雕成两个长舌状弧形面，座顶中部有两个斜向对穿的蜂腰孔，作为系绳之用。这个玉神面首不是王者就是大祭司举行祭祀或敬天时佩带的通神之器，显得至尊至上、王者神威。

图48-1 白玉鹰徽神面首 龙山文化时期
高12.3厘米

新石器时期（文化期）的红山文化、龙山文化、石家河文化等文化遗址均发现过玉神面首，形象大同小异，甚为精美。文博界普遍认为这类玉器是最高等级之一的王者之玉或是祭祀之玉，国内外考古发现出土的同类器不过十余件，均藏于国内外著名博物馆，被奉为国宝。此件玉神面首采用了镂雕、浮雕和阴刻工艺，选材精良，工艺精湛，打磨光滑，包浆熟旧，其形体特大、玉质极好、品级至尊，是带有龙山文化风貌的玉器神品，具有难以估量的艺术价值。

图48-2　白玉鹰徽神面首　龙山文化时期

9. 青白玉面罩（图49）

整体呈椭圆形人脸状，表面微弧凸起、背面内凹，最厚处近1厘米。额部有V形凹纹，额头有3道横纹；大眼细长、眼梢有尾纹，瞳孔细长镂空；鼻梁高凸，鼻翼丰满，鼻子两侧有下弧脸纹；阔嘴呈张开状、内空，嘴角尖细。头顶部有一斜打的通孔，用于系戴。和田青白玉，玉质致密温润，包浆厚重。器表有年久形成的黑、黄沁色和次生的细微疣瘤、颇似橘皮纹。

此器形体硕大，是用一块整料切割、打孔、琢磨的，工艺难度很大且十分难得。正面采用的碾磨棱槽表现五官线条的技法，与红山玉器瓦楞沟纹的装饰技法近似。此器或用于祭祀祈神系戴，或用于酋长巫师作法之用，弥足珍贵。

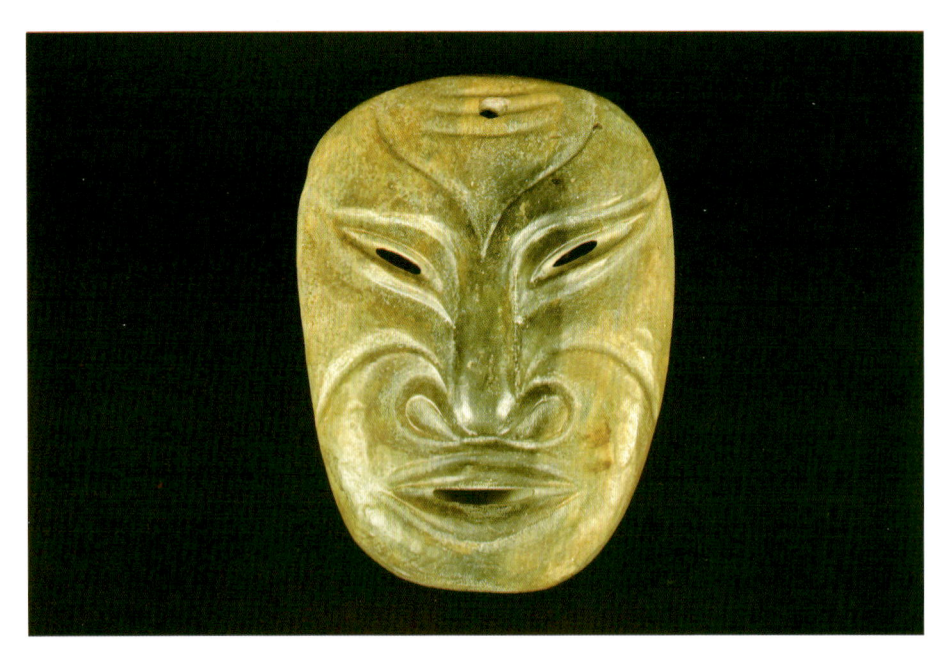

图49-1　青白玉面罩　新石器时期
高14.4厘米

图49-2　青白玉面罩　新石器时期

10. 玉神面首（图50-图57）

这又是一组龙山文化期的玉质饰品，呈现了形态各异的神面首，具有极高的工艺水平和美学价值。玉色黄、青兼有，玉质致密温润，手感沉实。打磨光滑，包浆厚重，精光内蕴。器表多有程度不同的钙化灰皮。

图50神面首为竖高式，采用浮雕加镂孔工艺制作：整体琢磨出窄凸的脸庞边线。菱形眼凸起，眉峰窄凸，鹰勾小鼻，浮雕出上下、正反八撇式脸廓，面颊两侧雕刻花纹（似面具），獠牙呲出，神态威严诡谲。双耳为扇翅形，耳垂佩环。头戴长条形弧面高冠、上刻饕餮（类似虎首）纹，冠边阴刻细密的连续涡纹。神面首的正面呈半圆形，背面中部高浮雕出穿绳平台，平台上有"蚁鼻孔"，作为系绳之用。颈部平宽直，颈下承条形底座。德国著名收藏家巴尔先生有一件"石家河文化期虎冠玉神像"，与此器几乎一样。

图51神面首亦为竖高式，采用浮雕加镂孔工艺制作：整体琢磨出窄凸的脸庞边线。菱形眼凸起，眉峰窄凸，鹰勾小鼻，浮雕出上下、正反八撇式脸廓，面颊两侧雕刻花纹（似为面具），呲牙咧嘴，神态威严诡谲。双耳为扇翅形，耳垂佩环。头戴尖顶高冠、上刻细密人形纹。神面首背面的平台上亦有"蚁鼻孔"。颈部平宽直，颈下承条形底座。

图52神面首亦为竖高式，采用浮雕加镂孔工艺制作：整体琢磨出窄凸的脸庞边线。菱形眼凸起，眉峰窄凸，鹰勾小鼻，浮雕出上下、正反八撇式脸廓，阴刻小嘴，神态威严诡谲。双耳为扇翅形，耳垂佩环。头戴长扇形弧面高冠、雕刻粗纵纹，立体感强，冠边阴刻细密的连续涡纹。神面首背面的平台上亦有"蚁鼻孔"。颈部较短、呈梯形，颈下承条形底座。图52神面首与图53、图54、图55神面首基本相同，不同之处是后者为扁口露齿，神态更为狞厉。

图50-1　黄玉神面首　龙山文化时期
高8厘米

图50-2　黄玉神面首　龙山文化时期

图51-1　青玉神面首　龙山文化时期
高8.3厘米

图51-2　青玉神面首　龙山文化时期

图52-1　黄玉神面首　龙山文化时期
高9厘米

图52-2　黄玉神面首　龙山文化时期

图53　青玉神面首　龙山文化时期
高8.9厘米

图54　黄玉神面首　龙山文化时期
高9厘米

图55 青玉神面首 龙山文化时期
高8.9厘米

图56神面首亦为竖高式,采用浮雕加镂孔工艺制作:整体琢磨出窄凸的脸庞边线。菱形眼凸起,眉峰窄凸,鹰勾小鼻,浮雕出上下、正反八撇式脸廓,呲牙咧嘴,神态威严诡谲。双耳为扇翅形,耳垂佩环。头戴人形冠,冠面阴刻细密的连续涡纹。神面首背面的平台上亦有"蚁鼻孔"。颈部较短、呈梯形,颈下承条形底座。

图56-1　青玉神面首　龙山文化时期
高8厘米

图56-2　青玉神面首　龙山文化时期

图57神面首为横宽式,采用浮雕加镂孔工艺制作:整体琢磨出窄凸的脸庞边线。大圆眼、凸起,眉峰窄凸,鹰勾小鼻,浮雕出上下、正反八撇式和两边括号式脸廓,里面是方口大嘴、门齿呲出,神态似威似笑、神秘诡谲。双耳为扇翅形,耳垂佩环。头戴人形冠、两端微翘,冠

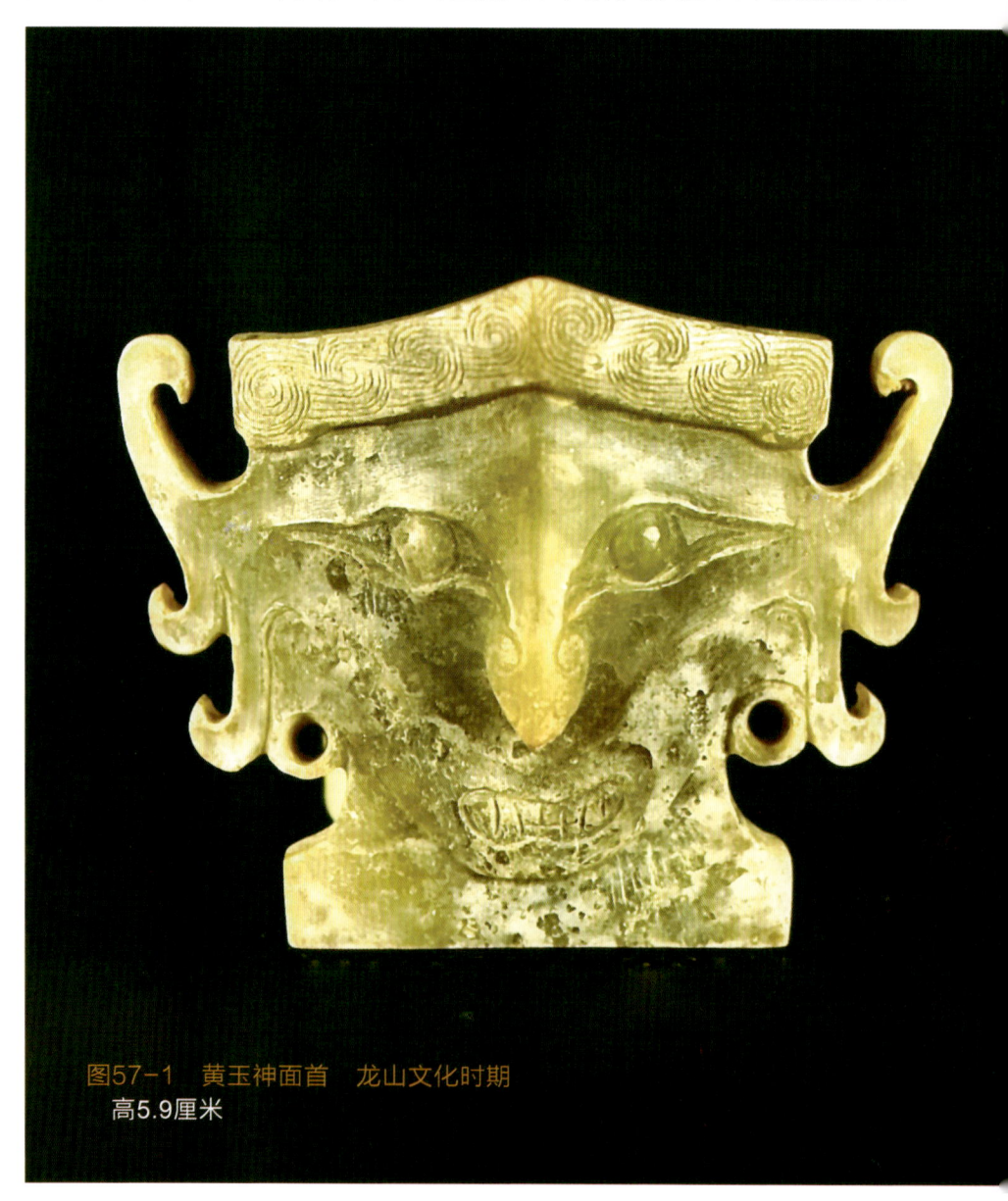

图57-1 黄玉神面首 龙山文化时期
高5.9厘米

边阴刻细密的连续涡纹。神面首背面的平台上亦有"蚁鼻孔"。扁宽短颈，颈下承条形底座。英国大英博物馆馆藏一件"泛石家河文化期玉神像"，与此器相似。

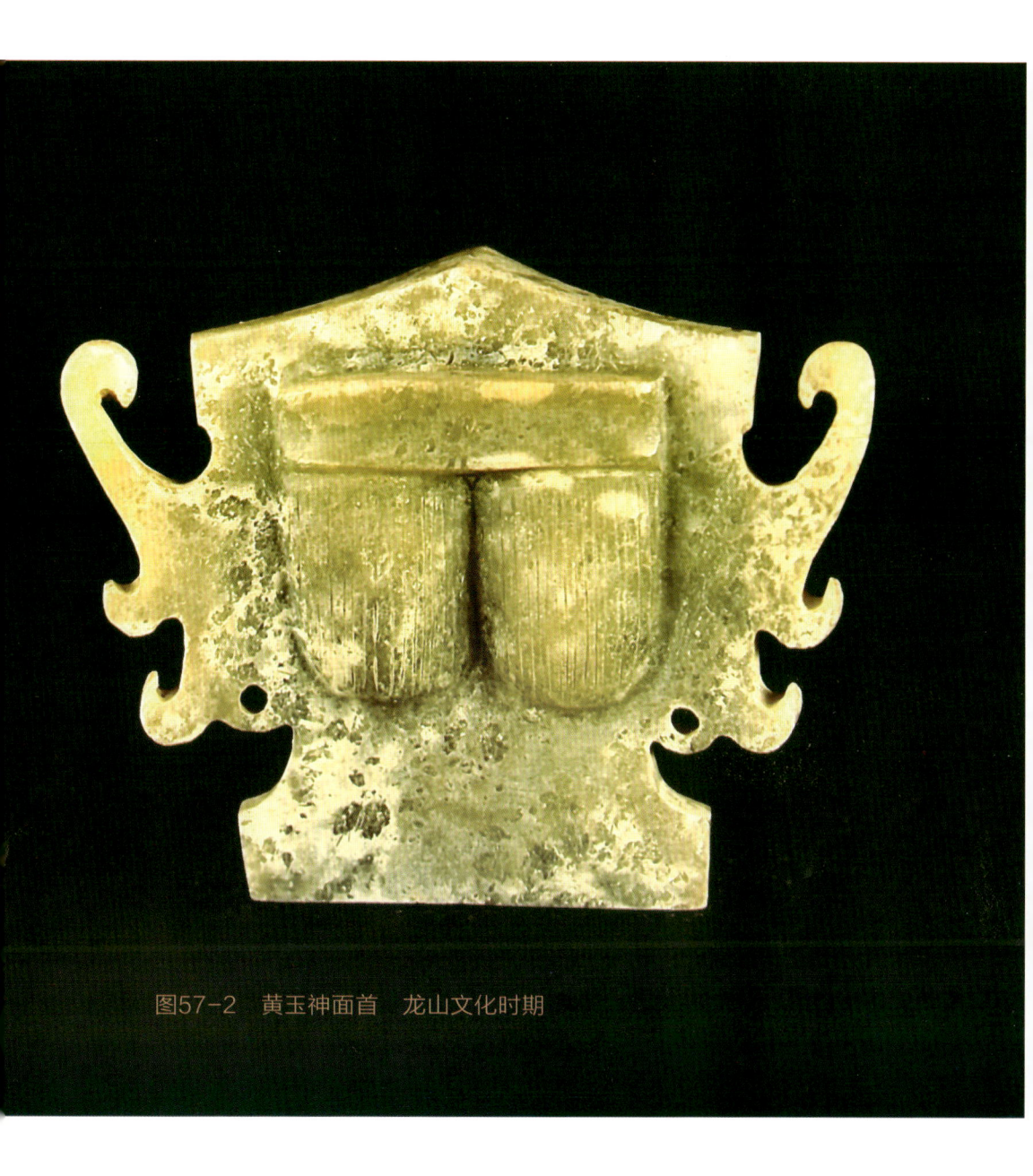

图57-2　黄玉神面首　龙山文化时期

11. 玉人驮箍形器（图58）

祁连碧玉，玉色青中泛黄，玉质坚硬滑润，器表有年久形成的黑、黄、白沁色和石纹，迎光呈半透明状。主体掏膛呈长筒箍形、上丰下敛，顶部自后向前切削呈斜面，器表光素无纹。底部三等分处各有圆雕玉人一个：玉人为男性，身材硕壮，光头、高鼻、大眼、长耳、腆腹，双臂后背驮着长筒，双腿半曲呈半蹲状，形象虔恭。

红山文化遗址曾出土过此类玉箍形器，但无人背驮。考古界将此类器物称之为箍形器或马蹄形器，对其功能其说不一，多数人认为是祭祀通神之物。此器古朴生动，人器合体，别具一格，应为新石器晚期珍品。

12. 青玉蝉（图59）

头方尾圆、似蝉形。正面雕刻两只大圆眼，胸部两侧各雕刻三道斜纹，纹底可见碾磨的细密旋纹。两片蝉翼收拢闭合。背面上部有两个对穿镂孔，镂空下方刻V形纹。下腹部雕刻三道横纹。和田青玉制作，包浆厚重，精光内蕴。器表多有红褐色沁和少许绺裂。此器属于仿生器，古拙写实，为新石器晚期玉佩饰。

13. 玉鸮（图60）

器形似鸮（俗称猫头鹰），正面圆眼凸出，两翅微展，翅面内侧雕刻两道轮廓线，腹下部雕刻两道横纹。背面无纹饰，靠上部有两个上下错位的斜向对穿孔，此乃红山玉器特有的打孔方式。采用岫岩老玉制作，玉色黄中泛红，玉质晶莹滑润，因受沁较重而产生大量细碎晶格。玉鸮是红山玉器中的经典作品，传世稀少。

图58 玉人托箍形器 新石器晚期
高16.2厘米

图59-1　青玉蝉　新石器晚期
长5.3厘米

图59-2　青玉蝉　新石器晚期

图60-1　玉鸮　红山文化时期
长5.3厘米

图60-2　玉鸮　红山文化时期

第三章 商代玉器

商代奴隶制社会用玉猛增，是我国玉器繁荣发展的第一个鼎盛时期，殷墟妇好墓出土的玉器即为佐证。商代在继承原始玉器的基础上，利用较为先进的青铜工具和技术，玉器雕琢制作开始形成了新的手工业。我国古代玉文化发展至商代，形成了严格的用玉等级制度。商代对特定的人物、仪式、场合所用玉器的标准、规格、数量等有了比较详尽的规制。尚玉之风风靡商代，把玉看作是美德的一种化身来使用。这种思想在当时的人们心目中开始形成观念，在以后的社会发展中愈加根深蒂固。

一
商代玉器工艺

商代（约前17世纪初－约前11世纪）早期前段的玉器，以河南偃师二里头遗址和墓葬的出土物为代表，有玉圭、玉琮、玉璜、玉刀、玉戈、玉璋、玉钺、玉铲和兽面纹柄形器。玉圭、玉璋、玉戈都是此时新出现的器形，器体极薄，应是礼仪用器。如琢有阴线纹饰的七孔玉刀（长65厘米，宽9.6厘米，厚不过0.1-0.4厘米）、玉璋（长48.1厘米，宽7.8厘米）。这类大型薄片器不堪实用，当别有用途。制作这种长而薄的玉器首先要从大块原生璞玉上锯片开料，此种做工尚不见于红山文化玉器，与良渚文化玉琮之开剥成方柱形玉坯的做法也不相同，显示出商代早期玉工技术的进步。再如较大的柄形玉器（长17.1厘米，宽1.8厘米），通体分为10节，其中两节琢有兽面纹饰，精细光亮，以阳线表现目、口，似为殷墟兽面纹玉器之先声。由此可见，这时的玉器在开料、抛光等技术上比新石器时代的制玉工艺有了一定的进步，并出现了新器型和新装饰技法。

商代早期后段的玉器，以郑州二里冈遗址为代表。同期的河南省郑州铭功路、白家庄和人民公园，湖北省黄陂盘龙城，河北省藁城台西，北京平谷刘家河等商代遗址和墓葬中出土了玉璋、玉戈、玉璜、玉柄形器和小件装饰品。黄陂盘龙城出土的长达93厘米的玉戈，是所知最长的一件。这时玉器在工艺上未发生重大变化，只是有些器形更大，阴线纹饰更精。

商代晚期指盘庚迁殷以后（前14世纪–前11世纪）。殷墟（今河南省安阳市西北郊）王陵区的11座大墓均被盗，劫余幸存的玉器极少，仅有玉戈、玉戚、玉刀、鸮形玉佩、水牛形玉佩等少量物品。妇好墓未被盗掘，出土了755件玉器，连同1949年后发掘出土的商代晚期玉器约有1200件以上。从工艺水平与风格看，有王室玉作及大小奴隶主玉作，也有来自方国的玉器，如有的出土玉戈上的刻铭说明是洮国和卢方所制。从某些出土玉器的材料和形式看，则出自龙山和良渚文化圈。卜辞中的"取玉"或"正（征）玉"等内容，反映出商晚期玉器来源的多元性。

商代使用的玉材确有新疆和田玉，这就把使用和田玉器的历史向前推至商代晚期。此外，尚有夷玉、独山玉以及其他地方的彩石玉材，说明殷王室确实曾向方国"取玉""征玉"。

（一）商代制玉技法

1. 掏膛技术

殷墟出土的两件玉簋有着较大的内膛。其掏膛工艺与玉琮从两头钻心不同，它只从上部镞起，逐步磨磋成深腹。如此需要按照同心圆的规律，将砣具固定，旋转簋坯，带动蘸水的金刚砂进行琢磨。但也可能是用小管钻多次取芯后经琢磨而成。

2. 掐环技术

有时也用一块玉材镂空、掐磨成两个以上互为联缀的活动链环。

3. 琢阳线或双勾阴线技术

这时玉器上的重要细部多琢刻出阳线或双勾阴线（图69-3），这是由商代早期柄形玉器上的阳线兽面纹发展而来的，须经勾、彻、挤、压四道工序才能完成。它是商代晚期雕琢纹样的主要技法。

4. 立体圆雕

红山文化、良渚文化玉器中有少量玉动物，但其形体均较扁平，不是圆雕。殷墟出土玉器中则有一批立体的玉雕动物，如人物、熊、虎、龙、兽等。另有极少量的圆雕大型礼器，如尊（图61-1）、罍（图67-1）等。

5. 俏色玉器

亦称巧作，是巧妙地利用玉材不同的颜色，设计、雕琢成某种器物。俏色玉器的出现时间可能很早，成功之作应是小屯北帝乙、帝辛时代房子遗址内出土的玉鳖，背甲呈黑色，头颈和腹部均呈灰白色。同出的俏色石鳖更为成功。

（二）商代玉器工艺特点

出土传世的商代玉器，属于商代早期的数量很少，现在留存于世的，更多的是中、晚期的作品。在商代，制作玉器的用料标准不像新石器时期那么随意，已经有了一些固定的规范和标准，不像以前那样就地取材，而是要选用规定的名贵玉料，如和田玉、南阳玉和岫岩玉等。一般来说，南阳玉大多用于制作玉礼器。和田玉则用于制作玉佩饰，凡是做工更为精细、造型更为独特的高级佩饰，都要使用和田玉。

从雕琢制作工艺来看，商代玉器已经达到了新的高度，雕琢技法更加炉火纯青。商代玉器成熟的雕琢工艺，在纹饰制作上可见一斑。在打孔方面，吸收了青铜器的精华。此前的对穿孔得到了沿袭使用，但又采用了单穿打孔，并对孔壁进行了细心的修整和抛光，使孔径变得更加圆正。在双面打孔的时候,也逐渐避免了孔径的喇叭形,但还未完全消除。在钻孔时一般使用管钻,两面对钻产生的台痕,则已被完全避掉。

1. 工序齐全

开料、切削、勾线、雕琢、钻孔、抛光等工序齐全。商代晚期玉器的工艺水平达到了新高度。在开料的时候,一般采用以下三种方法:第一种是手工推磨坚硬的片形石质刀具,切割出片状的玉料,沿袭了旧时的剖玉工艺。第二种是在裁切玉料时采用青铜砣具,以旋切的方式来完成。第三种则是用青铜锯来切割原料。制作玉器的过程是,将材料切割成粗坯,然后依材设计并进行琢制,形成初步器型,再将不需要的部位镂空。商代玉器能有效利用玉料的颜色差异,巧作"俏色"。另外又使用了活环套链技法,促进了镂雕工艺的改进,在磨琢纹饰时采用金属砣子带动解玉砂的方法来完成,先修整再琢孔,这些痕迹在一些器物上显而易见。

2. 纹饰以线纹为主

商代玉器的纹饰方式,以线纹为主,主要用单阴线(图61-1)、双阴线(图68-2)及阳线(图67-5)三种形式来表现。阴线有的细密,有些则很粗疏,在宽度和深浅度方面很均匀;有的是用硬度较高的玉石片来推琢施制的,显得很细微;还有的则是用小型勾砣来制作,显得很刚劲而有力度。双勾阴线大多出现在商代晚期的玉器上,其制作形式就是采用小型的勾砣旋制出两条平行的阴线,同样细微而均匀。由于两条阴线之间的距离较小,仅有1毫米左右,看起来有点凸起的错觉,因此将这种双阴线又叫作"双阴挤阳",常用于勾云纹。另有一种是阳线,是用减地起线的方法雕琢而成,浮起的高度为1毫米左右,在商代晚期玉器上很少出现。

3. 镶嵌工艺提升

商代玉器的镶嵌工艺在夏代玉器的基础上有明显进步。有的绿松石镶嵌在玉器之上,有的镶嵌玉石在青铜器上,有的则在玉器中镶嵌铜件。如在河南安阳出土的叶形玉矛，上镶嵌着铜柄，还有的则在其他器物上镶嵌着玉石，如绿松石。玉与其他质地、颜色的材料结合在一起，相得益彰，精美和谐。商代的玉器制作在俏色方面，有机地利用玉料天然的颜色，表现玉器中特别部位的天然特征，使之更加生动自然贴切，富有独特的艺术表现力。

4. 工具的广泛应用

由于青铜砣具、金刚砂、管钻和桯钻等工具的广泛应用，采用切割、琢磨、钻孔、纹饰等技艺得心应手，阴阳线刻、浅浮雕、圆雕、器表的打磨、抛光等技术逐步运用得娴熟自如，精工细作。

（1）孔道。商代玉器上的孔多呈单向马蹄形、喇叭口形，其对钻孔常有错位、留台现象，早期好些，越往中晚期越是如此。商代晚期玉器钻孔开始变得较为粗率，钻孔错位较为严重，有时仅一面的钻孔就会出现几个偏向孔壁的台阶，这是多次换钻头后定位不准确所造成的，这些台阶大都偏向孔壁的一边。晚期玉器钻孔的孔壁不抛光，大多数都有明显的解玉砂砣磨旋痕。

（2）阴刻线。商代的阴刻线刚劲有力，有"折铁线"之称，早期砣线较深，显得刚劲有力；晚期则较浅，仔细观察就会发现这些阴线边上有许多的毛刺，略显粗糙，这些都是由于工具不利所造成的。无论是早期还是晚期，虽然砣线交接处会有刻痕间断、刻痕起峰变浅的现象，但是砣线的深浅程度，如出一人之手，非常规范。商代早期流行双钩碾法，也就是以两条均细、平行、间距很小的阴线，给人以类似于平凸阳线的错觉，又叫"双阴挤阳"，其特点是阴线凹槽大多表现为两头尖浅，中间宽深。

（3）单阴线。单阴线是在勾画细阴线的基础上反复琢磨而成，凹槽内留有较为繁密的拉丝毛道，通常是宽而不深，槽沿棱角不明显。在动物爪、蹄三条短阴线的刻画和弯曲程度上，商早期与商晚期也略有区别。商早期常以人字形、弯曲的三条短阴线表示，晚期则是用三条单直阴线砣刻，由于阴刻线较短，常呈现等边三角形的形状。

（4）阳纹。商代常见的阳纹有压地阳纹、减地阳纹和一面坡。

压地阳纹（图69-2），是将双勾细阴线外侧砣磨成较宽的斜面以凸显其中的阳纹，这种阳纹的凸面与整体器表基本保持在同一平面上，故又称为"平凸"。

减地阳纹（图67-3），是将两条双勾阳纹之间的地子磨平，使阳纹凸起于地子之上，形成真正的阳线纹饰。由于减地阳纹费工费时，商晚期就很少见了，这也是判断时代早晚的一个参考基准。

一面坡，商代中期开始出现，西周流行起来，是将阴线一侧的地子磨成斜面，使隐起阳纹更加明显，但因其斜面略带弧度。商代一面坡（图63-6），不及西周时期的宽直（这种砣线法在商晚期大量出现，且多用来表示卷曲的尾巴或者卷曲的兽角、龙角、羽毛纹、鱼鳞纹等，商早期少见）。

（5）抛光。商代的玉器抛光全靠手工，利用兽皮、丝织物等物品，配合极细的解玉砂手工抛光，故在玉器表面会留下不规则的直线型抛光痕迹，但这种抛光线痕迹并不平行，粗细深浅也不均匀，偶尔会出现很粗的划痕，尤其是在一些复杂的器表，如嘴下、耳后、转折等处，常见不均匀的直线划痕和相互交织的现象。

商代玉器上的弧线不及西周时代的圆熟平滑，边沿的摩擦痕迹较多，商早期不大明显，商晚期特别明显。

总之，商代早期玉器以琢出笔直的阴线、薄片状仪兵玉器为代表。商代晚期玉器艺术则具有象征性、装饰性的特点，如一些立体的人物（图65）、兽禽（图69-1）玉雕，主要突出它们的头部及目齿等器官的特征，省略琐碎的细部，均作象征性的勾画，重要细部施以圆润婉转的阳线，呈现出浓厚的装饰趣味。这种象征性与装饰性高度统一的艺术技法是商代晚期玉雕的主流。另有一种简化型玉器，如玉鱼、玉刀。以上两种简繁不同的商代制玉工艺，来源于新石器时期并有发展，进而为西周玉器的进步打下了基础。

商代玉器始终作为一种神灵化的用具，与当时政治、宗教的关系密不可分。尽管商代玉器随着社会的进步与发展有着人格化、道德化的趋势，但是玉礼器作为一种神灵之物，在新石器巫师文化的制约与影响下，商代玉器文化的理念神秘化的倾向依然可见。

二 商代玉器造型

商代玉器的造型丰富，以河南安阳殷墟出土的玉器最具代表性。殷墟，是盘庚迁殷以后直至帝辛八代、十二王的王都遗址。自1928年开始对此进行科学考古和发掘，殷代王都遗址得以重现。殷墟出土玉器与3万多片甲骨文一样，成为中国文物的至宝。

殷墟共有11座大墓位于王陵区域，均已遭到盗掘，仅有玉戈、玉戚、玉刀、蝶形佩等等为数不多的器物。但最有代表性的、一直保存完好的妇好墓，至1949年已有1200多件玉器被发现；至2000年，殷墟已有2300多件玉器陆续出土。这些玉器都是王室和贵族专用品，是商代晚期玉器的代表作和最重要遗存。

殷墟出土玉器有几十种之多，按其用途可分为7类。

（一）礼玉

礼玉是祭祀天地神祇和祖宗用玉、巫术用玉，如琮、圭、璋、璧、瑗、玦、环及罍、簋、盘等。商代玉璧的直径小、孔很小，几乎没有纹饰，形体很薄。原料以南阳玉为主。玉璇玑属于玉璧一种，外缘有外旋转形的斜角。另有一种乳璧，孔径比较大一些，还有一种则将璧分割成三等分，做成了三个璜。

璧既可用作礼器，又可用作佩饰品。商代的玉璧、玉环和玉瑗有着相当多的数量，外形大同小异。有孔口与体面齐平者（平板璧），亦有孔口凸起成圈棱者（有领璧）。这类玉器，大都是两面抛光的，但也有些则将同心圆以阴线方式雕刻于两面上。

（二）仪仗玉

仪仗玉是王、妃举行仪式时的仪仗用玉，如刀、戈、矛、戚、钺等。它们的形制虽类似兵器，但不用于实战，仅有等级标志作用。此外，有槽榫的动物玉中，有一部分也可能是仪仗玉。

戈、矛、戚、钺（图77-2）、大刀和镞，既是一种玉兵器，又是一种仪仗用的礼器，玉戈的数量比较多些，玉矛、玉钺的数量少些。有些玉戈上刻有文字，记载当时的事情。如妇好墓出土的一件玉戈，在内面靠后的地方刻上"卢方囗入戈五"，文字的含义就是卢方国进贡了5件玉戈。

商代玉矛的形制同于柳叶，但出土的少见。有一些装有铜柄的玉矛，体现出使用者的尊贵地位。玉刀在殷墟遗址上也只有一件出土，为妇好墓的陪葬品。在形制上，商代玉刀的特点很明显：刀身显得窄长，后部靠柄的地方钻有一个孔，以便携带，其背部则有锯齿状薄棱，龙纹、鸟纹或者鱼纹等饰于其上，非常精巧。

（三）工具玉

手工业和农业工具用玉，包括斧、凿、锛、锯、刀、铲、镰、纺轮等，因其中大部无使用痕迹，故也可能用于随身装饰。

妇好墓有一件代表性玉斧，器身呈长方扁圆形，有抓刃和一穿孔，有精雕细琢的兽面纹饰于两面，展现出一种威势。

（四）器具玉

日用器具玉，包括臼、杵、盘、梳、耳勺、匕觿等。臼、杵是磨朱砂等颜料所用之器，盘可供调色之用，梳、耳勺、匕觿等都是起居贴身器具。

妇好墓有玉制的调色盘，上有鹦鹉纹装饰，也是用来调制朱砂用的。有些双鹦鹉纹饰于玉梳上，还有将鱼形或蝉形纹饰雕在玉耳勺的柄端，令人在使用时体味到玉器的美感和快意。

（五）佩玉

佩玉有笄、钏、珠串、管、坠饰与动物形象玉器。殷墟出土的玉饰品很多，有佩戴用的镶嵌饰物，用于人体上的头饰、冠饰、腕饰；还有一些用于器物和衣物上的坠饰等，非常精美。另有玉璜、玉玦等玉饰。在殷墟妇好墓中，有18件玉玦出土，有一种是团身龙形玉玦，明显的特征就是有"臣"字形眼，背部有凸（戟）齿装饰，有角，形制接近于璜式龙。有一种是团身龙形，龙背部没有凸（戟）齿修饰，也有的是素身龙，没有纹饰，显得很抽象。

玉璜有龙形璜、兽形璜、鱼形璜，以及无纹饰的素面璜，为三分之一圆周的形式。素面璜两头钻孔，有些是以破损的璧和环改制的。

玉觿作为一种佩饰，原是解结的玉器具，长大成人后必须佩戴。有人认为它是用做头饰的。玉觿有两种形制，一种是圆棒形的，还有一种是弯曲形的。圆棒形的玉觿端雕鸟首，另一端尖如锥。弯曲形的则雕有纹饰，一端有孔，一端弯尖。有一些玉笄，也是一种发饰。玉笄的形状是长条形的，素面无纹，也有少许的人形图案和卷云形图案，同样是一种少女成长的标志。

商代玉器中有一些不成大类的杂品，如玉韘，清代以后称之为"扳指儿"。玉韘有兽面纹雕刻于正面，后面钻有两个小孔。

（六）陈设玉

动物玉圆雕是商代特有的圆雕玉器，其中无孔、无槽、无榫卯的应是陈设用玉，都是商代玉器上品。如虎、象、熊、鹿、猴、马、牛、狗、兔、羊首、蝠、鹤、鹰、鸱鸮、鹦鹉、燕、鸬鹚、鹅、鸭、螳螂、蝉、蚕、螺蛳、龙凤、怪鸟、怪兽和各式人物等。

商代殷墟出土的玉人极富特色，也是一种高级装饰品。玉人有五种形式，主要以圆雕方式制作，如全身玉人、圆雕人首、片状全身、片状人首等。全身玉人大多呈跽坐姿态，双手抚膝，有些玉人则作侧视蹲踞形，将双臂高高举起。有一件为最具代表性的是站立姿势，两面饰纹，正面为男性、背面为女性。

生肖动物玉雕，则种类更多，不一而足。不但有虎、象、熊等走兽，还有鹰、鸽、鹦鹉、雁、鸬鹚、鹅、鸭等飞禽，更有鱼、蛙、龟、鳖、螳螂、蚱蜢（图70-1）、蝉、蚕等鱼类和昆虫，充满了勃勃生机。另有一些是龙、凤等图腾形象，以龙为主，还有一些怪鸟，均有很高的艺术水平。

（七）葬玉

仅见置于死者口中的块状或蝉形的玉琀，这是后世殉葬玉的萌芽。

（八）其他玉器

另有功能不明者，如器座形器、拐尺形器、匕首形器、柱状或长条柄形器等。

（九）商代玉器的沁色

商代玉器多用青玉为原料，少有青白玉和白玉（图70-2），黄色（图63-1）、粉色玉料罕见。由于年代久远，除了保留玉料的本色外，又有一些色斑和色变迥异于本色之间，降低了玉质的硬度，多呈鸡骨白或石灰沁色。有些沁色如暗灰，现于器物的局部，另有红褐（图63-4）、暗黄（图69-1）等沁色。

殷墟遗址所发掘的玉器，有黄河之滨沙土的沁色，但受沁的程度很低，主要是因所在的土质比较干燥，以致呈现鸡骨白沁色，但没有发现全部被沁成鸡骨白的玉器。另有灰白色的石灰沁。一些沁色为褐色、黄白色、橘红色的玉器，也完全不同于别处文化遗址所发现的具有较重沁色，或者互相杂陈的特征。在沁色方面，商代玉器有着平缓过渡自然的色阶，各色的交界很不明显。

沁色是大自然与岁月的馈赠和留痕，沁色深入玉质，与玉材融为一个和谐的整体。商代玉器有很厚重的包浆，浑然苍古，这种包浆的光泽是很难清洗的，即使是用力刮也不会掉色。

三
商代玉器装饰

商代玉器融合了青铜器的纹饰，在图纹装饰上明显比以前有了较大的发展。一些"凸齿凹形"的纹线装饰（图67-6、图68-1），出现在玉钱、玉鸮（图69-1）、玉鸟、玉璇玑及玉礼器之类的器物上，形成了明显的纹饰艺术特征，极具张力。其中的"凸齿"，亦被称之为"扉棱""戟齿"（图67-4、图68-2）。一般来说，有直线纹和弧线纹以及折线纹修饰在玉器的表面上，有用勾撒法雕制的单阴线，以及在凸线两侧凹雕形成的阳刻线，继承了新石器时代的风格。鸟纹和兽面纹、兽纹等，则在商代玉器中用得最多。

除了直线纹和转折纹之外，一些涡纹、重环纹和瓣状纹，成为典型的装饰纹饰。商代玉器的纹饰非常丰富，主要有对角方格纹（图65），这种纹饰是用双阴线的方式雕刻起来的，相邻的两个方格的对角处就是方格的角。各个方形等距排列，在龙形器物中较为常见。另外还有一些是双连弧纹，各个相连的短弧纵向排列，井然有序，一般用于龙身以及角形玉器的装饰。还有一种是三角纹。有大小两种形制不同的三角纹。一些类似于等边三角的小三角纹常用做龙身的装饰，而在玉器的柄上，则装饰多层直线的呈等腰三角形的大三角纹。

商代的生肖动物玉器，在足部和爪部的纹饰刻画上，则多用砣刻的方式。有时用几条短阴线就加以表现，刻画出龙虎鸟之类不同的爪趾形态，但这种表现方式，在仿制品中所见不多。

商代时期的玉虎、玉龙（图61-3）等，不仅采用圆雕的方式，而且在嘴唇的雕刻上，表现得比较抽象，圆雕玉牛也是如此。在熊纹上，刻出嘴缝或露舌。有些兽面纹，则是以龙或者牛为原型制作的，多以挤压琢出的阴线等方式来表现。

（一）商代早期玉器

一般来说，商代早期的玉器纹饰比较繁缛精细，后期玉器上的纹饰则简洁流畅。不过，一些简单而粗疏的纹饰，也经常被用到早期的商代玉器之上。商代早期的玉器，大多采用双钩线纹，到了商代晚期则多用单阴线的纹饰。同样，隐起阳纹在商代早期的玉器上很少用到，但到了晚期，则大多使用。隐起阳纹与阴刻纹相比，具有较强的艺术表现力。

在生肖动物中，无论是普通动物的牛虎，还是神怪动物的龙等身上，见有菱形纹、席纹等装饰纹饰，商代后期就逐渐消失了。

在商代早期，不管是平雕的还是圆雕的生肖玉器，往往用两端内卷的云纹表现耳朵。到了晚期，生肖动物玉器则用"减地砣刻"的形式，从而表现出中间凹凸轮廓的效果，富有立体感。而一些禽鸟类造型的玉器，身上则装饰有羽毛纹，那是一种卷曲云纹，在当时显得相当的规范。这些羽毛纹在商代早晚期玉器上都有出现，所不同的就是单阴线和双阴线在纹饰砣痕深浅方面存在差异。尽管如此，在商代早晚期的各类玉器中，所装饰的纹线大都粗细一致。不过，另有一些玉器的纹饰，采用两种或者两种以上的纹线构成，它们在粗细上是有所差异（图63-1）的。

在商代玉器纹饰的雕刻上，"一面坡"砣刻方式在晚期时才得到充分的利用。这种方式的特点就是以一面倾斜、另面垂直的阴刻线，体现于器身的龙角、尾巴之类的细节上，它在早期商代玉器上用得很少，晚期的"一面坡"技法，直接影响到两周玉器纹饰上。

商代玉器的纹饰在制作时，先在需要砣刻的地方打样，然后进行砣刻和琢制。它与青铜器的纹饰是异曲同工的，是中国古代美术史纹饰图案的重要组成部分。商代玉器纹饰，是商王室玉器作坊数百年琢玉技术的精华，经历了由光素到繁缛、由繁缛又到简洁的过程。装饰用玉较少，主要为玉镯。

商代早期的玉器种类略显单调，主要是一些礼器和象征性的武器、工具。如璧、钺、戈、刀、斧、铲、凿、锛和柄型器等。装饰玉不多，动物形玉器几乎不见。但值得注意的是，这一时期玉器的开料、锯割、钻孔、抛光等技术都已经达到了相当高的水平，阴刻、阳线、浮雕配合巧妙，造型和纹饰设计合理美观，线条流畅，形体大却极薄，纹饰细而清晰，形制规整匀称，显示出高超的制玉工艺。

商代玉器制作空前繁荣，数量众多，种类齐全。河南偃师二里头遗址出土的随葬玉器代表了早期商代玉器的特征，品种有玉圭、玉琮、玉璜、玉刀、玉戈、玉璋、玉钱、玉铲和兽面纹柄形器。它们都起到了礼器的作用。形体极薄的玉圭、玉璋和玉戈是商代早期新出现的器型，应是礼仪用器。其中有长48.1厘米，宽7.8厘米的玉璋和琢有阴线纹饰的长65厘米，宽9.6厘米，厚不过0.1–0.4厘米的七孔玉刀，这些器物也是礼仪用器，其制作时就在大块玉石上锯片开料。商代早期玉器比龙山文化和良渚文化有很多的进步。如一些玉琮被剥成方柱形的玉坯也是商代早期的形制。另有些商代早期的柄形玉器（17.1厘米长，1.8厘米宽），由10节组成，其上的兽面纹饰接近殷墟兽面纹玉器的形制。从中可以发现开料、抛光等技术的进步。商代早期偏后的玉器，则有玉璋、玉戈、玉璜、玉柄形器和小件装饰品，这一时期黄陂盘龙城出土的玉戈，其长度竟有93厘米。

（二）商代中期玉器

商代中期玉器主要分为工具玉、装饰玉与礼玉三大类。工具玉有斧、锛、凿等，多无使用痕迹。装饰玉有环、璜、玦、镯、笄、坠饰等。礼玉有戈、矛、牙璋、琮、钺（图77-1）、璧，柄形饰等。

（三）商代晚期玉器

在整个商代中，晚期玉器最为精美。出土玉器数量较大，以妇好墓为代表的一座墓就出土了755件玉器，且器类丰富，制作精美。此处，商晚期创制了一些仿青铜器的玉尊（图61-1）、玉方罍（图67-2）、玉簋等高级玉礼器，以及一些肖形圆雕玉器（图63-1、图69-1、图71-1），均十分珍稀。

四
商代玉器撷英

1. 黄玉龙虎尊（图61）

通体采用和田蜜蜡黄玉制作。收藏界对新疆和田玉材的珍贵程度，素有"黄、红、墨、白、青"之说，黄玉位列诸玉之首，比羊脂玉还稀少。此尊的玉色，为和田极品玉中的蜜蜡黄，柔和醇熟、娇贵可人，极富质感。玉质致密细腻，精光如脂如蜡，观感温润细滑，手感沉实。整器的掏膛和打磨、抛光工艺精细，包浆熟旧，精光内蕴。局部有土沁、钙化的斑块。

喇叭口，束颈、折肩、深腹、撇足。雕刻工艺极精，整体形成上中下三层纹饰。口、颈部光素无纹。肩部以圆雕和浮雕相结合，塑造2条生动的蟠龙形象：浮雕的龙身（上有云雷纹）蜿蜒；圆雕的龙首探出，额有双角，阔吻巨口，凸眼圆睁。腹部以2道圆雕的扉棱（有4组扉棱，中间两组的两边各镂一孔，两边两组的内侧镂一孔）为界，分隔2组完全相同的双虎食人纹饰。在双虎食人阴刻纹饰上，圆雕的虎首居中，左右两侧是浅浮雕的虎身；虎首圆耳外撇，高鼻凸出，虎口大张作吞噬状；虎身为浮雕的曲线纹和云雷纹；虎口之下，一个半截人首被衔于虎口之中；被食之人呈坐立状，双腿叉开分向两边，双臂半举呈挣扎状；人无衣冠，身饰花纹。两个龙首之下的扉棱两边，各浮雕一组饕餮纹（位于猛虎下半部），饕餮雕出"臣"字眼，身上浮雕云雷纹。饕餮纹，亦称兽面纹，是古代传说中一种贪食的凶兽饕餮的面形，它与虎食人纹饰相得益彰。足墙外浮雕着压缩的饕餮纹。圈足微撇、高深，外底平。

从整体上看，三层、两组纹饰的布局衔接的紧密流畅，浑然一体；从主体纹饰看，龙、虎、人造型庄严稳重、奇特神秘，特别是龙首和虎

图61-1 黄玉龙虎尊 商代
高16厘米

图61-2 黄玉龙虎尊 商代

图61-3　黄玉龙虎尊　商代

首采用圆雕法，使其从外壁突兀凸起，雄健粗犷，比起用浅雕法更具有一种威武逼人的悍气，龙首、虎首和扉棱的立体感更加突出。这种玉雕手法既适应尊的特定造型，又表现出纤柔亲和之意，似乎在呵护着蛙形裸人，折射出神秘莫测的魅力。

据考，尊是中国古代一种青铜酒器，盛行于商代和西周，到春秋战国已很少见。根据文献记载，远在4000年前的夏代就已经铸造铜器。商代后期，青铜器制造水平达到了高峰，表现为器类繁多、数量增大、造型秀美和花纹繁缛细密等特点。

这件玉龙虎尊，因其主题纹饰有龙虎而著名。龙虎尊在造型创意上鉴赏，圆形大口表示上天，肩部神龙游荡于空中；尊腹表示大地，有猛虎张牙舞爪，以其不容侵犯的雄伟姿态保护着纹身的淮河氏族。龙虎尊以其强烈的历史穿透力，传递出商代及商代以前虎方淮夷的原始巫风、图腾崇拜、神祇信仰等多方面信息，展现出淮夷虎视八方的雄风。

采用这一构图意在从正面表现猛虎的完整形象，但正面又无法体现虎的雄伟身躯，于是便采取轴对称的布局使虎身向两侧伸展，商代饕餮纹也是运用此种构图。此外，在河南安阳殷墟妇好墓出土的青铜钺上、"后母戊"青铜方鼎耳外侧及山西浑源李峪村出土的春秋晚期鸟兽龙纹壶腹部，均有类似的虎食人像。今藏于日本泉屋博古馆的虎食人青铜卣，整器为猛虎食人的立体形象，更为逼真。在商代玉器上也见虎食人像（青玉）。东汉王充《论衡·订鬼篇》引《山海经》佚文，记有虎噬鬼魅之说。此种虎食人像或许是取于此意，借以震慑邪祟。

与此玉尊的形制、纹饰相似的器物，仅见国家博物馆馆藏的一件出土于安徽阜南县的商代中期青铜龙虎尊，距今已有3000余年。这件龙虎纹铜尊，铸工、纹饰极精，令人赞叹不已。它体形高大（高50厘米、45厘米，重约20千克），口沿广阔，鼓腹，高圈足。铸工极精，整体形成三层、三组龙虎人纹饰。在古代青铜艺术杰作中，此件龙虎尊当为佼佼者，被文物考古界视为国之珍宝。

因商代和田黄玉材料极其珍稀，不可能采集到青铜尊那样大的玉材，因而玉尊的形体小于青铜尊，且不可能布局、雕刻三组龙虎人纹饰，而是因材施雕、减少为三层、两组龙虎人纹饰，这已极其难得了。两者的造型、纹饰和神韵几乎一样，具有异曲同工之妙。只缘玉雕工艺原因而不能像青铜尊纹饰制作得那么精细复杂，故而有所简化。

此黄玉龙虎尊，其玉材珍稀难得，形体高大挺拔，雕琢工艺精湛，纹饰线条洗练，完好无损面世，是商代中晚期玉器的孤品、神器。

2. 白玉管串饰（图62）

局部有红色、黄色的沁色，白、红、黄三色交融，美不胜收。形如长管，打孔中空，光素无纹，打磨光滑。羊脂白玉籽料，玉色洁白，玉质温润，光泽如蜡。

在新石器时期，虽有先民曾制作了诸多玉石串饰，但其材料、做工和完好程度大多较差，出土传世者也是多有残缺。此串饰玉材高贵、做工精细、沁色绝佳，实为难得。

图62　白玉管串饰　商代

3. 黄玉鸮尊（图63）

器形为一站立的鸮（鸮xiāo，俗称猫头鹰），由器盖与器身两部分组成。器盖雕成鸮首形，昂首，大歧冠高耸，"臣"字双目，小耳。盖正面饰饕餮纹，并有3个凸雕戟齿；背面的前端有一立鸟，尖喙、小歧冠；鸟后饰一立龙，拱身卷尾。器盖上的龙、鸟造型雄奇，前后呼应，巧夺天工。

器身前方有上钩喙，胸部前凸并有3个凸雕戟齿。胸腹部两侧各饰羽翎纹，双翅并拢，两爪粗壮，四趾抓地，宽尾垂地。两足与垂尾构成三个支撑点，构思奇巧。后身扳手雕成鸮形，圆眼、尖喙，双足内屈，两翼平展，作飞翔状。扳手之下凸雕鸮面纹。器身的羽翎纹、尾纹均为阴刻游丝纹，精细入微、刀法犀利。

此玉鸮尊是商代晚期玉器的旷世珍品。其造型新颖，各部纹饰和谐，将丰富的想象与合理的夸张相结合，巧妙地以动物为题材，塑造成玉礼器，既有生活的真实写照，又有艺术的概括处理，反映了商代先民特有的宗教情感和审美观念。从工艺技法上看，器盖则多用高浮雕、圆雕和镂雕，少用阴刻。器身则多用阴刻，少用高浮雕、圆雕和镂雕。两者繁简相宜、相得益彰，具有风格迥异的装饰效果。和田黄玉制作，柔和娇嫩，质感极强。玉质致密，精光如脂，温润细滑，手感下坠。整器的掏膛和打磨、抛光工艺精细，包浆熟旧，精光内蕴。局部有红沁。

可与玉鸮尊相媲美的，唯有商代晚期的妇好青铜鸮尊（对，高45.9厘米）。这是中国发现最早的一对国宝级鸟形青铜尊，1976年出土于河南安阳市殷墟妇好墓，一件收藏于国家博物馆，另一件收藏于河南博物院。由于工艺上的限制，此玉鸮尊的纹饰制作比青铜鸮尊略为简化，但两者的形制和纹饰基本相同。从器物材质上说，商代的青铜要比和田玉易得，因而玉鸮尊更为难得。

图63-1　黄玉鸮尊　商代
高10.7厘米

图63-2 黄玉鸮尊 商代

第三章 商代玉器

图63-3 黄玉鸮尊 商代　　　　　图63-4 黄玉鸮尊 商代

图63-5 黄玉鸮尊 商代　　　　　图63-6 黄玉鸮尊 商代

图63-7 黄玉鸮尊 商代　　　　　图63-8 黄玉鸮尊 商代

4. 青白玉团凤佩（图64）

青白玉，淡雅柔和。玉质致密，温润细滑。包浆熟旧，精光内蕴。有大面积的铁红沁和灰皮。玉佩呈团凤鸟形，凤鸟首尾相衔，双面雕刻同样纹饰。凤鸟长喙内弯，大眼圆睁，紧身收翅，长尾反卷，尾根似张开双剪、喙尖插于其中。两面所有纹饰均用粗双阴线雕刻、中间纹线凸显，夹有局部镂孔，整体气韵流畅，纹样大气。

1955年于天门石家河镇罗家柏岭遗址（距今约4800-4400年）出土的石家河玉凤，是新石器晚期玉佩（国家博物馆藏）。该玉凤为"团凤"造型，被誉为"华夏第一凤"。此玉团凤佩与石家河遗址出土的玉团凤佩大同小异，年代稍晚，是商代早期作品。

5. 黄玉神人首（图65）

整体圆雕，立体感强。头顶上峨冠高扬后掠，冠中脊外缘凸雕4个大戟齿，冠的两面浮雕夔纹，冠背面凸雕2个小戟齿；冠座面上有一圈阴刻的席纹，增强了轮廓感。神人首两侧呈半弧形，前面比较陡直；"臣"字眼，鼻梁微凹，扁鼻、鼻翼有窝；扁宽噘嘴，呲牙露齿；下颌凸出，两边脸颊浮雕皱纹；卷云形大耳，耳后出戟齿。首后平直无纹。短粗颈，雕刻两道凸棱，底座平。采用和田黄玉制作，柔和娇嫩。玉质致密，精光如脂，温润细滑，手感沉实。整器打磨抛光工艺精细，包浆熟旧。局部有铁沁、灰皮。

2024年4月9日，香港苏富比以660万港元拍卖成交了一件商或较早的卷尾形高冠玉神人首（高4.4厘米），其器型很小且远不如此器硕大、精美。

商代以前的玉神人首多以片玉为主，立体圆雕的极少。此器玉材珍贵，雕工精湛，气宇轩昂，十分罕有。

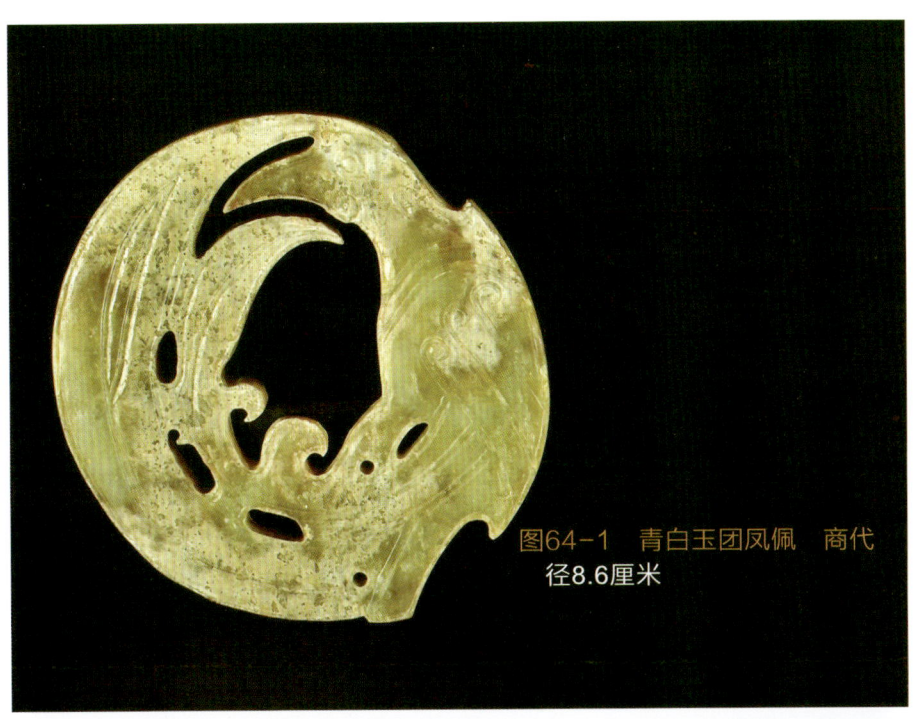

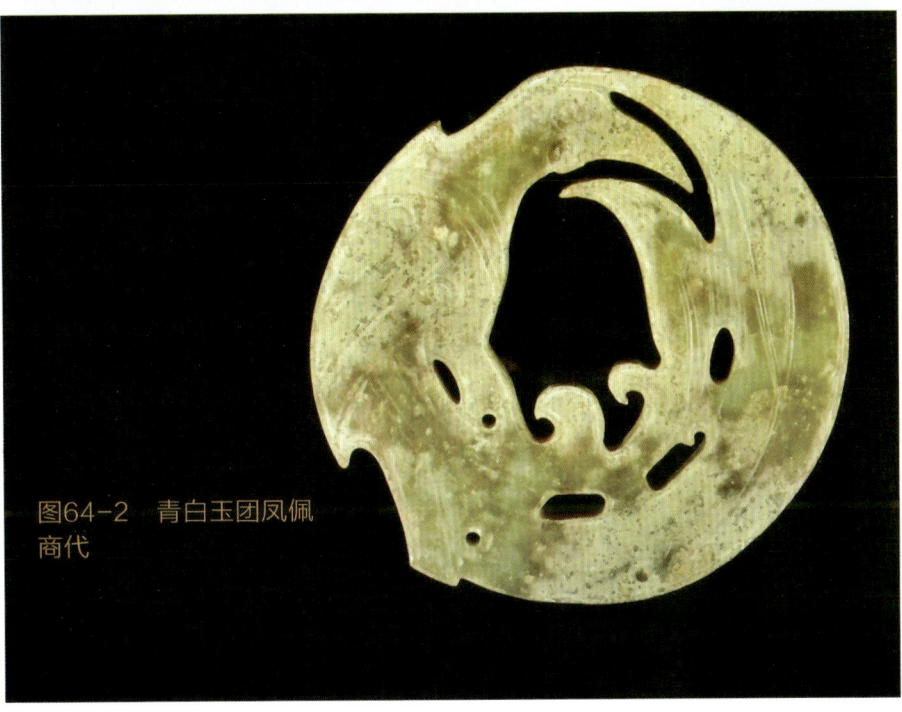

图64-1　青白玉团凤佩　商代　径8.6厘米

图64-2　青白玉团凤佩　商代

图65　黄玉神人首　商代
高9.2厘米

6. 青玉熊（图66）

和田青玉，玉色深沉，玉质致密，包浆浑厚，灰皮较多。呈坐立姿，熊首高昂，尖耳竖直，眉峰凸起，双眼圆凸，高鼻阔嘴。身形肥硕，双腿蜷落，双足与臀部着地，双臂放于双膝之上。胸腹前、双臂外侧和背后等处均浮雕夔纹，线条粗凸。S形卷尾倒竖而立。

商代玉熊传世极少，圆雕作品更少。此器仿生写实，形体比例适当、线条优美，雕刻技法娴熟，栩栩如生。

7. 黄玉方罍（图67）

和田黄玉料圆雕而成，黄中泛青如秋梨，故称"秋梨黄"，是极为名贵的玉材。玉质温润致密，打磨抛光精细，光泽如脂如蜡，黑、金、黄等多彩沁色交融变幻，包浆熟旧。

玉方罍（leǐ）形似商周时期的青铜方罍，庄重肃穆，气势恢宏。整体为扁方形，四边脊齿扉棱自盖顶至肩线呈覆斗形，自肩线至腹下部呈仰斗形，上下四条脊齿扉棱呈反向外展，相反相成且在肩线交汇，彰显了古朴凝重的风范。覆斗形柱钮，上刻夔纹（云雷纹）。罍盖的4个面上共有8条扉棱，每面3条扉棱（两长一短）；盖4个面及四角上，均浮雕着倒置的饕餮纹，神秘莫测；盖内空。子母口，颈部亦呈覆斗形，四边扉棱与盖边扉棱一气贯连；肩部四面的中部，各有一条圆雕夔龙，夔龙四肢攀附在肩上，回首向下，卷尾；肩部四面地子上雕满夔纹。腹部呈仰斗形，每面上部中间有凸雕铺首一个，两边地子上雕满夔纹；中部浮雕夔纹；下部浮雕饕餮纹；腹中下部四面的中间亦有扉棱，与胫部每面中间的扉棱贯连。胫部呈覆斗形，亦有4个面8条扉棱，四面地子上也有浮雕的夔纹。自上而下看，四角的4条扉棱自盖顶至胫底部连贯一气，四面除了肩、腹上等局部各雕有夔龙、铺首之外，自盖顶至胫底的每面中部均有上下对应的扉棱。长方足高深、外撇，内空；外底平。整器掏膛精细均匀，四壁厚度在5—7毫米。

图66-1　青玉熊　商代
高10.3厘米

图66-2 青玉熊 商代

图67-1 黄玉方罍 商代
全高26.5厘米

图67-2　黄玉方罍　商代

图67-3　黄玉方罍　商代

图67-4　黄玉方罍　商代

图67-5　黄玉方罍　商代

图67-6　黄玉方罍　商代

此件玉方罍形制高古凝重,结构复杂,纹饰繁缛。在制作装饰上,掏膛干净利落,圆雕、浅浮雕、高浮雕、线刻技法交相使用,主体纹饰既衬以夔纹、饕餮纹,局部又加线刻;圆雕夔龙、铺首与扉棱凸起挺拔;纹饰多变并且纹中有纹、层层套置。虽通体刻满纹饰,却是瑰丽而不繁琐,诡变而不凌乱,庄重、典雅、富丽堂皇兼而有之,可谓是商代晚期玉器绝无仅有的代表作,国之瑰宝。

商代酿酒业非常发达,酒器五花八门,其青铜酒器最多,圆罍多见、方罍罕见。现已知国内青铜方罍馆藏品有4个,最著名的是藏于湖南省博物馆的商代晚期青铜饕餮纹方罍,亦称皿天全方罍(全高85.1厘米,器身高63.6厘米,洽购价数千万元人民币),堪称"方罍之王"。另外3件分别藏于北京故宫博物院、洛阳博物馆、首都博物馆(西周)。

据考,青铜方罍,酒器美称,始于商代、绝迹于战国。此前,国内外未见商周战国时期的玉方罍出土或传世。但在一些古诗中确有吟咏,如南朝梁沉约《介雅》诗之三云:"玉罍信湛湛,金卮颇摇漾"。唐代李贺《送秦光禄北征》诗曰:"呵臂悬金斗,当唇注玉罍"。青铜方罍是商周贵族常用的酒器。因对制作玉质方罍的材质要求、原料稀缺、工艺难度等条件均高于青铜方罍,故而玉方罍一器难求。

此件商代晚期黄玉方罍工艺精绝,雄浑大气,保存完好,其历史价值、科学价值和文物价值高于同时期的青铜方罍。

8. 黄玉虎形佩(图68)

整体切片,双面雕刻同样纹饰。下半部是长方形斧身,佩的最前端有3个戟齿,下面有5个戟齿、如同猛虎的犬齿;佩的尾部雕成扇形。两面雕刻夔纹,显得非常洗练。上半部为一只猛虎四爪伏于斧上:虎的蘑菇形双耳竖起,"臣"字目,虎口半张,身体硕壮,背部雕刻脊毛,身上雕刻夔纹和条纹,虎尾翻卷、中孔。和田黄玉,柔和娇嫩。玉质致密,精光如脂,温润细滑,手感沉实。整器打磨抛光工艺精细,包浆熟

图68-1 黄玉虎形佩 商代
长9.4厘米

图68-2 黄玉虎形佩 商代

旧。局部有铁沁、灰皮。

商周和战国时期常有斧上雕刻龙虎的玉佩，宣示主人的威仪和地位。斧上雕龙的借助"龙"字的谐音，被后人称为"府上有龙"，意喻王侯贵胄官运亨通、家族显赫、子孙满堂。斧上雕虎的，显示威风八面、辟邪镇宅、保佑平安之意。

9. 黄玉鸮（图69）

和田黄玉，色如秋栗，甘黄娇嫩。质如凝脂，精光内蕴，温润细滑。抛光精细，包浆熟旧。整体圆雕，呈站立姿势。将禽与兽的特点融为一体并神化，以鸮为基本造型，形象威猛：头顶蘑菇状双角，"臣"字目，大勾喙内弯，头后雕有一只翻卷的长角，整个头部被极度夸张。胸前凸雕3个戟齿，双翅紧收，尾尖上翘。两面的翅羽上雕刻双阴线夔纹。双腿粗壮，双爪抓地。半圆形大环尾落地，尾尖微翘，尾外面雕有夔纹。外底呈椭圆形，掏膛内空，打磨光滑。

同类器物仅见安阳殷墟妇好墓出土的商王武丁时期的玉鸮（高8厘米、宽4.2厘米，现藏于国家博物馆）。此件玉鸮与馆藏玉鸮相比，无论从玉质玉色还是工艺装饰等方面均胜一筹，弥足珍贵。

10. 白玉蚱蜢（图70）

造型简约写实，呈蚱蜢俯卧形状。方头，大眼，头外有护甲。身腹前宽后窄，浮雕出交叉双腿，腹部有6道环纹。尖尾上翘。嘴下有一个镂孔，为穿系之用。和田白玉籽料，洁白无瑕，质地油润。局部有金黄色沁。

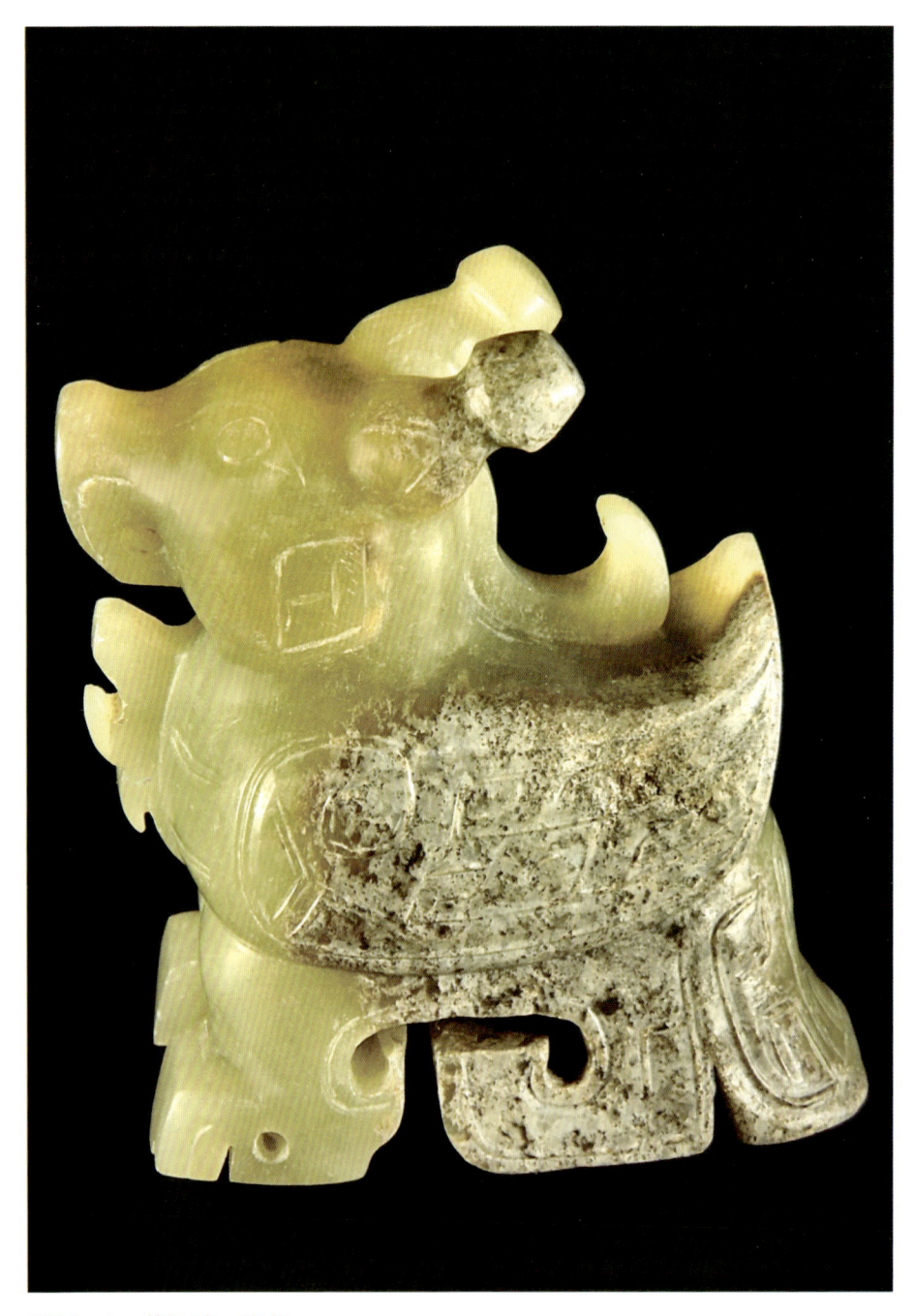

图69-1 黄玉鸮 商代
高8.5厘米

图69-2 黄玉鸮 商代

图70-1 白玉蚱蜢 商代
长6.6厘米

图70-2 白玉蚱蜢 商代

11. 绿松石兽（图71-图74）

这是一组商代兽形绿松石圆雕串饰，小巧玲珑，工艺精湛，难得一见。通体采用绿松石制作，石色绿蓝相间，质地坚硬，打磨光滑，包浆浑厚。局部有红、褐色沁。

该组兽串饰共有4个，形态各异，小巧生动。图71、图74均为绿松石熊，一大一小，基本相同。图71为鸟首熊身，坐立姿，其形诡异：鸟首，头顶圆冠，短尖双耳（图74为圆耳），眉峰高凸，水滴长眼，尖喙如钩；熊身，坦胸腆腹，双乳圆凸，两臂前伸，双腿盘坐，四爪如鹰。背有短尾，光素无纹。上下有通天孔，可穿绳系戴。

图72绿松石兽，形似熊罴，呈匍匐状。方首大脸，前额圆凸，粗眉大眼，短圆双耳，高鼻阔嘴，口内镂孔，面目生威。身材肥硕，四足伏地，利爪如钩。

图73绿松石兽，身形似蛙，侧首昂头，身刻翼纹，四肢扑地，兽首兽足，四爪如鹰，短尾反卷，极有气势。

新石器晚期和商代有一些绿松石饰品，多为珠管串饰，圆雕器物极少。此组绿松石圆雕小器大样，高仅寸许，雕工精致，神采生动，乃旷世之作。

12. 黄玉鹰佩（图75）

玉鹰呈俯冲状，尖喙，圆眼，引颈。双翅紧收，尾羽并拢。背面的上中部位，有两个斜打的对穿孔，为系戴之用。玉色黄红交融，柔和娇嫩。玉质致密，精光如脂，温润细滑，包浆熟旧。局部有铁沁、灰皮。此佩抓住了苍鹰凌空而下扑捉猎物的瞬间神态，雕琢得惟妙惟肖，小巧可人。

13. 黄玉跪人（图76）

和田黄玉，如脂如膏。玉质致密细腻，玉光如脂如蜡，观感温润细滑，手感沉实下坠。包浆熟旧，黑沁、土黄沁自然天成。

玉人为圆雕，作跪坐状：双手抚膝。头梳长辫、盘于顶，头顶戴箍形束发器頍（kuǐ），接连前额上方卷筒状头饰，宛如一个平顶冠。长脸尖颌，弯月形眉，臣字眼，闭口凸鼻。身着衣饰，交领垂于胸前，长袖至腕，腰束宽带，腹前悬长条蔽膝。两肩刻臣字形动物纹，右腿刻S形蛇纹。腰后左侧插一宽柄器，上刻卷云纹和节状纹。玉人气度雍容，衣饰华美，俨然是上层贵妇形象。

1976年安阳商王武丁之后妇好墓出土的圆雕跪坐玉人（高7厘米），是其所有装饰品中最精美的一件。跪（坐）玉人是商殷时期造型艺术的代表作，它以丰富的想象和细腻的写实相结合的手法，传神地表现了商代人物的状貌。

此玉人与妇好墓出土的跪坐玉人有异曲同工之妙，只是形体略小。此玉人身体、衣饰和发型的雕琢一丝不苟，几近写实，是了解当时衣饰的最珍贵资料之一，当为高古玉绝品。

14. 白玉菱形纹钺（图77）

器形霸气，长似弯刀，横宽把首，上刻双斜短线纹。宽柄，中间有一双向穿孔，中间竖刻4道凹纹，两侧均刻三角纹。钺身呈长宽侧弯形，四边均刻4线边纹，中间刻5道长弧线，两侧均刻菱形纹。

据考，钺本为兵器。玉钺是对短兵相接时近身搏杀武器石钺的玉礼化，一向被认为是"以玉为兵"军事指挥权的象征。太湖流域最早出现的玉钺是距今6000年左右的泽崧文化早期、良渚文化时期，经过长期演变的玉钺遂与新贵的玉琮、玉璧一起，成为商周时期最重要的玉礼器，周后玉钺形制更趋向刀形且用之很少。商周的仪仗玉包括玉斧、玉戚、玉钺、玉戈、玉刀等，均是象征性武器。玉钺的军事仪仗用途，主要是展示持有者的权力尊严。

此器为羊脂白玉制作，白中微青，质如截脂。包浆浑厚，打磨光滑。黑沁、枣红沁美丽自然。精工细作，纹饰精美，是商代晚期礼玉珍品。

图71-1　绿松石兽　商代
高2.8厘米

图71-2　绿松石兽　商代

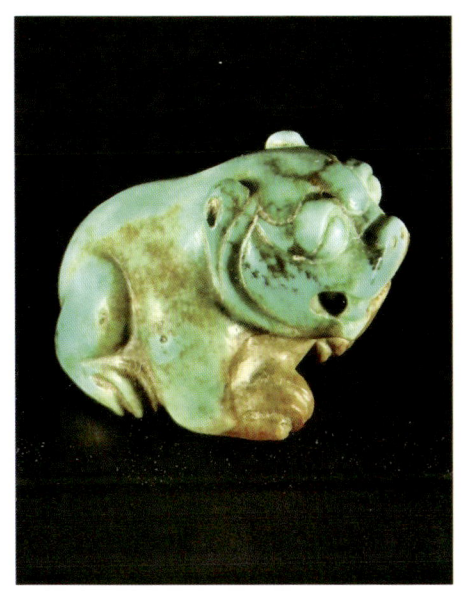

图72-1　绿松石兽　商代
长2.3厘米

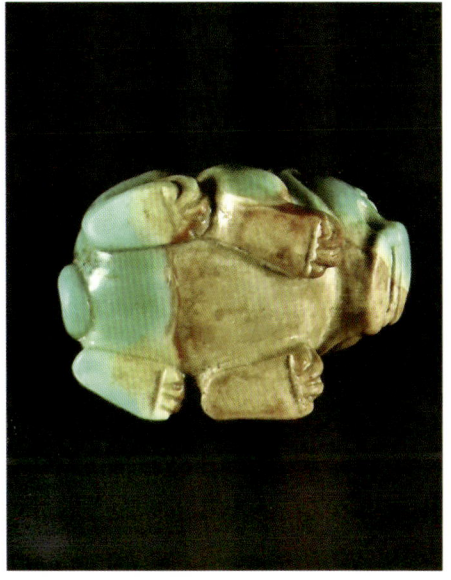

图72-2　绿松石兽　商代

图73-1　绿松石兽　商代
长3.8厘米

图73-2　绿松石兽　商代

图74-1　绿松石兽　商代
高3.4厘米

图74-2　绿松石兽　商代

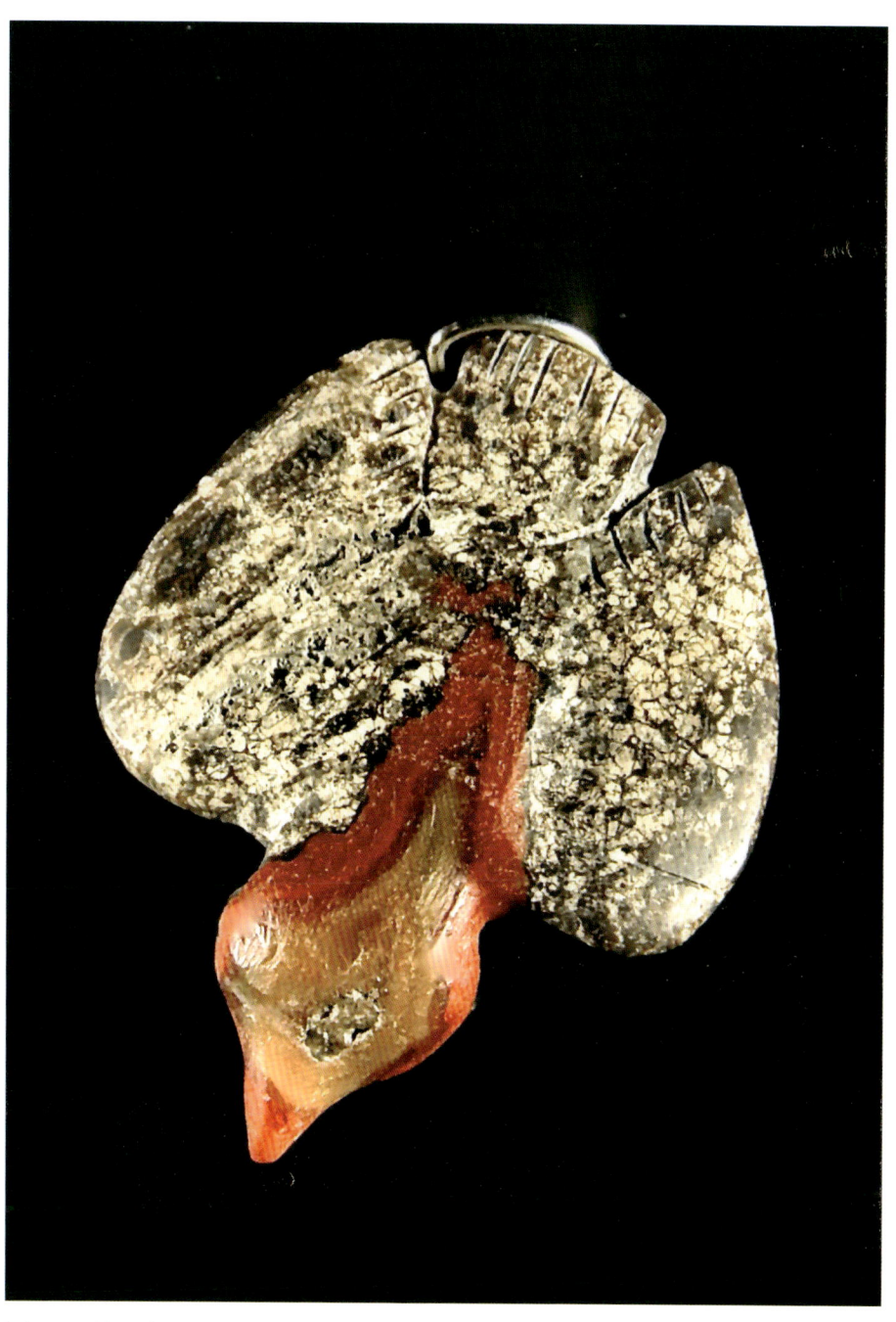

图75　黄玉鹰佩　商代
高4.5厘米

图76-1 黄玉跪人 商代
高6.6厘米

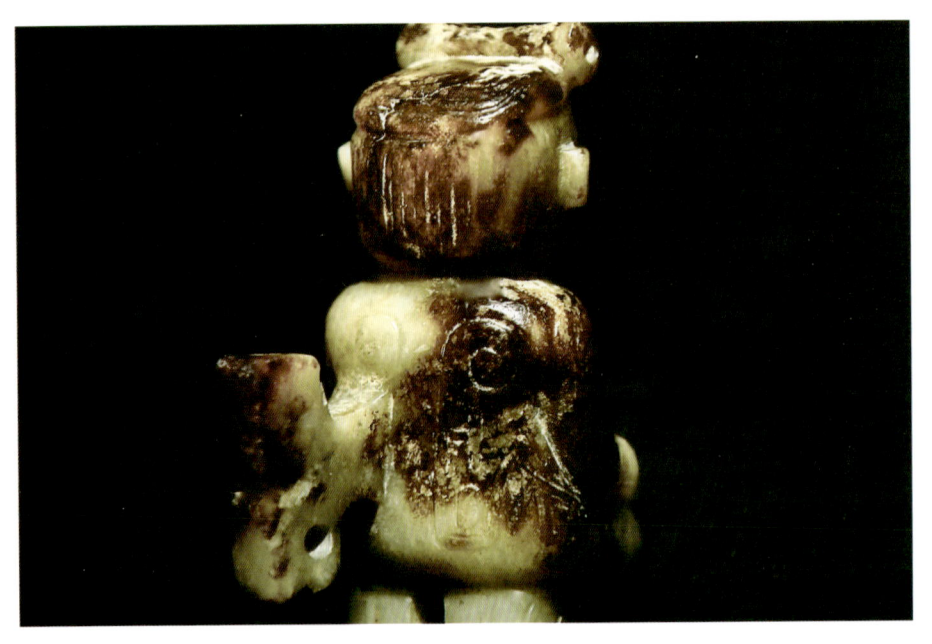

图76-2 黄玉跪人 商代

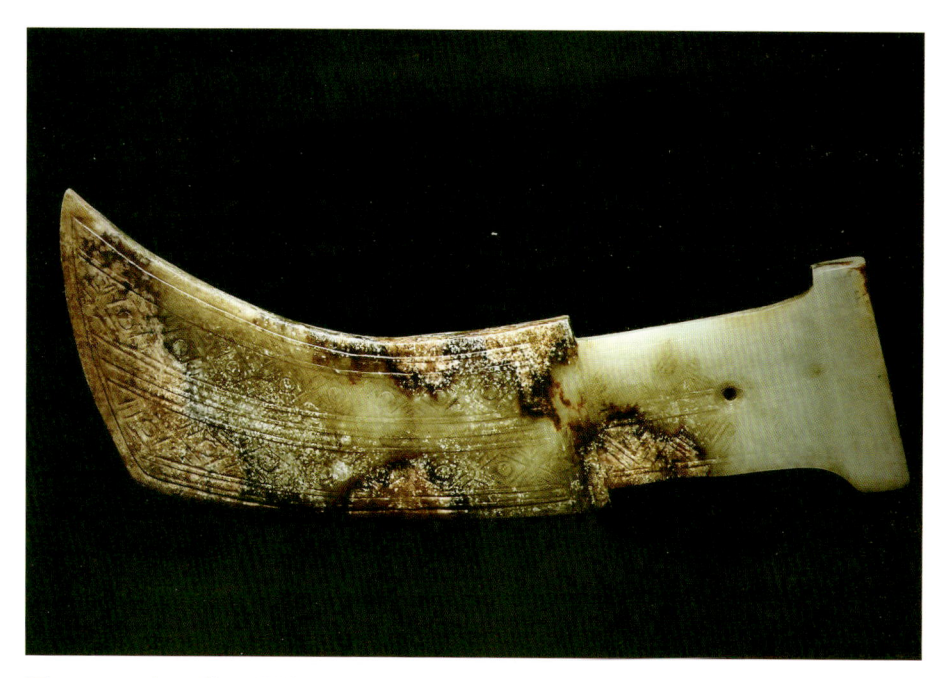

图77-1　白玉菱形纹钺　商代
长20.5厘米

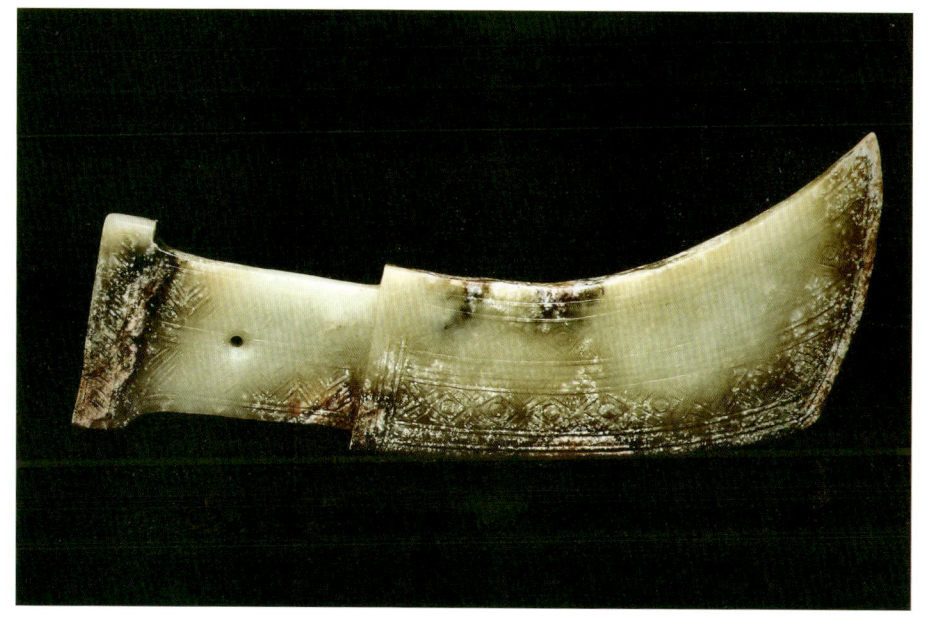

图77-2　白玉菱形纹钺　商代

第四章 西周玉器

西周时期从公元前11世纪周武王灭纣开始，至公元前770年周平王东迁为止，有300余年的历史。西周玉器的发展，可分为三期：周武王灭纣前为第一期，即先周时期；第二期为西周初年到周穆王，为西周早期；周穆王开始到平王东迁时期，为第三期（后期）。各期玉器的造型和纹饰均有明显差异，西周玉器制作水平比商代更胜一筹。全国至今有2000余座西周古墓葬出土玉器，制作精良，品质优异。

西周玉器出土遗址，主要分布在山东济阳刘台子、北京琉璃河、陕西西安张家坡、甘肃灵台百草坡、河南三门峡虢国墓地等处。尤其是在陕西宝鸡到潼关的关中地域，是西周早期玉器出土最多的地方，因为这里就是西周的中心。陕西宝鸡的坊头、泾阳的高家堡、扶风县的齐家和黄堆村、长安的斗门镇等地的文化遗址和墓葬，有很多数量的玉器出土。在西周中晚期遗址出土的玉器数量很大，常有一个墓葬出土数百件，在雕琢工艺上更为精湛先进。

西周及东周时期，尽管青铜器得到迅猛的发展，但是玉器已经焕发旺盛的生命力。在陕西宝鸡茹家庄及竹园沟等地的墓葬中，出土了2000余件的西周早期和中期的玉器。先周时期就是周武王灭商前，最具代表性的玉器文化遗址有陕西的周原、丰镐及斗鸡台等。武王灭商以前的都城就是周原遗址，而丰镐遗址则是周文王所建的丰都和周武王所建的镐京所在地，其位置就在陕西西安的沣河两岸。丰都在河西，镐都在河东，先周时期玉器在以上几个遗址中出土的数量很多。

西周玉器因王室所辖的地域，有着很广泛的分布范围和较长的延续时期。自西周中晚期开始，玉器的分布范围更广，制作数量更多。西周时期的王室和贵族都拥有专门制作玉器的工场，在琢制水平上已经有了更大的进步。与陕西关中地区出土的玉器相比，甘肃、北京、山西、山东、河南、湖北等地玉器的形制和艺术特色与之相近。

一
西周玉器工艺

西周玉器有着很明显的特征。西周玉器基本上是由透闪石软玉为主，其材料主要为和田玉、岫岩玉，另外有一些数量很少的玛瑙、水晶、绿松石等等，具有白色、青白色、青色、灰青色、黄青色及淡绿色、墨绿色，都是西周玉器的主要颜色。

西周玉器大都是片形平雕的，很少见到圆雕的，几何形的有刀、斧、璧、环、圭等，还有一些是生肖玉器，如虎、熊、牛、鹿等，另有一些是玉人，或有人龙结合的形制。西周玉组佩（图78A）的结构比较复杂，形体较大，堪称一绝。西周初期和早期的玉器形制上变得小一些，如一些玉戈、玉琮以及细长形的玉圭，这个特性尤为明显。西周初期的玉器在造型上与商代晚期的玉器是互为共存的。在工艺和造型方面，与商末的玉器极为接近，是商末玉器风格的延续。

西周玉器的造型，比商代玉器更具有简化性和写实性。如陕西宝鸡茹家庄的鹿形佩在鹿角和鹿蹄的刻画方面，费尽心思。这些写实的动物造型玉器，完全不同于商末时玉器，尤其是玉鱼的形制，在造型上细长几同圆棒一般，在鳍、尾部位加以简略几笔雕出。

在西周玉器中有一些兽纹装饰。有一种兽头上有长鬣，上冲下折，有宽大肥厚的唇部，以弧线表现兽身，这种兽纹常常使用于玉璜和条状的玉器上。这种纹饰表现的是熊纹。另有一种是双头兽纹，基本上是装饰于小型玉器之上，如在山西曲沃出土的玉器上有见。有时则将双头兽纹与龙身连接在一起，在一些呈梯形的玉佩上都能见到；也有时则将双头兽纹装饰于环形玉饰的圆孔的两旁。

在玉器纹饰的雕制工艺上，西周玉器也完全有异于商代。其中所采用的"斜刻"（图81-2）技术，不但体现出阴线刻槽，还有着比较大的宽度，深浅有别的底槽，大都倾斜形的刻槽阴线。这在之前的商代和之后的春秋时期玉器上，是很难见到的。它是西周特有的玉雕工艺技术。除此之外，在西周时期还盛行着双钩阴刻（图84-1）这种形式，它已避免了粗涩硬直的呆板形式，显得纤细而顺畅起来，从某个层面显现出西周玉器比商代玉器工艺水平上的先进和成熟。另外，西周时期继承了商代的透雕（镂雕）工艺，但是这种工艺停滞不前，以这种透雕技术制作的玉器虽有少数精品（图84-2），但大多显得拙劣粗陋，有着明显的缺憾。

西周玉器的玩赏性更强，在雕琢方式上一般将浮雕（图92）和阴刻两种方式结合起来，同时辅助以圆雕（图92）和镂雕（图92）。在纹饰雕刻方面，逐渐从单阴刻线过渡到双钩阴线。西周晚期玉器上所饰的双钩阴线（图88-3），显得更加和婉顺畅，能够表现非常繁缛的纹样。西周时期的玉器则吸收了殷商玉器的双线勾勒工艺特征，在一些鸟形玉刀以及兽面纹玉饰上，已经充分展示出"一面坡"刻线和镂刻细阴线的工艺的精美特性，形成了严谨的结构和华丽的风格，富有一种时代精神。

二
西周玉器造型

西周玉器与商代玉器相比，在雕琢工艺和数量上不相上下。从种类及造型上来说，用做生产工具的玉器很少，计有斧、刀、铲、匕等类，礼器则有璧、环、圭、琮、璋（图92A-1）等多种，另有管、珠、璜、玦等佩饰。结构复杂的玉组佩为新创的作品。有一些玉佩，制作成动物形状，不管是牛、鹿（图84-1）、虎（图87-1）、兔、熊，还是鱼、龟、鸽、鹰、蝉，以及龙（图92A-1）、凤、龙凤合体等，一应俱全，也有玉人（图86-1）、人龙合体（图90）等形制。玉器形制与青铜器相类似的有簋、匜、罍等，有一些则被用做装殓死者的葬玉，如玉琀、玉覆面、玉握等。

严整规范的宗法礼仪制度影响了西周玉器，它带有明显的"王玉"特性，玉器形制显得很呆板规矩，可谓是中规中矩。西周晚期增添了不少玉器品种，如串饰项链、凤鸟玉佩等。西周时期的玉组佩颇有特色，最有代表性的是陕西宝鸡竹园和山西曲沃出土的玉组佩，以玉璜为主，配以珠、管、鸟形布和鱼形饰等，体现出西周玉组佩的共同特性，但冲牙在西周组佩中还没有得到充分的利用。自西周开始使用玉组佩后，极大地影响了东周两汉玉组佩的形制。

（一）礼玉

玉琮作为一种礼器，在西周的时候，还是显得很规范，有大（图79-1）、中、小（图78）三种，大多是外方内圆的，光素无纹饰。其代表性的作品，如陕西沣西出土的青色玉琮，两端有短射，有鸟纹图案雕饰于四面，与青铜器上的鸟纹相同，这种鸟纹在西周的玉器中是最为常见的，但西周鸟纹玉琮仅有一件。

玉璜在西周被广泛用做佩饰，在组佩上显得非常重要。最有代表性的是有双人首纹璜，带有红山文化的特征，两端各有一孔，便于穿系。佩戴时则呈下弧状，也有一些穿三孔，佩戴时呈上弧的璜仅有一件发现。在西周制作的双龙首纹璜，是春秋战国时期此类玉器的始创者。另有一些人龙合体纹璜，形制是两人相连或与两龙结合。有龙鳞纹的佩饰则保持了商代的特色。

图78 白玉琮 西周
高3.4厘米

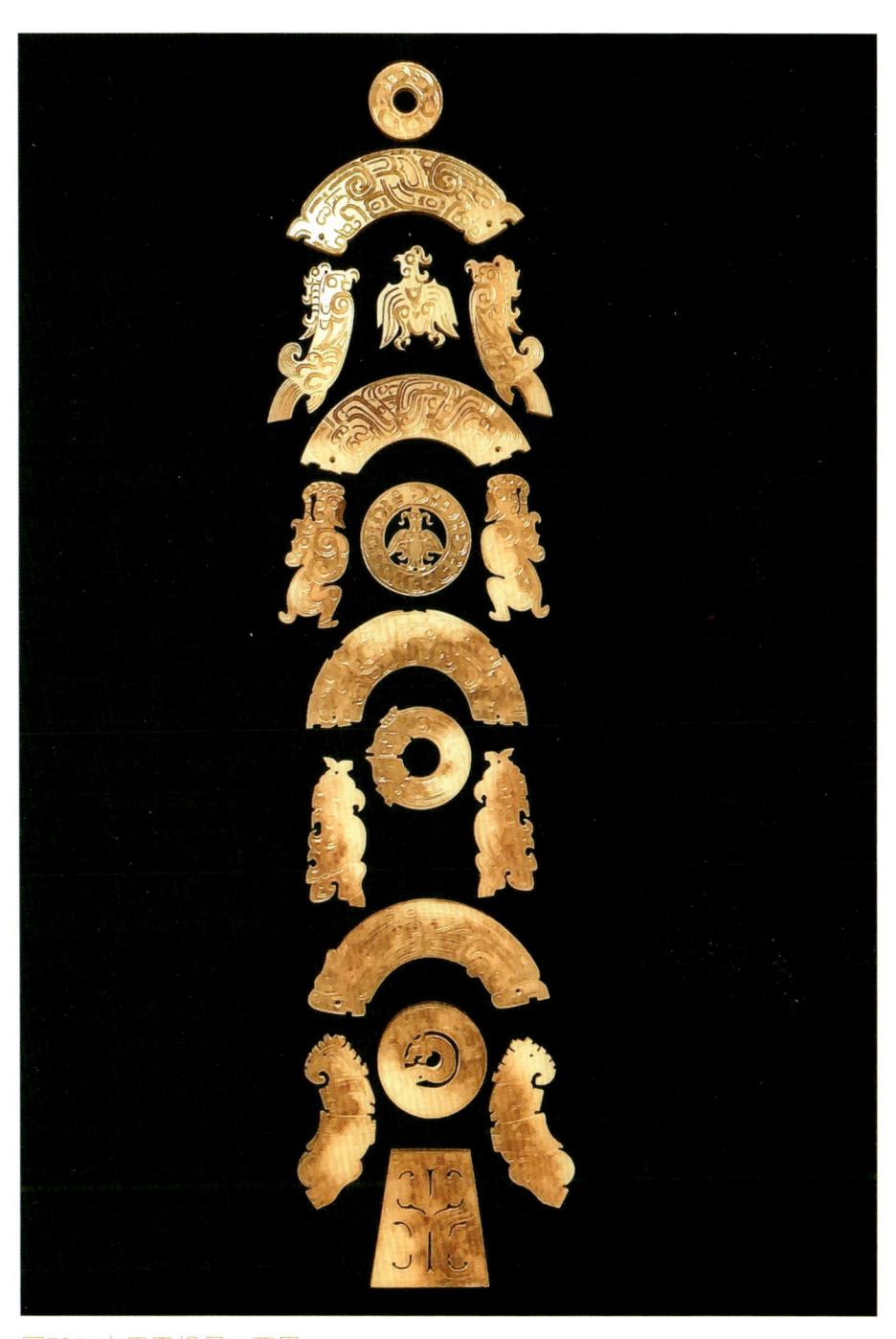

图78A 白玉玉组佩 西周

图78A-1　白玉鸮　西周

图78A-2　白玉鸮　西周

在佩饰中有一种玉牌饰，形体很厚，呈方形，有齿状装于两侧，上端钻孔用于维系，其上的纹饰是相互对称的。另有一些龙纹的玉觿，有很精美的纹饰，整体作龙形，扭曲尾部，有一穿孔则钻在龙形的下颌，其形制类似于圆雕。玉串饰在西周时也大行其道，一般套在颈部，也有的套于腕部，除了璜、管和珠等外，还用一些小玉人（图83-2）穿于其中。

西周玉礼器中的圭，继承了商代玉圭的长方形形制，圭为片状、有刃。有的圭则近似于玉戈。究其所因，圭和戈皆起源于石斧或石铲，西周玉器中有一些戈，最后演变成东周时期的尖角圭。流传下来的西周玉戈极少，代表性的有西安沣西出土的一件白玉戈，其状为长条形，有两边刃，援端呈三角形，靠近援中脊处有圆穿孔，中脊凸起，有很浅的上下阑。西周时期的璧，玉质材料较好，大多用新疆和田玉所制作，中心孔较大。这个时期出土的玉璋（图92A-2）很少，仅见四川广汉出土了一件西周早期作品。

（二）生活用玉

西周时期，也有玉制的匜和罍，最具有代表性的是陕西齐家村出土的玉匜。匜是一种盛水用具，属于贵族生活用品。在生活用玉中最具特色的是鸟纹玉刀。另有一些玉制的调色盘，为日常生活用具。

（三）葬玉

葬玉，亦称殓玉，西周时期殓玉主要有玉琀、玉覆面和玉握等等，种类非常丰富。常见用残破玉器改成其他的玉器尤其是殓玉。这种殓玉的制作比较粗疏。在西周时期的玉覆面，有用天马菱形、方圆形、耳形、圭形、鸟羽形等27件3片缀合的玉覆面，还有用钱形、方形、圆形、三角形、长方形等79件玉片缀合而成的。玉瞑目均以玉片制作成人面五官的形状，缀于覆面布上，排列有序，自然形成人面形。西周玉瞑目形制对战国玉瞑目产生了深远的影响，汉代"玉塞九窍"和玉衣殓葬的习俗即由此发展而来。

西周时除保留众多的传统玉器品类外，亦出现一些新兴的玉器品种，主要有成组佩玉器和专供死者埋葬用的玉面罩。

玉面罩，是由近似人面部五官形式的若干件玉器按人体面部大小形态缝缀在布料上，形式各不相同，有的是专门而作，有的似用其他玉器改作或合并而成，每套中的各件数量不等，各呈扁平形，边角有穿孔供缝缀用，使用时凡有饰纹部分皆朝死者面部。

（四）肖形玉

1. 生肖动物玉

玉制写实性动物形器，虽数量可观，但品种较殷商时期为少，即由殷商期的数十余种减至十余种，常见有鸮（图78A-1）、马、牛、羊、猪、兔、鸟、虎、鹿、龟、蝉、蚕、鱼、螳螂等。

西周时期制作的玉鹿（图26），比商代制作得更加完美。玉鹿呈侧视形象，最突出的是那高大多叉的角，玉鹿大多制作成片形。这种玉鹿也经常放置在死者的胸前，用作装殓之玉。在西周生肖动物的玉器中，最有特色的就是鹿形玉器，在制作工艺上显得相当精美。

在生肖动物玉器中，还有一些玉虎（图80-1），最有代表性的是在陕西宝鸡出土的，放在死者的胸部，是用一种浮雕方式制作的，虎形威武，生动逼真。另有一些生肖玉器，如玉蚕，圆雕的居多，蚕身一般有五六节，最多的有十节，蚕身一般被雕成勾形或者弧形。玉羊、玉龙等生肖玉器，片状的或者立体的亦有发现。

2. 玉人

玉人在西周时期也经常使用，大多用于佩坠等饰物。西周玉人（图83-1）有几个明显的特点：螺旋形发髻或盘头发戴冠的头部，内凹的脸部，稍微向前伸出的下颌，其代表性作品犹如玉巫师像；还有一些玉人呈蹲式姿势，有尾形修饰于臀下，有着明显的少数民族生活特征。西周时期的玉人，有的具有很突出的写实风格，有的穿着华美服装（图86-1），有的则是人兽混合体。甘肃灵台一二号墓葬出土的两件玉人，其一形制接近于柄形器，下端有很明显的榫。另有山西曲沃出土的玉立人，头上有着高耸的、上端下折的犹如鸟形的高髻，下裳如裙子，是具有华丽服饰的玉人的代表性作品。另有一种人兽结合的玉人，与带有华丽服饰的玉人一样，具有很明显的神秘色彩，一般用来随身佩戴。

3. 铭文玉

在西周时期，极少能见到刻有铭文的玉器，仅见文王玉环和太保玉戈等出土。太保玉戈所镌刻的铭文，字数很多，在商周文物中绝无仅有。西周玉器更多地体现出玉器的装饰性和礼仪性。

4. 仪仗玉

西周玉器的最大变化，是表现在玉器品种上。新石器时期至商代盛行的实用或不实用的玉制工具，至此时已逐渐消失；仿实战武器而作的玉制仪仗器中，玉刀、玉戚等在中原地区已不见；玉戈、玉戚已步入衰亡期，具体表现是不仅数量不多，且器形也向小型化发展，大多从以往的数十厘米长减缩至10厘米长左右，其用途也变为象征性的，主要作为珍宝和财产收藏。

礼器中的玉琮，在西周王室所在地，特别是今陕西省周原一带，有大批发现。玉璧多已趋向小型化，玉璜、玉琥（即写实的玉虎型器，图87-2）陡然增多。玉圭首次在玉器群体中出现，玉璋则鲜见实物。此期的玉佩，一个重大的变化是突破以往多为单个为佩的习惯，而向成组并有一定规格及组佩的方向发展。其形式多由若干件玉璜和甚多不同质色的管珠等成组串缀而成，佩挂在胸前至腿足，给人一种光彩夺目和富丽堂皇的新鲜感。此外，以兽面为本摹作的嵌饰品和专供死者陪葬用的缀玉覆面（又名玉面罩）的首次出现，也给人深刻印象。

5. 人神玉

此时玉制人神器，除少量的整形直立式写实人器外，尚见众多形作蹲地式，通体有若干龙形，呈侧身侧视或个别呈正视状的人龙复合形器。形制奇特，极富时代感。非写实性的神鸟（玄鸟，图89）、神兽及新石器时期出现的凤，经夏商一度中断后，又再现且多起来。西周玉凤作头顶有棒槌式高冠呈直立或向前倾弯，鹰钩嘴，圆目，尾从背侧上翘至头顶。龙之形亦有很大的发展变化，除一部分保留殷商时的尖瓶形角（蘑菇头）和双足龙外，还新出现了两龙或多条龙相互交接盘结式和口吐长舌的无足龙。这些神鸟神兽的陡然增多和变态诡秘，说明当时的人们从早期崇奉自然和写实动物为主开始转向崇奉神灵为主。

（五）佩玉

成组佩玉，因能发出悦耳的玉声和控制人按一定规律移动的步伐，故亦名叮当、节步和步摇。从今所知的出土遗物看，已发现10余套件，所有者皆王侯贵族。它的用途，除作节步外，尚有表示等级高上、崇德，示"君子"有"光明正大"人品及美化服饰行装等用意。

西周时亦有一些以往不多见的玉器，如玉兽面、玉圭、玉束帛形器等。其中玉圭的复出尤引人注意，形作扁平尖（平）首无刃状，与文献记述中的圭形之说相合。"圭"字出现在西周，说明玉圭也是始于西周。

三 西周玉器装饰

鉴于西周对玉石品质及色泽的使用有严格的等级规定，因此西周时期出现了一个五彩缤纷的玉石世界。玉有白、青、墨、碧诸色，但西周崇尚白玉，尤其珍褒和田白玉、青白玉。西周玉材除大量使用和田玉外，还使用中原地区的蓝田、独山等地产玉，同时还较多地使用玛瑙、水晶、绿松石等。西周雕刻使用的贵重玉器，多用和田白玉、青白玉琢制。级别较低的玉杂佩，为多种玉石并用。西周玉石的多样性，既是分封制等级的需要，又是西周制玉业发达的重要表现。

1. 西周玉器大多有纹饰和图案

综观其饰纹，颇具特色并与前后各期略有区别的，共有二式：一是纹饰相对简化，具体表现是在一件玉器上往往以数道阴线表示所需的主要纹图，有画龙点睛的特殊美感和效果，所谓简洁典雅者即指此；二是纹饰繁密布局式，其特点是凡要表现人物（图83-1）或象生（图88-1）时，其眉发、羽毛和足爪等，无不形象具体，一丝不苟，形如很近视物的感觉。

2. 西周玉器上饰纹的另一特点，是有上述简繁两式

粗看与殷商时期近似，既有单阴线，亦有双钩两种（图92），但细加审视，其刻纹的表现技法是有差别的。若为单阴线，多用斜砣琢饰，线条两侧深浅不同且呈坡状，形同斜刀剖刻而成。若为双钩线，其双线的粗细不等：细者与商代相似，似用直刀刻成，两边无深浅之感；粗者形如上述单阴线，亦用斜砣琢饰。

西周玉器上的人身或象生器的眼睛，形式与殷商时期近似，亦惯用

"臣"字目但稍有变化，西周的"臣"字目与目纹的两侧眼角，有一段延长线纹（图91）。此外，西周玉器饰纹，多以龙纹、凤纹或人神纹为主，追求纹饰的神秘威严、抽象变形和线条流畅等艺术效果。

3. 纹饰风格变化大

在纹饰方面，西周早期的玉器继承了商末玉器的风格和形式，西周中期渐渐凸显出自有的时代风格：在纹饰上，显得更加发达和丰富，与商代玉器的纹饰相比，更加显得抽象和变形，纹样多不对称；在图案上，与当时青铜器的纹饰有着异曲同工之妙。西周玉器最多使用的是鸟纹和夔纹。其中，有该时期新创的凤鸟（玄鸟）纹，这种凤鸟纹在西周早期就已经形成，至西周中期日趋成熟，更为盛行。一般来说，西周凤鸟纹（图82-3）有着明显的时代特征，那就是侧立形的，凤鸟有着少许内弯的长喙，亦有人称其为鹦鹉纹。此外，另有双尾相交和头身相对的特殊龙纹。这比商代单龙、单尾的龙纹更富美感。

西周玉器的种类，尽管丧葬玉成套，但品种单一、数量较少，主要是礼仪玉和装饰玉。礼仪玉以琮、璧、璜、戈为主。

西周玉琮饰纹较少，多为四方、四面的方柱形，四周光素无纹（图78），与早期玉琮四周外壁通体饰纹明显不同。西周玉璜流行的是商代几乎不见的凤鸟纹、双龙首纹玉璜，龙身饰纹不像东周玉璜呈左右对称等距状，而是龙身尾呈相互交结状，显得更加活泼生动。系挂佩戴时双龙首向上，与东周玉璜双龙首下垂截然不同。

文献上大量记载的西周玉圭，并不多见。西周流行的一种所饰鸟纹或龙凤纹柄形器、玉刀，很可能是西周玉圭，不仅大小适中，雕琢精美，而且有的柄端穿孔，既可系挂，又便于手握。更重要是的，所饰凤鸟纹、龙凤纹，也是西周灭商后华夏族与东夷族逐渐融合的历史见证。因远古华夏族尚龙，商族崇凤。玉圭上刻画鸟纹，可能表示崇鸟商族已掌控在周人手中，亦即周人已完全制服了商族的势力。

4. 结构复杂的玉组佩

西周装饰玉中，引人注目的是结构复杂的玉组佩的出现，这是前所未有的玉器新品种，其特点有三个：一是玉器件数多。如三门峡虢国墓地、曲沃晋国墓地出土的玉组佩，有的玉器总数达上百件，较少的玉组佩也在10件左右。二是玉石并用。玉常与玛瑙、石珠、琉璃珠、绿松石珠等间隔配用，符合《周礼》规定的天子以下君臣不能使用纯玉佩件的规制。三是只有天子才能使用纯玉组佩，精美绝伦（图78A）。

5. 动物玉雕数量多

西周装饰玉中最为生动活泼的是动物玉雕，品种有玉牛、鹿、鱼、虎（图80-1）、兔等。西周动物玉雕，与商代动物玉雕强调装饰性不同，而是写实性强，注重刻画动物的瞬间姿态，更加生动。玉鱼或悠悠摆尾，或跳跃出水。玉鹿头出多角（图84-2）或长角，有的凝眸远眺，有的双耳张开，有的飞速奔跑，有的静坐回首，神态多样，活灵活现。

最能反映西周玉器制作水平的，首推龙凤人物纹玉饰，这是西周玉雕技艺进步的重要标志。这些龙凤人物纹玉雕艺术作品，熔圆雕、浮雕、镂雕、阴刻等多种技艺于一炉，其花纹精细流畅，图象玲珑剔透，主题寓意深刻，反映出西周时期华夏崇龙部族与商代东夷崇凤部族逐渐融合的过程，并有周天子掌控天下大局之意，表达的思想内涵比龙凤纹柄形器、玉刀更深刻。

6. 西周玉器装饰纹样的特点

西周早期基本上沿用商代的双钩阴线装饰法，至中期形成独特的西周装饰风格。西周玉器在继承殷商玉器双线勾勒技艺的同时，独创一面坡粗线或细阴线镂刻的玉器装饰技法，变商代的两条垂直阴线出阳纹为一条垂直阴线与一条斜坡阴线相交出阳纹，刚柔相济，利用不同的反光和阴影之差，使西周玉器装饰更具立体感和图案美，这在龙纹、鸟纹或兽面纹玉器上大放异彩，获得极佳的艺术效果。

四
西周玉器撷英

1. 黄玉琮（图79）

和田黄玉，玉质致密温润，手感细滑下坠。局部受沁，有大面积灰皮和衍生物。

玉琮为单节，琮体矮宽。射部光素无纹，琮体的四面为中间弧圆（与射部上下一体贯通）、四角四方。四个方角分别浮雕饕餮纹，周边浮雕卷云纹，显得繁密饱满。琮内孔可见钻旋的痕迹。

图79-1　黄玉琮　西周晚期
宽9.6厘米

图79-2　黄玉琮　西周晚期

图79-3　黄玉琮　西周晚期

据考，西周时期的玉琮多为单节，节有长短之别。射部短圆，琮体四方四面，体面有光素无纹的，亦有雕刻纹饰的。一般是西周早期的琮体面无纹饰，西周晚期开始出现纹饰，至春秋纹饰较多。此琮虽为单节，但体量大，玉质上乘，雕工精细，不可多得。

2. 白玉虎（图80）

玉虎造型写实，体态修长，形象朴拙。虎首微翘，口中穿孔。"臣"字目，长管形双耳，身上雕刻双线夔纹，四肢伏地，长尾盘卷，形态安稳。长条形四足，切割出台。和田白玉制作，玉色洁白，玉质凝润。背部形成大面积的金黄色沁，非常美丽。

西周玉虎从商代脱胎而来，早期采用的双阴线雕刻纹饰仍有殷商遗风。商周玉虎基本是平雕片状的，圆雕玉虎极少。此器用料多，雕刻较细，不失为西周早期圆雕玉器上品。

3. 白玉发饰（图81、图82）

此对发箍呈圆筒形，掏膛雕琢而成，虽风格相似，但纹饰不同。图81玉发箍有上下两层纹饰：上层是双向对首相接的一对猛虎，虎首硕大，虎耳长圆，虎口张开（镂空），虎牙呲裂，虎眼圆睁，虎背雕刻花纹，四肢刻回纹（云雷纹），虎尾反卷（镂空），形象生动威猛。下层以双虎兽相接处为中心，向两侧雕刻饕餮一只，饕餮为"臣"字眼，长鼻，阔嘴呲牙，短腿。上、下两层纹饰构成了饕餮承虎纹饰。

图82发箍也有上下两层纹饰：上层是双向对喙相接的一对凤鸟，凤喙长弯如鹰，凤眼圆睁，头翎后卷，双翅收扬，凤尾长卷。凤鸟羽翅上均有细密的雕线，非常精美。下层以双凤喙相接处为中心，向两侧雕刻饕餮一只，饕餮为"臣"字眼，长鼻，阔嘴呲牙，短腿。上、下两层纹饰构成了饕餮承凤纹饰。

此对发箍两侧均有镂孔，中间可插玉簪。两只玉簪均为枭首长针

第四章 西周玉器

图80-1 白玉虎 西周
长16.6厘米

图80-2 白玉虎 西周

图80-3 白玉虎 西周

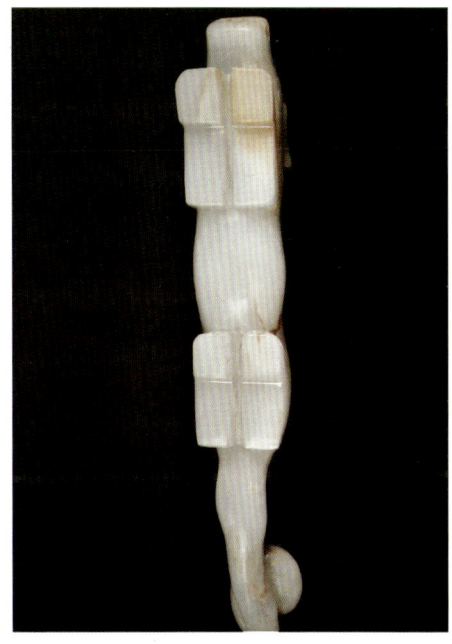

图80-4 白玉虎 西周

形，簪首上的玉枭形制与商代玉枭几乎一样。枭首呈片状，鹦鹉（鹰）形喙，圆眼，张口，立姿，上有双沟纹饰。簪体较长，为圆针形。和田白玉籽料，玉色白中泛青，柔和清丽。玉质致密细腻，玉光如脂如蜡，观感温润细滑，手感沉实下坠。玉体内隐现絮状纹理。包浆熟旧，打磨光滑，精光内蕴。

商周时期是华夏玉器发展比较重要的时期，玉器的制作在这一时期，已开始由简单走向复杂化，玉器的品种也越来越丰富多彩。商代琢玉，有着自己独有的那种刚直与霸气，为表现器物的立体感、层次感，技艺垂直琢下的阴刻"双沟线"也由此得名。西周初期与商代琢玉技法基本相同，中期以后开始逐步展现出自己的独特雕琢特点，原用垂直琢下的阴线逐渐变为一侧垂直、另一侧为斜坡的"一面坡"技法也由此得名。商周时期的玉器雕琢技法，都以表现器物的立体感和层次感见长。与商代劲健倔强的线条不同的，是西周多用圆转灵活的图案曲线表现，图形纹饰基本开始向图案化发展，改变了商代时期那种古朴强直的审美风格。此对发箍、簪首就采用了"双沟线"技法，粗犷大气，柔中寓刚，立体感强。

玉发饰始见于我国新石器晚期的红山文化期，曾出土过马蹄式发箍（筒式束发器），但不是穿插式。穿插式发箍的出现晚于筒式发箍。此对发箍、簪子齐全配套，雕工精致优美，玉质优良，是战汉以前高古时期（商末周初）罕见的玉发饰，成对传世，完好无损，极其珍贵。

4. 青玉人（图83）

玉人呈半蹲式，平顶微凸，头戴圈冠、冠边缘雕刻纹饰。侧观脸部较直，类"臣"字目、扁鼻、阔嘴，下颌两侧有卷须，两挢头发外披，表情诙谐风趣。双臂折端，双手搭在腹部，身上刻有夔纹。双腿半蹲，呈跃跃欲跳状。自头至底有贯通孔，是为佩戴之物。青玉制作，玉色青翠，玉质温润，表面有一层薄灰皮。玉人虽小但有王者风范，工艺精

图81-1　白玉发箍　西周
　　簪长15.4厘米　箍宽5厘米

图81-2　白玉发箍　西周　　　图81-3　白玉发箍　西周

图81-4　白玉发箍　西周　　　图81-5　白玉发箍　西周

图82-1　白玉发箍　西周
簪长16.7厘米　箍宽5.2厘米

图82-2　白玉发箍　西周

图82-3　白玉发箍　西周

图82-4　白玉发箍　西周

细，形神俱佳。

5. 黄玉鹿（图84）

和田黄玉，色如秋栗，玉质温润，打磨精细，光泽如脂。玉鹿造型生动：鹿角硕大如炬，尖角分叉，高耸于头顶与脊背之上，雄伟阳刚。鹿首高昂，鹿角后掠，杏核眼。鹿体硕壮，前后肢呈行走状。鹿身双面（脸颊、腹部和四肢等部位）均有双坡碾轧技法雕琢的云雷纹，线条爽利，立体感强，非常精美。

西周早期玉鹿多不雕刻纹饰，晚期开始雕刻纹饰，愈加美观。此器形体较大，工艺精湛，生动传神。

古往今来，雄鹿始终被尊为祥瑞之物。玉鹿是西周玉器一绝，其虽多为片雕却动感十足。从考古发掘情况看，西周玉鹿数量比较多。这一时期的玉鹿与商代玉鹿相比，西周玉鹿多站立状造型，精气神很足。另外，西周玉鹿双角不对称，分叉较多、较长，比较夸张。此玉鹿形体硕大，纹饰优美，为西周玉鹿的经典之作。

6. 黄玉虎座双鹰佩（图85）

玉佩分为两部分、双面雕。上部主纹饰是镂雕的对向双鹰（玄鸟）立于底座之上。双鹰为大圆眼，长喙勾卷、双喙衔接；双翅微展，鹰尾竖立。眼喙、翅羽等纹饰均用双坡碾轧技法雕琢，纹路微凸粗显，层次感极强。下部底座纹饰为简化的虎面形象：头顶齿冠，双圈圆眼非常醒目，宽鼻，阔嘴。和田黄玉制作，玉质温润，打磨精细，光泽如脂。此佩上下纹饰繁简有别，具象与抽象并存，艺术水平极高，为国内外罕见。另见2020年中国五大考古遗址之一的湖北天门石家河遗址谭家岭古城出土了一件玉虎座双鹰佩，其形制、纹饰与此佩有异曲同工之妙。

图83-1 青玉人 西周
高4厘米

图83-2 青玉人 西周

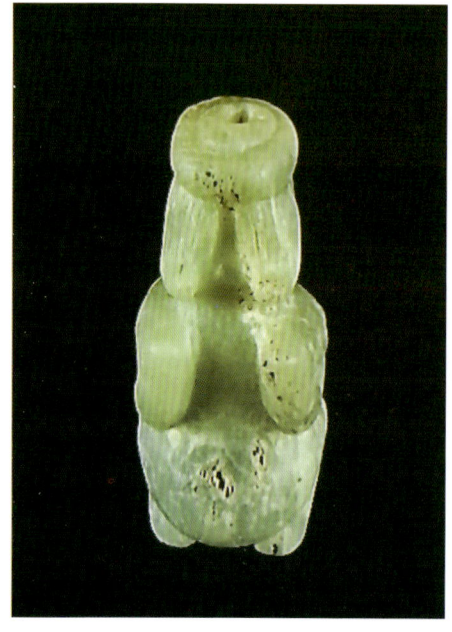

图83-3 青玉人 西周

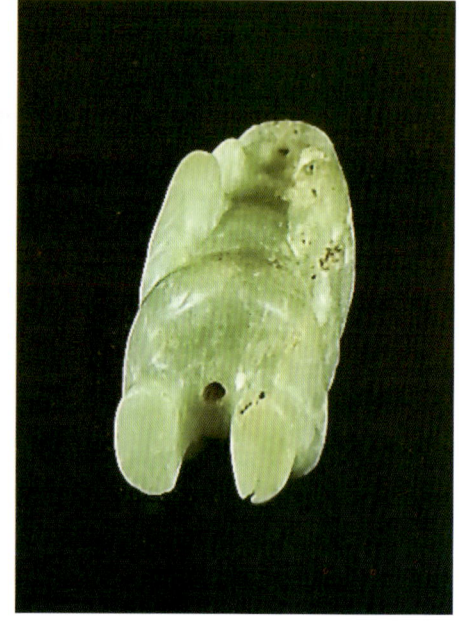

图83-4 青玉人 西周

图84-1 黄玉鹿 西周
高9.6厘米

图84-2 黄玉鹿 西周

图85　黄玉虎座双鹰佩　西周早期
高6.9厘米

7. 白玉人（图86）

此玉人呈蹲坐状，具有王者风范：头立玄鸟，平顶冠，直削脸、微凹，杏核眼，高鼻，闭嘴，下颌凸出。平肩稍端，双手合十呈膜拜状。双腿绻蹲，双足着地。鸟翅及头发、全身等处均有双坡碾轧技法雕琢的云雷纹，分界清晰，装饰感强。和田白玉，玉质温润。局部有金黄色沁。此对玉人乃圆雕器物，器小工精，形神俱佳，是西周晚期玉雕精品。

8. 白玉虎（图87）

此器虽为圆雕小件，但小而不凡：方首阔嘴，菇形长耳、雕花，背上戟齿起伏。四肢匍匐，卷尾。四肢和尾巴雕有夔纹，身上雕长条纹。此器是西周早中期玉饰，小巧可爱。

9. 白玉马龙合体佩（图88）

羊脂白玉籽料，玉色如脂如银，质地细腻油润，精光内蕴。正面局部有铁沁，背面钙化较多。主体动物为神马，呈俯卧回首状。马首长方，尖耳竖立，方鼻凸起具有张力，大"臣"字目，口中穿孔，颈部凸雕戟齿，鬃毛披散，马尾半卷。神马全身雕有云雷纹，颇具仙气。神马口衔一条小夔龙，夔龙短角，"臣"字目，口穿孔，龙身内卷，背有戟齿，龙尾倒卷，小巧可爱。此器将马和龙合为一体并神化，构思奇巧，雕工精绝，形象夸张，是西周晚期圆雕玉器绝品。

10. 白玉玄鸟衔蝉佩（图89）

羊脂白玉，白如截脂。玉质致密细腻，玉光如脂如蜡，观感温润细滑。黑沁乌亮自然。

玄鸟呈立姿，圆眼长喙，翅羽为双线雕刻，翅膀上有夔纹一组。玄鸟长喙与前爪之间有一只鸣蝉，呈现扑食形态，颇有动感，其一面坡式线条犀利简约，形神毕肖，是西周早期典型的平雕片玉。

11. 白玉人龙合体佩（图90）

玉佩呈人首龙身形，人首瓦面似猴，弯眉圆眼，尖鼻长颌，齿形尖耳。龙身背有戟齿，身上浮雕双线夔纹，龙尾外卷。器形虽小，但构思奇巧，人龙合一，别具一格。

12. 白玉神首佩（图91）

神首粗眉、臣字眼、扁鼻和戟齿耳等处均系浮雕，形象凸出。头顶齿状峨冠（顶尖部有一双向对穿圆孔），脸右侧是双线勾勒轮廓，阔嘴露齿。其双线一面坡式线条犀利简约，形神毕肖。羊脂白玉，致密细腻，温润细滑，包浆熟旧。

图86-1　白玉人　西周
高6.8厘米

图86-2　白玉人　西周

第四章 西周玉器

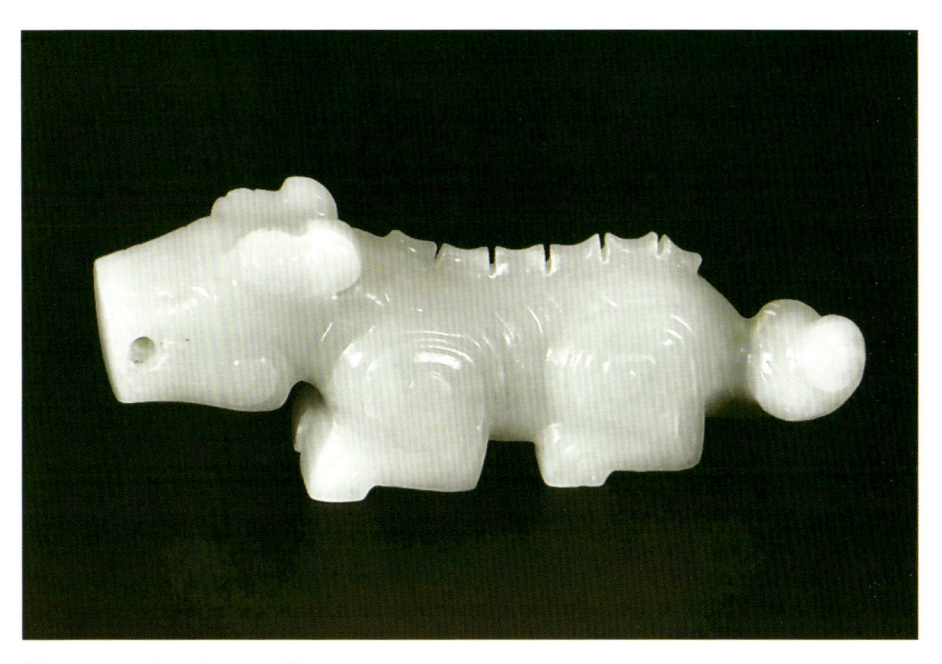

图87-1 白玉虎 西周
长5.2厘米

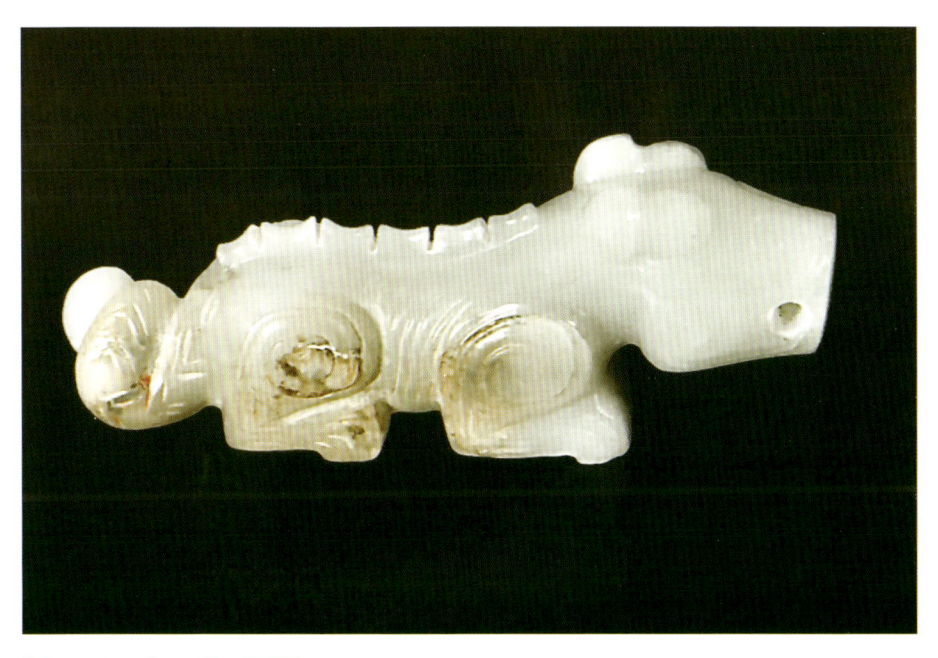

图87-2 白玉虎 西周

213

图88-1　白玉马龙合体佩　西周
长6.8厘米

图88-2　白玉马龙合体佩　西周

图88-3　白玉马龙合体佩　西周

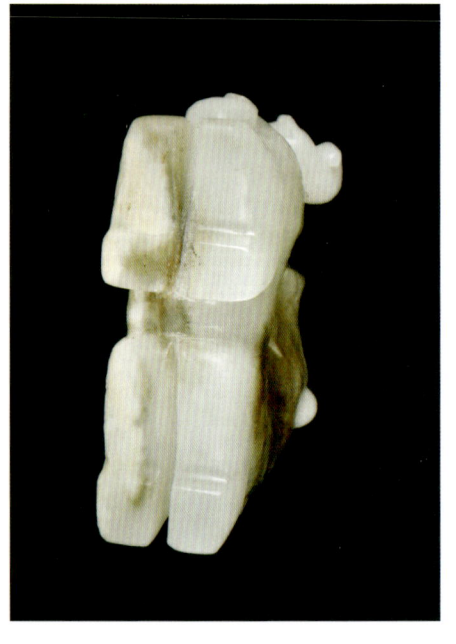

图88-4　白玉马龙合体佩　西周

图89　白玉玄鸟衔蝉佩　西周
高6.6厘米

图90 白玉人龙合体佩 西周
高7.8厘米

图91 白玉神首佩 西周
高8厘米

13. 白玉神首佩（图92）

　　侧视上为半圆、下为平面。神首采用双线雕刻，臣字眼，如意形耳，呲牙咧嘴。长发上卷，头顶高冠，冠边饰戟齿。形象威严，不可一世。纹饰采用双线一面坡式雕工，表情诡异。和田白玉，精光外发，手感沉实下坠。黑沁、土黄沁美不胜收。

14. 青白玉龙虎纹牙璋（图92A）

　　和田青白玉，致密细腻，温润沉实。局部有枣红沁、土黄沁，十分美丽。玉牙璋主体呈半圆漫坡形，正面圆凸，背面较平、微弧。上部横宽，中间收腰（两边雕刻戟齿各4组），下部呈内圆齿形，中上部有双向对穿大圆孔一个。正面高浮雕对向双龙纹（圆眼），背面浅浮雕对向双虎纹（菱形眼）。玉牙璋顶部，镂雕、浮雕着龙凤各一，凤体硕大扩张（圆眼），凤尾镂雕俯身小龙一条。牙璋下端呈两边外撇、内弧凹形刃。所有纹饰均为双线阳起技法雕刻，犀利大气。

　　据考，玉璋最早出现在龙山文化时期。作为六器之一的玉璋，用于礼南方。东汉许慎在《说文解字》中说："半圭为璋"。玉璋一般为扁平长方形，一端有斜刃（或内弧凹形刃），另一端有穿孔。《周礼》提到有赤璋、大璋、中璋、边璋、牙璋。赤璋是礼南方之神（朱雀）的，大璋、中璋、边璋是天子巡守用的，中璋、牙璋是作符节器用的。《周礼.典端》载："牙璋以起军旅，以治兵守"。又有古籍云："发兵，周用牙璋，汉用虎符"。此牙璋形制高古优美，多种技法雕琢，纹饰粗犷精美，是西周晚期调兵遣将之符节器，独一无二。

图92 白玉神首佩 西周
高5.6厘米

图92A-1 青白玉龙虎纹牙璋 西周
高16.4厘米

图92A-2　青白玉龙虎纹牙璋　西周

第五章

春秋战国玉器

春秋与战国两个时期，其年代为公元前770年–公元前221年，史称东周。春秋，是指从公元前770年周平王东迁到洛邑（今河南洛阳）开始至周敬王四十四年（前476年）这一段时间，出现了"礼崩乐坏"的局面，各诸侯国分庭抗礼，引发旷日持久的战争。但是连年的战乱，促进了生产技术的提高，玉器的制作水平得到了很大提升。战国，是指公元前475年开始至公元前221年即秦始皇嬴政元年期间，各诸侯国纷纷提升国力，出现百家争鸣、文化经济技术一派繁荣的景象，因此玉器的制作又出现了新的勃兴。

春秋与战国的玉器风格迥异，玉器在造型和数量上都有了新的突破。一些新的形制和纹饰，也随着工艺技术的进步得到了进一步的创新，玉器变得愈加精美细腻，从礼仪性质转向实用，更注重玩赏上的美感。这个时期占主导性地位的，是那些能够赏玩的玉器。

春秋战国时期的玉器文化遗址，多分布在陕西和中原地带，主要有陕西宝鸡、凤翔，河南陕县、温县、洛阳、辉县，甘肃灵台等地。这些遗址的战国时期考古发掘，成果极丰富。

一

春秋战国玉器工艺

春秋战国时期的玉器，所用材料基本是透闪石软玉，主要有和田的白玉、青玉、黄玉、墨玉、碧玉等，也有些是陕西的蓝田玉、河南的南阳玉与密玉，甘肃的酒泉玉，还有一些是岫岩玉和岷玉，以及一些绿松石、玛瑙等。这个时期的玉器颜色丰富，从白色到乳白、青白、灰白，从绿色到墨绿、黄绿、碧绿，从牙黄到黄灰、黑，这些颜色无不体现当时的玉材特征。此期玉材的产地很多，不但有陕西、河南等地的玉材，而且也有些出自山西五台山、吕梁山等地。相比起来陕西玉材粗杂一些，而河南、山东等地的则更加纯粹。

这些玉材在开料时使用直径很小的金属圆砣，如出土于陕西凤翔秦墓的0.1–0.35厘米的薄璧，只能采用这种砣具旋切完成。在春秋时期，制作者对许多玉器表面进行细致的抛光，但不及战国玉器那样更光洁莹润、闪现玻璃光。

考古界将春秋和战国时期分为早、中、晚三期，在春秋时期每期约100年，战国时期则每期85年左右。在春秋和战国时期，每个诸侯国都设立了玉石工场与作坊。自新中国成立以来，全国各地春秋战国古城遗址有数以百计的玉器发掘出土，其中就有一些玉器制作工场和玉器的墓葬。据文献记载，玉器在当时贵族和平民的生活中占有着十分重要的地位。

自新中国成立以来，有3000多座春秋战国墓葬得以发掘，玉器出土的数量也更加繁多，这些墓葬主要有三类：一是中原地区诸侯国墓葬；二是关中地区秦墓；三是江汉地区楚墓。中原的墓葬玉器属于两周的形制，有2000座墓葬得以发掘，玉器出土的数量最多，品类最丰富。这些玉器丰富精巧，形体优美，技艺高超。陕西关中地区的秦墓，直到现在有500多座得以发掘，出土玉器基本以春秋时期的礼器为主，战国玉器则为数不多。江汉地区的楚墓发掘得少，出土玉器不多。但是最有代表性的湖北随州擂鼓墩曾侯乙墓，玉器数量很多且大都是佩饰，在制作技术上相当精美，富丽高贵，在造型和纹饰上多姿多彩，是楚玉代表作之一。

春秋战国时期玉石原材料的耗费量渐大，同时对玉器工艺技术也要求更高，一些镂雕和套环工艺，日趋完美，这一时期的玉器制品美轮美奂。

春秋战国时期广泛使用铁制工具，推动了制玉工具及磨制技术的改进，砣具旋转的速度加快，并开始采用硬度更大的金刚砂粉。进步的工具和有效的磨砂，促进了制玉技术的突飞猛进。春秋战国的玉礼器相对减少，佩饰大量增加，出现了成套的玉剑饰、玉带钩、人身佩玉，丧葬用玉也较多。东周玉器承袭殷商、西周的传统，制玉技术上出现了精巧、华丽的新工艺。从春秋时期过渡至战国初期，制玉技术亦有长足进步。

（一）开料

开料采用细铁丝加砂、加水锯料的方式，操作时将玉料固定，然后用铁丝在玉料上反复拉磨将玉料锯裂，并使锯缝沿着预先画出的墨线前进。这种锯法一般用于开片、断料及最初的玉件成型。一些战国到汉代的玉器上能够看见锯料时留下的条线痕迹。这些痕迹有些呈弧线状，有些呈直线状，开薄片料的隐痕以直线痕较为常见。少量作品开料，留有直线开料痕。

（二）钻孔

玉器上的孔，或用管钻打，或用铁桯、铜桯打，手工钻孔是非常之难的。

战国以后，钻孔技术在玉器制作中广泛使用。管形钻头的普遍使用，大大提高了玉器的加工能力，使钻孔不仅用于孔洞的处理，还运用到镂空、掏膛等制玉工序。在各历史时期，这些工序中使用的钻孔技法各有特点。战国至汉代玉器上的钻孔主要有：

1. 细长的通孔

常见于小的玉佩件。有些长度达几厘米，两端间对钻通孔的孔径很小且变化不大。打这类长孔，可能应用了细而长的管形金属钻，或是在金属钻的头部焊有硬度极高的钻石。

2. 系孔

主要施于小型玉佩件。一般情况下，钻孔圆而周正，孔两端棱角分明。早期的一些玉件穿孔的直径略有变化、呈锥形。个别玉件上的系孔不是从正面穿透的，而采取了特殊形式。如新石器时代凌家滩遗址出土的玉人，其上有孔用于悬挂。为了不破坏玉人正面形象的完整性，制作时玉人的背部略厚，在背部平面上钻出两个斜孔，呈"人"字形交合于体内中心点并连通。这种交合式孔又称为"蚁鼻孔"（图47-2），即孔很细小，像两个鼻孔一样内部通连。这种蚁鼻孔在新石器时代玉器上已被较多地运用，而在其后时代的玉器上也被广泛运用。

在汉代玉人上也有一种"人"字形孔，"人"字形孔有三个开口，一个孔在人的头顶，另两个孔在人的两腋。这些都属于不同形式的系孔，如在玉翁仲（图192-3）上可见。

3. 嵌孔

用于玉件同其他器件连接。这里面又可分为硬嵌接与软绳接两种。硬嵌接是把玉件连接于其他硬质器物上，最常见的是玉剑饰。圆形玉剑首同金属玉剑柄相接时，往往在剑首的阴面琢出环形阴线槽，槽边上又有斜上的孔洞。剑鞘端部的嵌玉与剑鞘相接也是以孔洞的形式完成，剑鞘上有一个直径很大的孔洞，可以用于插嵌，孔洞两侧或有两个斜孔与之相接。

（三）掏膛

掏膛技术主要运用于圆雕玉器皿。战国时期这一技术已经成熟，其后的几千年间技术不断改进，形成了各时代的技术特点。掏膛的基本方式有：

1. 管钻法

多见于直筒式玉杯（白玉杯，图116-1），先用直径较大的管钻钻入杯体，然后将钻心击断取出，再将钻心断口处磨平。汉代玉卮（杯）的制作即用此法。

2. 片形砣

砣头为带有一定弧度的金属片抵住玉件，然后使玉件转动，逐步深入玉件并不断调整弧度，最后琢出碗心或器物的内膛。

3. 实心砣

钻头为实心杆，端部呈球面状或尖状。先用管钻掏膛后，再用实心砣琢出下凹的膛底。

（四）镂空

玉器的镂空，用玉锼弓子进行锼眼很方便利落，体现了细铁丝加解玉砂相互作用的效果。但这种丝和砂都要很细，操作中很容易断裂，所以比较费时费力。

（五）活套环

活套环技术在战国时期趋于成熟（图123-2），玉器工艺出现了全新局面。战国属东周后期，由于铁器的大量使用，经济发展迅速，玉器加工技术有了极大的提高，成本低、韧性及耐磨性强的铁制工具几乎完全取代了石质工具。战国环形片状玉器几乎都琢有纹饰，出现活环连套，是因为开片规矩、形状准确、钻孔标准、饰纹华丽在战国玉器制作中是极易做到的。

（六）阴刻线

1. 阴线

佩玉广为采用阴线（图93），是这个时期的一大特点。如盘旋密集的细线（图98-2）、羽毛线、鱼鳞线（图126-1）等大量涌现。

2. 双钩阴线

这一技法逐步成熟，春秋战国时期的双钩阴线（图97-2）平添了几分丰腴和流畅柔美。

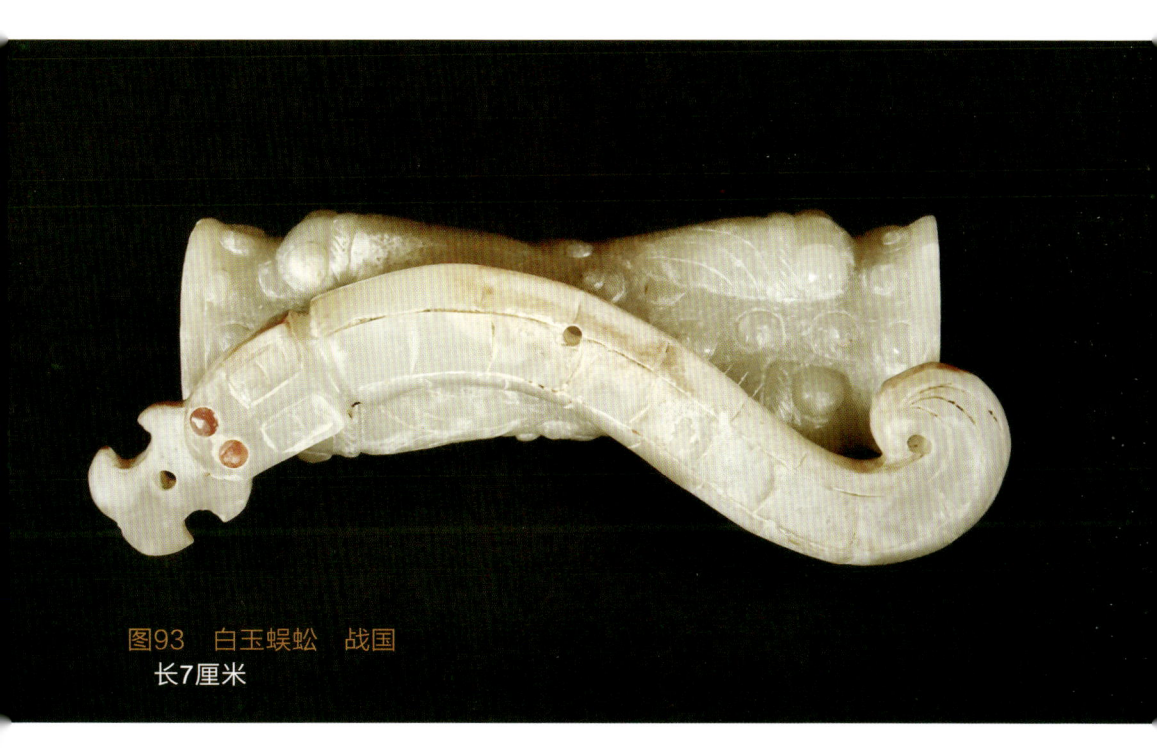

图93　白玉蜈蚣　战国
长7厘米

3. 游丝刻

这是春秋时期创新的一种雕刻技法，这种雕刻线条很细，肉眼难以分辨（图144-2），这一技法发展到战国两汉时期被称为游丝描工艺，其纹饰细密，线刻细如毫发，有人称之为"游丝工""游丝毛雕"。这是熟练运用小工具勾砣或刻画的结果，阴线纹很少有断开的现象。

二
春秋战国玉器造型

春秋战国时期的玉器种类丰富，主要有生产器具玉斧、玉刀等，还有装饰玉，包括璧（图121）、璜（图124-1）、环（图105-2）、玦、璇玑，以及其他形制的。如有串饰、笄、管、珠、竹节形饰、双鸟首拱形饰、贝形饰、双龙环形饰、兽面形饰、龙鳞形饰等，也有龙虎（图104-2）、鸭首、鱼、蚕、蝉等和异兽蟠螭合体佩（图102-1）、龙虎合体佩、人首形佩、玉人（图114-2）等各种形制的玉佩。另有玉梳、襟钩、带钩等生活用品，还有殓玉，如玉瞑目等。

（一）春秋时期玉器造型

1. 璧形玉

璧形玉既可作礼玉，也可作佩玉。在春秋时期，环、璧和瑗虽然属于璧形玉器，但已有明确分野，符合《礼记》中的相关记载。战国时期的玉璧，有谷纹璧，谷粒很坚硬。

春秋时期有一些谷纹与双龙纹结合的玉璧，用绳纹将璧分成内外层，分别装饰龙纹和谷纹。这种璧用水苍玉制成，有着四组双身龙纹，龙纹的中间则装饰有阴刻的兽面纹。兽面纹雕刻外形轮廓。谷纹的颗粒大，但凸起很浅。另有一些璧孔内带有异兽纹的璧，增添了无穷的艺术魅力；有的玉璧则在外缘镂雕鸟纹，鸟身向外；还有一些小勾云纹璧，在隐起的突丘上用阴线雕刻小勾云纹，阴线基本上是折线形或者弧线形。

2. 礼玉

春秋时期的玉琮继承了西周时期的风格，外方内圆，高矮不一，有些无纹，有些刻有简单纹饰。战国时期的玉琮大多已为素面。最著名的是在湖北随州擂鼓墩曾侯乙墓出土的一件玉琮，形制较矮，呈三角形，有镂雕纹饰装饰，作为一种礼器葬玉，可能是旧器改制而成的。曾侯乙墓中另有刻纹的玉琮，有兽面纹装饰四面，这个时期玉琮的礼器性质已经名存实亡了。

春秋时期的圭，已经融合了戈的形制，呈长方条形，顶上有尖锋，亦有两面磨陡的边刃，如刀一般，有的形体很薄，饰有"S"形的阴线纹。在春秋时期，玉璋的形制也很多，有素面无纹的，有扁平条形的，也有作弧形端面的，亦有呈斜角首端的，还有一些玉圭做成上下端斜角的，器身侧做成斜刃，另一侧做成斜角。至战国时期，玉圭的数量明显减少，不少圭是用质地较为细腻的石料制作的，无雕刻纹饰。战国时期还出现了玉编钟、玉编磬等礼乐玉器。

3. 肖形玉

在造型方面，春秋时期的玉器有几何形、人物形（图108-1）、动物形（图96-1、图97-1）等，也有一些龙虎合体的造型。在商代和西周时期罕有这类造型的玉器，它是春秋时期的新形制。最有代表性的是河南出土的一件龙虎合体佩。

龙虎合体有三种形制：第一种是虎体龙首龙角，在龙背上雕出一个龙首，有虎的脚爪、虎尾，龙鳞纹装饰于四肢上；第二种是龙首虎体，有虎的爪和尾，全身饰有老虎的毛纹，龙鳞纹装饰于两肢上；第三种是虎身，以细明线的龙首纹装饰全身，以阴线龙首纹为最常见，有的龙首纹在表现龙眼的时候，则雕成小圆圈。

4. 葬玉

春秋战国时期的葬玉，除继续沿用西周晚期的玉瞑目、玉琀外，还有成组整套的葬玉。最有代表性的是河南辉县战国中期墓葬中发现的整套组合祭玉，其有玉简策50件、石圭50件、玉圭6件，另外也有一些玉璜、玉环、玉佩之类的葬玉，是墓主生前使用的遗物，从中可见当时的礼仪及殓葬制度。

春秋时期的玉玦已经成为直径很小的圆形物，一侧有缺口，以简化的龙纹和小兽面纹装饰。

春秋时期玉觽已经得到广泛的使用。同象牙和犀角材料的觽相比，以玉质制作的最为珍贵。战国时期的玉觽常见两种形制，一种是片形的，上面是鸟兽纹饰，下面是阴线刻成的鸟身纹饰，其侧面则是呈钩形的鸟足和兽足。另有一种是S形觽身，有较尖长的芒饰于下端。另有战国龙首形玉觽也非常精致（图94-1）。

春秋战国时期的玉环很有特色，主要有雕有长弧线的、细密的丝束纹环（亦称绞丝纹环佩，图105-1），以及雕刻有三只蟠螭的三龙外蟠环和饰有云纹、谷纹的环。另有一些玛瑙环。

5. 镶嵌玉

春秋中、晚期，传统的琢玉砣具已经有了革命性的改进，制玉工艺出现飞跃，丰富了玉器的种类。于是在青铜器中镶嵌玉石，镶玉成为当时的一个新品种。

图94-1　青玉龙首形觽　战国
长7.1厘米

图94-2　青玉龙首形觽　战国

在春秋战国时期，有些玉剑饰在铜质或铁质的剑身和剑鞘上镶嵌玉饰，成为西汉时期玉剑饰的前身。在春秋和战国时期，有四种完整成套的玉剑饰，已经形成了规范的形制。除了玉剑具外，另外也在鼎、敦、壶、豆、缶等青铜器上进行嵌玉，代表性作品有河南出土的包金嵌玉琉璃珠银带钩、螭凤勾连纹玉尊、金链双舞女玉佩等。

（二）战国时期玉器造型

战国时期玉器有特色的，主要有以下5种：

1. 佩玉
战国时期玉璜的使用更为普遍，多用于组佩的中间部分，分为谷纹璜（图122-2）、蒲纹璜和夔龙纹璜（图124-2）等多种。其中，谷纹璜是当时见得最多的佩饰，形制是三分之一的圆周部分饰有谷纹。蒲纹璜同样是三分之一的圆周部分饰有六方形的网格纹饰，在网格空白处，有一些谷纹。另有卷云纹璜（图2），则是很有立体感的以阴线和浮雕形式结合的卷云纹，或单独成组，或呈连锁形。双龙首璜则分别在璜身的两端分别琢出眼睛、耳朵和鼻子、嘴巴，呈现侧面形态的龙首形，龙首和璜身则以绳纹为界。有的璜身是素面无纹的，有的则是有谷纹和勾云纹的装饰。战国时期的一些素面璜则不加任何装饰。湖北随州擂鼓墩曾侯乙墓的龙凤纹璜，是以镂雕形式制作，极为精巧。在安徽长丰的战国墓葬中，也见有龙纹璜。

2.玉韘

战国时期有一些玉韘将佩饰和扳指儿的功能结合在一起。玉韘的形制变得低矮，实用功能降低，装饰功能增强。战国的玉韘（图125）发现得很少。

3. 玉带钩

战国玉带钩形制较多且很有特色。战国玉带钩主要有五种形式：第一种是琵琶形的短钩，上有圆钮，有涡纹装饰其上，有较为细小呈兽头样的钩头，另有上凸装饰有小云纹的钩腹部。第二种是方柱形的短钩，有很小的钩头，方柱形的钩身，大多是没有纹饰的，凸起的横纹饰则体现在颈部。第三种宽腹带钩，有着短而宽的钩身，以及整齐的呈方形的钩腹，在该器的局部带有镂雕形式的纹饰，较有代表性的作品是山东曲阜鲁国都城遗址出土的一件。第四种是长扁担形带钩。主要的特征就是有着很长的钩身，钩头略细，琢成兽头形状。在眼睛、鼻子和嘴巴、耳朵等细节上刻画得相当的精致。在钩腹部则有勾云纹装饰，小兽面雕琢在下面。有弧状上凸的腹部，钩头是兽首形式，钩身大都是没有纹饰的，有一长方形钮设于背面。第五种是玉鸟形（图126-1）的。

4. 玉勒

在春秋战国时期，则有一种用于穿绳佩戴的玉勒，其形制大多是圆柱形，也有方棱、扁圆、枣核形的，玉勒上多有浮雕的纹样，表面饰有卷云纹（图95-1、图135-2）、谷纹、阴刻勾连纹等；玉勒中部有孔，可以贯通上下两端。

图95-1　黄玉四蚕卷云纹勒　春秋　长6.1厘米

图95-2　黄玉四蚕卷云纹勒　春秋

5. 玉灯

战国时期最为著名的一件勾云纹玉灯，现收藏于北京故宫博物院。灯的主要部件即灯盘、灯柄和灯座是由三块和田青玉雕琢组成的。这件雕琢精细的玉灯，是现今仅见的战国时期绝品。

三 春秋战国玉器装饰

从历史学的角度看，将春秋和战国两个历史阶段区别开来是有一定道理的。因为春秋和战国无论在国家架构、社会制度还是社会文化等方面，两者都出现了较大的差异。如春秋时期开始出现土地私有制，而战国时期则确立了土地私有制。再如春秋时期是奴隶制社会的崩溃时期，而战国则是封建社会的确立时期。又如，由于社会生产力的发展，春秋至战国时期，中国文化经历了由宗教文化向人文文化的历史转型。

春秋玉器正是当时历史文化的真实写照，其艺术风格可以简单概括为"繁缛复杂"，这种玉器纹饰"密不透风"的装饰技法，准确地反映出春秋之际时代政治变革初期那种"蓄势待发"的时代风貌。春秋玉器对于中国玉器发展而言，无疑具有十分重要的意义，是中国玉器发展过程中承前启后、继往开来的不可或缺的重要组成部分。

春秋晚期玉器中出现了最早的谷纹，最有代表性的有谷纹龙形佩、谷纹管、谷纹璧，另外还有谷纹、卷云纹器物和谷纹兽面形佩等。春秋战国时期还有谷纹、龙鳞纹、虺纹、勾云纹（图2）、蟠螭纹、凤纹等。在这些纹饰中，谷纹、蟠螭纹（图112-6）、虺纹（图99）是创新纹饰。

（一）春秋时期玉器纹饰

在春秋初期纹饰显得松散疏朗，晚期变得紧凑细密。春秋时期的纹饰大多刻在装饰品上，但是礼器基本是素面无纹饰的。春秋纹饰有单阴线和双阴线的两种形式，线条匀称细密，是用直径很小且很薄的金属砣具制作，线条仅宽0.1厘米且婉转圆柔。一些宽窄双阴线纹在西周晚期开始流行，至春秋时期用得更多，在线形表现方面有所革新。如双阴线之间的宽窄比例明显地扩增，在较宽的线条一侧刻有细微的单阴线。

1. 龙首纹

春秋玉器纹饰比较复杂、抽象、隐晦，令人眼花缭乱。春秋战国玉器纹饰中最常见也最有特色的是龙首纹。春秋玉器龙首纹（图98-2），亦称虺龙纹、蟠虺纹，其特点是翘鼻、张口、吐舌、侧面，在雕刻技法上常有双线、单线、宽线、压地、减地几种，比较典型的春秋玉器龙首纹有：

（1）双线龙首纹。在春秋早期玉器上，常见双勾阴线刻画的龙首纹，这种雕刻技法与商代玉器、西周玉器的双勾阴线一脉相承。

（2）宽线龙首纹。这种龙首纹主要在春秋中、晚期玉器中常见，是春秋创新的一种线条雕刻技法，其雕刻方法是：先用细砣刻出间距较宽的双线，再将两线间以斜砣琢磨为倾斜凹面，象征口鼻的S纹由斜砣反向雕刻，犹如两C上下相连，并于中间作一扭转凸棱，其立体感比双勾阴线更强，工艺相对复杂一些。

（3）压地浮雕龙首纹（图107-1）。这种龙首纹主要流行于春秋中期晚段至春秋晚期，并不是真正剔地去料，而是不减地浮雕。方法是以单阴线勾勒出轮廓，并将边缘琢磨得滚圆、光滑，从而给人一种凸起的感觉。

（4）减地浮雕龙首纹。这种龙首纹是真阳纹，将纹饰之外的地子减掉，变纹饰真为立体形态，所以立体感最强、工艺也最复杂。

（5）单线龙首纹。这种龙首纹主要出现在秦式春秋玉器（图106-2）上，特点是线条爽利、密集如织、刚劲挥洒。

2. 春秋玉器装饰艺术

（1）风格多元化。春秋时期，周朝王室日渐式微，天下诸侯纷纷崛起，原本在西周时期代表着王权的玉器，同时也在发生着巨大的变化。

随着西周分封制、宗法制和礼仪制的摇摇欲坠，春秋玉器从西周时期的礼器中摆脱出来，成为天下诸侯彰显权力、地位和财富的贵重资源。春秋玉器在器型上已经不满足于单纯的宗法礼仪，而是更多地出现在诸侯贵族的日常生活当中。如春秋时期诸侯贵族开始广泛使用玉带钩，这种用珍贵玉材制作的饰品，显然有悖于西周时期等级森严的宗法礼仪，但也恰好反映出春秋诸侯贵族势焰日炽的时代特色。

春秋时期群雄并起、诸侯争霸，随着诸侯势力的日渐强大，各自制玉，玉器风格也呈现出丰富多彩的多元化特征，相继出现了一些新的玉器种类，如玉剑饰、玉匕首、玉戚、玉鞢等。

（2）装饰繁缛化。春秋玉器最典型的工艺特征就是装饰繁缛，具有典型的"密不透风"装饰风格（图98-1）。

在春秋玉器上，大多呈现出一种纹饰高度密集、装饰极其繁缛的艺术表现技法（图97-1），这与春秋时期的社会文化和时代审美有着密切关联。春秋时期天下诸侯，尽管已经基本摆脱了周天子的管控，但貌合神离的政治姿态却始终处于若即若离、非常微妙的态势。当时，很少有诸侯敢冒天下之大不韪，明目张胆地同周天子公开决裂。如春秋早期鼎鼎大名的郑庄公，因其执政时期郑国实力超群，被誉为春秋早期的"五霸"之一，但表面上仍然要恭敬周天子。各种极其繁缛和夸张的玉器纹饰，成为春秋时期诸侯贵族"外表冷漠，内心狂热"的真实写照。

（3）功能实用化。总体上春秋玉器的文化内涵改变不大，但全新的审美和实用性的玉器大量出现。

西周时期最为流行的礼仪用玉已逐渐减少，各种单独佩戴并且功能丰富的全新玉器开始出现。除了玉带钩之外，玉剑饰、觽形玉佩也日渐盛行，这种装饰和佩戴更趋于实用化的玉器，正是春秋时期社会文化的真实缩影。

西周玉器用于祭祀的很多，这是因为西周奉行宗法礼教的治国理念，玉器在当时是统治者用以施政的工具和手段。春秋时期诸侯分封各地，从前为了彰显礼仪宗法而制作的礼仪玉器已经过时，而曾经只有周朝最高统治集团才有资格佩戴的，象征着王权与地位的"君子佩"成为各路诸侯竞相佩戴的"时髦"装饰（图102-2）。

春秋时期，礼崩乐坏，诸侯国用玉制度僭越现象比比皆是，各自制作的玉器数量惊人。但从另一角度看，正是这种"越制"佩玉现象的流行，才导致了春秋时期装饰玉器的空前兴盛。成书于西周至春秋时期的《诗经》中记载了当时诸侯国佩戴礼仪玉的情形。《秦风·终南》载："终南何有，有纪有堂。君子至止，黻（fú）衣绣裳。佩玉将将，寿考不忘"。君子身穿彩衣绣裳，身佩锵锵美玉，终南山的姑娘对其表示了热烈的爱慕。春秋时期儿童亦有佩玉习俗。《卫风·芄兰》云："芄兰之支，童子佩觿。虽则佩觿，能不我知。芄兰之叶，童子佩韘，虽则佩韘，能不我甲"。佩觿佩韘，表示童子已长大成人，犹如一些民族的成年礼。

春秋玉器艺术风格的形成也并非一蹴而就，而是在长期的探索和创新中逐渐演变而来的。总体来说，春秋玉器在早期仍惯于用双阴线来刻画纹样；春秋中期以后，玉器上繁密的阴刻装饰线纹逐渐变得稀疏，并多以较宽的斜刀进行雕琢；春秋晚期，玉器上的线刻工艺逐渐减少，取而代之的是"去地隐起"的浅浮雕技法（图102-1）的盛行。

（二）战国时期玉器纹饰

从公元前475年-公元前221年秦始皇消灭六国统一全国为止，史称战国，计255年。当时神州大地有齐、楚、燕、韩、赵、魏、秦七个大国各据一方，相互征战兼并，史称"战国七雄"。这种以兼并、扩大自己势力范围为主要目的的战争，破坏性相对较小，竞争相对激烈，在一定程度上反而有利于文化的发展，同时对战国玉器的发展产生了深刻的影响。

1. 各诸侯国玉器进一步发展

其时由于政治、文化和对外交往及商品经济发展的需要，各国都注重发展玉器，不仅韩国、魏国、赵国、燕国、鲁国、越国、楚国、秦国等强国有精美的玉器工艺，连地盘小、国力弱的中山国、曾国、随国等也有发达的玉雕艺术，称战国诸侯奢玉真是恰如其分。战国时期的制玉业是官方垄断的重要手工业之一，玉作坊多设在国都。考古学家已在郑韩故城、洛阳东周王城及凤翔秦都雍城等地，发现了一批琢玉工场。

据考，战国时期以楚国玉器数量最多，琢工最精，艺术水准最高，号称"楚玉"。如擂鼓墩曾侯乙墓出土的战国玉器则非常精美，出土的玉琮为西周矮琮形制，在器表通体加刻形象生动的主题兽面纹，并附刻卷云纹、阴线纹、细网格纹，其中细网格纹（图121）是战国的新式纹样。

2. 玉器成为国家重器

夏商周三代，国之重器基本以青铜器为主，特别是青铜鼎为国之象征。《左传》曾载夏铸九鼎，因亡国而鼎迁于商及周的故事。至战国时期，青铜器虽仍以独特的艺术风格继续发展，而它作为国之重器的地位开始动摇，渐由玉器取而代之。关于战国时的和氏献璧、完璧归赵以及传国玉玺等传说，充分说明玉器在当时社会生活中的特殊地位和重要影响。

战国时期是玉璧制作最辉煌的时期，脍炙人口、千古传诵的和氏璧的故事就发生在战国时期。战国玉璧在表面装饰、内外出廓等方面均有新的突破。战国玉璧有内外分区璧（图121）、出廓璧（图118-1）、谷（卷云、蟠虺）纹璧等形式。如谷纹玉璧，扁平圆形，内外边缘各琢一周凸弦纹，两面浮凸密集的谷纹，并有阴线纹相连，脱胎于春秋浅浮雕蟠虺纹，又与战国勾云纹关联。

3. 玉器成为国家的重要财富

战国时期，上起帝王将相，下至平民百姓，无不以玉为贵，视玉为宝，玉器不仅成为个人的财富，也是国家财富的重要组成部分。东周时期楚国逐渐东迁及吴越两国与楚国屡次交战，除政治因素外，掠夺矿藏资源也是一个重要因素。《战国策》载楚地多金玉，故金玉工艺特别发达。事实上，玉器在战国时期既是国家财富，又是无价之宝。秦国愿以十五座城池换取赵国和氏璧，足以说明玉之不菲的价值。

战国玉璧成为价值连城的宝玉，成为显示身份、国力的宝器。当时的玉璧越做越大，越做越精，越做越多。因玉璧形体变大，单一纹饰就显得比较单调，于是出廓玉璧、内外分区玉璧应运而生，均有两种以上纹饰。如双区龙谷纹玉璧，内区饰谷纹，外区饰四组双尾龙纹，以绞丝纹间隔，两面纹样相同。据研究，战国时期只有楚国、鲁国能琢磨双区龙谷纹玉璧，鲁国还能琢磨三区龙谷纹大璧。

战国玉璜从西周演变而来，也是国之重器。西周时期龙形、龙纹、凤纹玉璜并存，东周时期玉璜以龙形、龙纹（图128）居多，几乎不见凤鸟纹玉璜，原因大致有二：一是造型所需，双龙首下垂，形态更优美；二是用途所求，以大璜祭祀求雨，双龙可饮水。战国玉璜呈扁平弧形，两端下垂，镂雕龙首纹，以细阴线进行细部刻描。双龙同体的璜身，通体装饰井然有序的谷纹，并以细阴线勾连成组。两面饰纹相同的，属典型战国晚期的双龙玉璜。

4. 玉器成为修复邻里关系的重要馈赠品

当时国与国之间的交往离不开玉器，君臣相处也离不开玉器，聘贤、聘女及逢吉过节更离不开玉器。玉器成为传递信息、连结友情的纽带。如楚襄王曾遣使持金十斤，白璧百双，聘庄子为相。《荀子·大略》载："聘人以圭，问士以璧，召人以瑗，绝人以玦，反绝以环"。当时的社会活动，玉器均可作代言物。一个戍边疆场的人，如果得到一块玉玦，只能继续在那里服务；若得到一件玉环，则可荣归故里，因"环"与"还"同音，具归还、返回之意。而"玦"与"决"同音，含拒绝之意。

擂鼓墩曾侯乙墓出土的战国玉器，娴熟地使用透雕镂空琢玉技艺，并将主题纹样表现得更加生动活泼，神情并茂，体现了战国玉器的最高琢玉成就和艺术风格，这在玉璜上发挥得淋漓尽致。该扁平弧形玉璜，正面施以镂雕、浅浮雕、阴线刻等多种琢玉技艺，琢磨四龙、双蛇、双鸟等图像，构图严谨，以对称方式左右展开。顶端有一同体双首龙纹将左右两部分紧密连在一起，背面光素。

5. 玉器用途扩大

战国玉器用途空前扩大，已渗透到当时社会生活的各个领域。通过和氏璧的故事，可以看出玉器在战国时期已应用于外交领域。战国玉器的诸多用途，可概括为政治用玉、军事用玉、生活用玉和丧葬用玉等方面。

（1）政治用玉。主要指政治、外交、祭祀、聘贤等与政治活动相关的用玉情况。这类玉器以玉璧、玉圭为多。楚国曾有"当璧立翾"的习俗，就是王位继承人以是否碰到玉璧来决定能否继承王位。玉圭是一种扁平长条形玉器，种类很多，有镇圭、桓圭、信圭、躬圭、谷圭、青圭、大圭、琬圭、剡圭等。玉圭不仅形式多而且用途也多，既用来祭祀天地鬼神，象征等级制度，也用于朝觐、婚聘等。

（2）军事用玉。春秋时期已经有相当数量的尚武玉器，战国时期由于战事的扩大和等级的提高，军事用玉亦较春秋时期多，主要是玉虎符、玉带钩、玉韨、玉戈、玉剑具、玉斧大量增加。

（3）生活用玉。东周时期诸侯国的制玉业越来越发达，许多经济文化比较发达的诸侯国，都拥有自己的制玉业。各国生产的玉器，既有东周的时代特色，又有诸侯国的地方风格。曾国地处中原与楚国的中间地带，得两地之优势，故青铜玉石工艺特别发达。如透雕双龙玉佩，近似扁平长方形，透雕镂空，双龙连体，龙首相背，尾部相连，左右对称，以卷云纹、阴阳线、细阴线和网格纹装饰龙纹，纹样精细。

战国时期的南方大国楚国，国力雄厚，人才荟萃，文化艺术灿烂辉煌，作品题材丰富多彩，内容高深莫测，技艺巧夺天工，创作出了许多独一无二的精品力作，成为华夏玉器瑰宝。如龙凤玉佩便是其中之一，玉佩呈扁平形，以镂空、浅浮雕、阴刻等高超技法，琢磨双龙双凤图像，龙在上、凤在下，龙凤皆同体相背而立，昂首阔步，并以祥云巧妙连接龙凤，龙凤呈祥。

战国S形玉龙（图128），不仅形态优美，而且多成双成对，主要原因取决于二：一是取决于用途，佩挂时左右对称，具有君子风度。二是取决于加工琢磨工艺，成对玉龙琢磨，或上下对剖，或左右对称，省工省料，事半功倍。此类玉龙，尽管形态、大小略有区别，但从玉料质地色泽观察，为成形后对剖而成。扁平镂空S形，出细阴线纹边廓，龙身通体饰卷云纹，以谷纹间隔，纹样精美。

战国S形玉龙，除单龙独飞、双龙同体、龙飞凤舞外，还有许多是龙首凤尾形，特征是一个大龙首，辅饰若干小凤首，形成一龙一凤或一龙多凤的现象，或许是当时一夫一妻或一夫多妻制在玉器艺术上的反映。如镂空龙形玉佩，出土一对，大小形态基本一致，主体纹样为回首S形龙纹，辅饰纹样为三凤纹，两面琢磨排列有序的谷纹，气势磅礴，为战国楚国镂空S形龙精品。

战国玉器礼性淡漠，赋予玉器道德观念，同时又成为可以有限买卖的商品，因而生活用玉增加最快。战国生活用玉有两大类，一类是成套玉组佩（图132-1）的少量出现，另一类是实用生活用具的普遍使用。战国玉组佩不仅数量多，结构复杂，而且器形大，趋向成套化而不是组合化，有的将整套玉组佩镂雕成不可分离的一个整体，令人惊叹不已。战国时期的生活用具玉器，有玉杯、玉羽觞、玉灯、玉奁、玉梳等。

（4）丧葬用玉。战国时期丧葬用玉较春秋时期有较大变化，一是面幕玉器数量增加，结构较为复杂。二是由其他玉器改制的玉甲片广为流行，这是汉代玉衣的雏型。三是玉龙、玉璧等，不仅作馈赠、佩挂等实用，也大量用于丧葬，但玉质较差，多用次玉制作，雕刻马虎，草率从事。

6. 玉器形式多样、纹饰精美

战国时期社会生产力提高的显著标志之一，是冶炼术有了进一步提高。铁器的发明及使用，使玉矿大量开采，大块玉坯的切割、浮雕、透雕和线刻等综合雕琢技艺的灵活应用成为可能。战国时期以铁器为代表的先进生产力，在工具制造及加工技术方面，进行了一场影响广泛的革命，对其时的制造业影响深远，推动了玉器在造型、装饰方面向更高艺术水平迈进的步伐，呈现出一派崭新的面貌。

战国时期的玉器，纹饰基本上沿袭了春秋时期的式样，但也有一些新的纹饰，主要有乳钉卷云纹、列星纹和蒲纹等，有些则把束丝纹、兽面纹和谷纹有机和谐地组合起来。战国时期的一个特点，是玉器整体布满纹饰不留空白，带有春秋遗风。战国时期，谷纹基本上采用有金属薄壁的管钻来完成，同时镶嵌和镂雕技术也得到了提升。尤其在镂雕方面，战国玉器工艺更加精致细腻，纹样更加繁密规整，抛光打磨更加光亮。

（1）玉组佩。这是大型玉器，费工耗料，等级极高（图115-1）。如擂鼓墩曾侯乙墓出土的玉组佩，世所罕见。该玉组佩由一块和田白玉籽料剖解为四节，三个椭圆形环将其连成一体，以小做大，展开可佩，折叠可藏。通体镂雕7龙、4凤、4蛇纹，并饰精细的龙鳞凤羽纹，精美无比。

（2）方、圆几何形玉器（图119-1）逐渐减少。背景可能是礼玉的进一步衰弱。其经典造型是S形龙凤玉佩（图128）的大量涌现，这种玉佩形式多样，千姿百态，有的单龙腾飞，有的双龙戏游，有的群龙相盘，有的龙腾虎跃，有的龙凤合欢，将龙凤神韵表现得淋漓尽致，将龙凤艺术刻绘得曲尽其美。S形艺术语言，孕育着阴阳太极、事物周而复始运动的客观规律，是中国古代宇宙观及认识论的形象概括，是中国艺术民族形式的母体，闪烁着强盛的生命力。

（3）小微型玉器小巧精致。如江苏省无锡市鸿山镇越国贵族墓出土的凤鸟便是例证。凤鸟是中国古代玉器的主题纹样（图158-2），既有石家河文化的扁平蜷体凤鸟玉佩，又有大量周代凤鸟纹片玉饰，但圆雕凤鸟玉器一直比较少见。鸿山越国贵族墓出土圆雕玉凤3件，高不盈寸，青白玉质，受沁呈牙白色，额头带半透明的红色圆点。凤呈展翅飞翔状，翅作S形，略高于凤尾，凤冠、凤目凸起，以片状羽线纹表示凤鸟之羽翎，细如毫发，为罕见的东周微雕玉作。

随着铁（钢）质工具在玉器加工方面的广泛使用，S形构图法则的灵活应用，春秋时期几乎不见的镂空技艺，在战国玉器上则大放异彩，达到了相当高的艺术水准，其特点是在器物的边廓外加以镂空刻划，或雕龙凤纹，或琢祥云凤鸟纹，装饰韵味很浓。与镂空琢玉密切相关的是，战国还发明了套链（环）琢玉技法，即在一小块玉料上通过镂空及切割技术，扩大玉的空间，增加玉的体量，达到以小见大的艺术效果，在玉组佩、玉剑饰上应用的非常成功。这是战国制玉工艺的重大改进。

如果说春秋玉器表面花纹以蟠螭纹、卷云纹、兽面纹占主导地位，那么战国玉器一改春秋玉器繁缛的装饰风格，向简练、清新、规范化方向发展。谷纹、蒲纹、勾云纹（图112-5）成为战国玉器的主流纹样。这些纹样布局严谨，在玉器边廓内精细刻划，显得井然有序。

（4）玉酒器脱颖而出。战国玉器的成型、装饰等制玉技术达到了高水准。战国玉杯既方便实用，又美仑美奂。如陕西省西安市西郊车张村秦阿房宫遗址出土的玉杯，堪称一绝。此玉杯材质呈糖色，温润细腻，由杯身和底足两部分粘接成一器。杯身、底足外表分层琢磨出柿蒂纹、卷云纹、几何纹、花瓣纹等，布局合理，琢磨精细，为战国晚期玉器装饰风格。

（5）镶嵌技术出类拔萃。战国制玉工艺高水平的重要标志之一，是镶嵌技术的完善。当时制玉业和金银细工结合起来，将金银铜铁和玉、绿松石、琉璃等多种材料综合使用，创造了错金银镶嵌宝玉新工艺，成为玉雕作品的新贵，受到当时上层贵族的热捧，争相索求。

战国玉器不仅美在材质、美在工艺、美在造型、美在装饰，而且美在整体、美在神韵。玉器虽是工匠艺术，但战国玉器匠意大减，艺术品味浓厚，每件作品都有生动形象的艺术语言，主题明确，含义清晰，这是战国玉器古典主义美的内在魅力。

7. 春秋战国玉器常见纹饰

春秋战国玉器的花纹图案样式繁多，雕刻细密，抽象深奥，给人以神秘感。从结构来看，纹饰有几何形和动物形两种，其中以几何纹居多。

（1）几何纹。几何纹（图112-4、图113-1、图115-3、图116-1）中以圆形、弧形和方折形线条为主，对称性强，既可看出单组纹饰，又能多组连接，扩充为整体纹饰，动感极强，变幻无穷。最常见的几何形纹有谷纹、涡纹、云纹、雷纹和勾连纹，装饰在璧、环、璜和龙等玉器上。

（2）谷纹。亦称谷粒纹，是以剔地浅浮雕的方法，在玉器表面雕琢出许多凸起的弧形圆点，这些圆粒排列有序，经抛光后熠熠发光，十分悦目。谷纹的名称是由它浅浮雕的半圆形凸起似谷粒而得来的，由于谷纹制作难度较大，所以它装饰的玉器往往比较精致，观赏价值很高（图124-1）。

由谷粒派生出来的纹饰中，有一种称为"蝌蚪纹"，就是在谷粒边缘上琢出一道弧线，形似蝌蚪的尾巴。所琢刻的尾巴方向并不固定，似乎是玉工随意雕刻出来的，因其装饰效果较好，它常饰于玉璧、玉璜上。

（3）涡纹。以阴刻技法雕刻的水漩涡形纹饰，形似蝌蚪纹。这种纹饰最早见于西周时期，但数量较少。春秋时期，涡纹的尾端拖得较长，形似弯钩；战国时期，涡纹成为千篇一律的漩涡状。涡纹简单、美观，战国时被大量采用。

（4）云纹。状如云头形，多阴刻或浅浮雕，每组云纹是由两个单体相对的谷纹或涡纹尾部相连构成（图117-1、图138-2、图140-1）。这种纹饰既有玉匠有意刻成的，也有随机刻成的。前者往往排列整齐，后者则常与谷纹、涡纹相杂，显得富丽美观。云纹也是战国时期常见的一种纹饰，由它派生出的变体云纹，纹路细长，有飘逸感。

（5）雷纹。它是一种线条方折的纹饰，以阴刻技法制成。单体雷纹呈S形纹，在装饰上，每三个雷纹构成一组图案，构图对称，较为细密。这是春秋早期特有的一种纹饰，具有断代意义。

（6）勾连纹。亦称勾连鼓钉纹（图128）、勾连云纹（图127），源于雷纹和云纹,是春秋战国时期图案中最为繁杂的一种,由单体雷纹或云纹相互勾连阴刻而成,不过线条已由方折变成圆弧。

最早的勾连纹玉器见于春秋中、晚期的双勾线,婉转流畅,时代特征明显。战国时期的勾连纹集中了雷纹、云纹和涡纹的特点,整齐平稳。派生出的纹样很多,颇具特色的是勾连云纹,将几组云纹对称地勾连在一起。战国晚期和西汉早期,有的器物上出现了通体十分规整和细密的勾连云纹和勾连谷钉纹,非常华美。

在古玉的几何形纹饰中罕有直线形图案,这与古人的审美观有关。春秋战国玉器大多数作圆形或弧形,特别是装饰玉,即使是转折处也琢成弧角。这样的玉器如果装饰上直线形纹饰,就会影响整体美观的效果,而饰以圆弧形为主体的纹样,则显得和谐统一。商周的圆形玉器璧、环等,几乎看不到纹饰,这是因为当时的琢玉水平还达不到琢制细密对称纹饰的程度,所琢纹饰以直线或长弧线为主。而到了春秋战国时期,琢玉水平空前提高,任何纹饰都可以随心所欲地雕琢出来。

(7)动物形纹饰有神兽和写实动物两种,最常见的是兽面纹和螭龙(虎)纹。兽面纹又称饕餮纹(图119-1、图123-1),用阴刻或浮雕技法琢出狰狞凶猛的兽首,常装饰于各种小型玉饰、玉璧、玉觿及玉铺首上。玉器上的兽面纹始出于商代,春秋战国至汉代盛行。

(8)四灵纹。四灵分别指青龙、白虎、朱雀、玄武,它们是中国古代法力无边的四大神兽。青龙为东方之神,白虎为西方之神,朱雀为南方之神,玄武为龟蛇合体灵物、北方之神,故有"青龙、白虎、朱雀、玄武,天之四灵,以正四方,王者制宫阙殿阁取法焉"。

战国至汉代均将"四灵"作为纹饰,以表达镇定四方、国泰民安的吉祥之意,雕刻四灵纹的玉器常见于玉璧、玉镯(图112-1)等。

（三）春秋玉器与战国玉器的区别

春秋玉器与战国玉器在500多年的发展变化中日益进步，并呈现出了相似又不同的艺术风貌。当然，这种艺术风貌绝不会是随着历史年代的划分而断然隔开的。如战国早期的玉器依然遗留有春秋晚期玉器的风格，甚至有些作品十分相似，难以区别。作为东周的两个阶段，春秋与战国两个时期的玉器风格区别明显，究其原因主要在于思想文化和制玉工具的不同。春秋玉器虽然有自己的特点，但从总体上看只是西周玉器向战国玉器的过渡。由于战国玉器与春秋玉器区别较大，尤其是战国中、晚期玉器与汉代玉器更为接近，故而人们经常说战汉玉器，却很少说春秋战国玉器。春秋玉器与战国玉器的区别，主要在于以下三个方面。

1. 工艺

在制作工艺上，春秋玉器无论是造型、线条还是碾磨均显得较为浑圆。战国玉器则棱角刚劲明确，线条清晰利落。同时镂空技法的使用较春秋更加普遍，并且技艺格外精湛细致，就连镂空之外的内壁也琢磨得光洁明亮，一丝不苟。

春秋战国玉器的线条上，存在着浑圆饱满与锋利扎手的区别。浑圆则可以理解为一种韬晦，锋利也可以理解为一种张扬。春秋诸侯虽有争霸的野心，但囿于西周礼制，一时难以放开，故其玉器线条比较柔和内敛（图97-2）。至战国时期只有七个强国争霸，剑拔弩张，各恃其强，毫无顾忌，这种格局体现在玉器上便是锋芒毕露（图128）。

这种区别，在春秋晚期与战国早期的玉器上明显可见。如太原金胜村春秋晚期赵简子墓出土的一个截面为三角形的管状玉器，边棱是相对圆滑的，没有扎手的感觉。而出自战国早、中期曾侯乙墓的龙形玉佩，虽然整体是浑圆的，但是边棱线条挺刮，都有扎手的感觉。

2. 装饰

春秋玉器善用众多的抽象变形、肢解整体的龙纹充填器物画面（图106-1、图125），从而显得繁密不透气，粗看似有一种似是而非的模糊感。战国玉器装饰纹样较为稀疏，常见的谷纹（图124-2）、云纹（图125）、勾连云纹（图116-2）、"S"形纹（图128）、绞丝纹（图113-2）等，线条舒展流畅，工艺精细入微，主纹、地纹均清晰可见，观后使人赏心悦目。

春秋战国时期玉器的纹饰上，存在着繁缛复杂与删繁就简的区别。春秋战国时期玉器的种类增加、使用范围扩大，玉器的使用不再限于最高统治者。从纹饰的分布密度上说，春秋玉器纹饰比较繁复密集，有的"密不透风"（图99）；战国玉器纹饰相对简约舒朗，有的"疏可跑马"（图142）。

战国时期玉器的艺术风格大体统一，各地制玉中心玉器雕刻技艺相互交流，各种玉器之间的差别不大。战国时期代表性玉器，可见河南辉县固围村魏王室墓出土的大玉璜、河北平山县中山国王墓出土的青玉带钩、河南洛阳金村东周王室墓出土的玉桃形杯、玉耳杯、金龙凤饰玉卮等。

3. 神韵

鉴定古代玉器，除了要掌握它的时代风格特征、工艺及装饰技法外，更重要的还应当细心体会其内在的神韵。就整体而言，春秋玉器在造型、构图、动态变化等方面较之战国玉器则显得神气不足（图100-1），平静而呆板。战国玉器无论器面、边角或是布局，设计得当，通体灵异，充满了强烈的动感和勃勃的生机（图136-1）。其实这种奋发的气势和艺术的活力，也是战国的时代精神所在，为战国人的气质、思想、文化使然。

春秋战国玉器的总体风格上，存在着藏龙卧虎与龙腾虎跃的区别。春秋时期，周天子由于失去了位于陕甘等地的直辖领地，东迁洛阳，自身实力下降导致对诸侯控制力减弱。各诸侯国开始兼并、争霸。但在春秋时期，由于周天子自身实力还不容小视，加上主要诸侯国之间实力相对均衡，大国争霸过程中还得打着尊从周王的旗号。进入战国之后，周天子实力日益衰落，几个诸侯国实力大增，展开了赤裸裸的逐鹿中原、争夺天下之战。这种格局反映在玉器风格上，春秋玉器则是藏龙卧虎，战国玉器则是龙腾虎跃。

河南博物院收藏的一件春秋玉饰，出土自淅川下寺楚国墓，被称为中国第一春秋浮雕，其上除了兽面纹外，还满刻龙首纹，但这种龙纹是一种隐性龙纹。总的看，春秋时期作为纹饰的隐性龙纹（图98-2）运用比较多，单独成器的玉龙数量相对较少。而战国玉器中，龙形玉器大量出现，各式各样的龙形玉佩（图132-3）、龙首玉璜（图124-2）令人目不暇接，还有更多玉器雕龙刻虎，呈现一派龙腾虎跃的气象。

战国玉器形象中龙的地位十分重要，其造型有两类，一类是演变自虎豹等猛兽，保留了较多虎的形象（图112-1），造型威猛；还有一类是演变自蟒蛇的形象（图118-1），其特点是头长、身细、尾尖，有四足。

春秋战国玉器的神韵上，存在着神韵上宁静从容与张扬振奋的区别。春秋时期承接西周太平礼治与战国大兼并，虽然兼并与争霸一直未断，但许多诸侯小国并未完全清醒，或者虽然认识到形势严峻却无可奈何，只能寄希望于克己、遵礼能够延缓国家灭亡。反映到玉器上，春秋玉器与战国玉器相比少了一些张扬与振奋，多了一份宁静与安然。如淅川下寺春秋中晚期楚国墓出土的玉虎，嘴是闭着的，身体肌肉也比较舒展；中国国家博物馆馆藏的一件春秋玉龙，也是比较宁静、平和的。

春秋早期的玉器器形、图案和工艺沿袭周代之风，隐起和阴线刻是其典型的特征。春秋时代的玉器在西周平面化、简约化的基础上发生了很大变化，演变为隐起化、繁复化。

战国早期玉器延续了春秋时期玉器风格，逐步过度到战国中、晚期，形成了自己的独特风格，玉器有着明显的张扬振奋的时代特色。王侯用玉大多选取质地优良的和田籽玉，多数是青白玉，偶见白玉，玉质细腻温润、光泽晶莹。玉器雕刻日臻成熟，造型的轮廓线、纹饰的阴阳线都准确流畅，犀利刚劲、锋芒毕露是这一时期玉器纹饰线条的显著特点。

四
春秋战国玉器撷英

1. 白玉猪尊（图96）

羊脂白玉，玉色乳白半透，玉质温润致密，打磨抛光精细，光泽如脂如蜡，金黄沁色美丽。

造型仿生，作孔武有力的野公猪状：长嘴突噘，獠牙外呲，水滴眼，短耳竖立。四肢粗壮、呈匍匐欲起状，气势威猛。脊背有凸起鬃毛带，猪腰中凹，短尾外卷。内膛掏空，背中部有一个椭圆形孔、上有玄鸟钮尊盖，玄鸟高冠、尖喙、圆眼、卷翅、短尾，形象卡通生动。猪尊外部全是浮雕夔纹，纹路凸起清晰，犹如铠甲，精美绝伦。四蹄平整。膛壁厚4-6毫米，掏膛技术极高。

据考，我国自新石器河姆渡时期，就有把野猪驯化为家猪的历史。商周时期的象生动物具有表意的功能和象征的意味，艺术地表现了人们的原始宗教观念。其作用是实现人们与神灵之间的沟通媒介，起着巫术般的祈求辟邪作用。商周青铜尊皆为酒器，但以野猪为造型的青铜尊目前仅见数件，玉质猪尊前所未见，足见其地位之高、传世之珍稀。与

第五章　春秋战国玉器

图96-1　白玉猪尊　春秋
长18厘米

图96-2　白玉猪尊　春秋

图96-3　白玉猪尊　春秋

图96-4　白玉猪尊　春秋

此玉猪尊相似的，目前仅有湖南省博物馆馆藏的一件商代晚期青铜猪尊（长72厘米，高40厘米，酒器，1981年湘潭县出土），被列为不得出国的100件国宝之一。另有几件馆藏西周时期青铜猪尊，但其造型和纹饰远不及商代青铜猪尊精致。

此玉猪尊选材上乘，工艺高超，形制高古，精美绝伦，绝无仅有，完好无损，是国内外仅见的春秋（东周）玉酒器神品，国之瑰宝。

2. 白玉龟（图97）

器形写实，龟首探出，圆眼，小嘴。坡形龟背，龟甲上阴刻双线饕餮纹，纹饰清晰醒目。四肢匍伏、上刻云纹，三爪伏地，短尖尾。龟腹刻数道横线纹。在高古时期，龟被尊为神物，能避灾驱邪、延年益寿。这种长寿之物被做成玉器，无疑是取其镇宅增寿之意。和田白玉，洁白温润。老土大红沁和撒金沁遍及全器，美轮美奂。如此精致传神的春秋玉龟，实乃珍品。

3. 白玉双龙双螭纹佩（图98）

双面雕刻，分为两部分。上半部是对向相接的两条S形夔龙，圆眼，高鼻，口半开，龙身雕满细密的绞丝纹和网格纹，纹饰繁复。夔龙的下半身为反卷的凤鸟纹，凤鸟与夔龙共为一身；夔龙中间是一条与双龙共身的螭首纹，螭首之上镂雕一只雄鹰，螭口衔扁圆环一个。

下半部是一组倒置的S形单首双身螭纹，螭首口衔扁圆环并与上半部对应，螭的身形呈S形双身，螭身也刻满绞丝纹。和田白玉，有一层灰皮。此佩构思奇巧缜密，纹饰彼此连接流畅，镂空与阴刻技法并用，是春秋中、晚时期的玉雕精品。

图97-1　白玉龟　春秋
长8.6厘米

图97-2　白玉龟　春秋

图98-1 白玉双龙双虺纹佩 春秋
高7.3厘米

图98-2 白玉双龙双虺纹佩（背面） 春秋

4. 白玉虺纹璧（图99）

羊脂白玉，色白如银，质润如脂，手感沉实，边有铁沁。璧分三区：外区为一圈宽带，上刻粗绳边饰；中区为主纹饰，共有12条虺蛇内外缠绕翻卷，衔接有序、繁而不乱，虺身刻满人形鳞纹；内区为圆环，环上雕刻4条相互缠绕的幼虺，雕工简约。此璧直径较大，多用游丝描技法表现纤细纹饰，虺蛇之间镂空分界，技法娴熟，游刃有余，是春秋晚期玉璧神品。

图99　白玉虺纹璧　春秋
径8.6厘米

5. 白玉虎形佩（图100）

形体硕大，造型抽象，双面雕刻：虎为奔走状，前唇噘起，虎口微开；双耳凸起如冠，虎背上雕刻相互对视的龙鸟，形象卡通。后拖长尾，尾尖上扬。四足落地。猛虎全身刻满卷云纹，卷云纹之外的空间，有游丝描蟠虺纹。和田白玉，局部有黑漆古、铁沁。此佩为大型片雕，纹饰密可透风，极富想象力，弥足珍贵。

6. 青白玉四虺四环佩（图101）

玉佩形似中国结，正面有4条相互缠绕的虺蛇结为4个连接环形，虺首从圆环中伸出，浑身雕满绞丝纹。背面光素无纹。青白玉，玉色淡雅。此佩虽小但精，是春秋晚期作品。

7. 白玉异兽蟠螭合体佩（图102）

和田白玉籽料，如脂如蜡，手感温润。璧上部有铁红沁。此器为上下连体的双璧，上璧径小、下璧径大，双璧内外结合处均有打磨圆滑的凹槽，以示分界。上璧表面浮雕前后追逐的两条蟠螭，下璧外缘凸于上璧。两璧之外，环绕外缘高雕出龙、虎、食蚁兽和凤四个异兽，形象生动。异兽之间浮雕卷云纹，卷云纹饱满工整。下璧底面阴刻重环纹，雕工精细。此璧设计精巧，多种技法并用，装饰效果极佳，仅此一件。

8. 青白玉双联琮式佩（图103）

青白玉籽料，玉质致密，温润晶莹。形如连体玉琮，中间上下部位连体，间有镂孔，圆射凸出。双联佩正反面的上、下部位阴刻着正、反两个对应的饕餮纹，饕餮之间伴有花纹。玉琮两侧面各有浮雕玉人一个：玉人戴平冠，杏核眼，宽鼻，小口；身着右衽长袍，长袍下部刻分9个小方格，双手合拢；在袖口和长袍下部4个方格间隔雕刻网格纹，长袍下部其他方格留白。这就在玉人下半部刻画出跳跃式的视觉效果。此佩形制设计别出心裁，装饰水平很高。

图100-1 白玉虎形佩 春秋
长20.6厘米

图100-2 白玉虎形佩 春秋

图101-1　青白玉四虺四环佩　春秋
高4.6厘米

图101-2　青白玉四虺四环佩　春秋

图102-1 白玉异兽蟠螭合体佩 春秋
径4.9厘米

图102-2 白玉异兽蟠螭合体佩 春秋

图103-1 青白玉双联琮式佩 春秋
高5.2厘米

图103-2　青白玉双联琮式佩　春秋　　图103-3　青白玉双联琮式佩　春秋

9. 白玉虎（图104）

造型朴拙，方首长耳，虎口穿孔，四肢匍伏，虎尾上卷、穿孔。全身刻满卷云纹，卷云纹之外的空间，用游丝描雕有蟠螭纹、网格纹。白玉籽料，色质俱佳，温润细腻，包浆浑厚。局部有黑、褐沁斑。此佩为虎形片雕，打磨圆滑，追求神似，彰显了春秋晚期玉器风格。

10. 白玉双层绞丝环佩（图105）

和田白玉籽料，玉色因受木炭沁而显得白中闪灰，玉质致密莹润。局部有黑、褐色沁。此佩为双层绞丝纹形，大小两个雕满精准绞丝的玉环相连相缠，气韵相通，丝丝入扣。绞丝纹亦丝亦绳，故有人称其为绳纹。此佩看似简单，实有很高的美学内涵和工艺水准，是春秋末期至战国初期的玉佩上品。

11. 白玉秦式龙形佩（图106）

形如团龙，抽象夸张：龙首有3个后掠式戟齿，龙嘴用镂空长线来表示。龙身呈半圆弓形，背上有一系孔，龙尾与龙身呈逆向折转。全身布满阴刻的方形单元式纹饰，线纹密集衔接，直线居多，刀法刚劲爽利。和田黄玉制作。

据考，春秋战国时期的秦国盛行此种纹饰，在其青铜器和玉器上有见，但玉器面世者极少。国内外的同类玉龙形佩，目前仅见数例且残。密集的线刻纹饰是秦玉一大特点。此佩保存完好，殊为难得。

12. 白玉龙形佩（图107）

羊脂白玉，致密温润。局部有水银沁，乌黑光亮。呈团龙形，上唇伸出反卷，下唇短收，口半张。龙首顶部有戟齿，躬身内绻，尖尾似钩，双面浮雕卷云纹。整体形象比较抽象，追求神似，纹饰繁密饱满，层次感颇强。如此硕大精美的春秋团龙式玉佩，珍同拱璧。

图104-1　白玉虎　春秋
长8.5厘米

图104-2　白玉虎　春秋

图105-1　白玉双层绞丝环佩　春秋
径8.6厘米

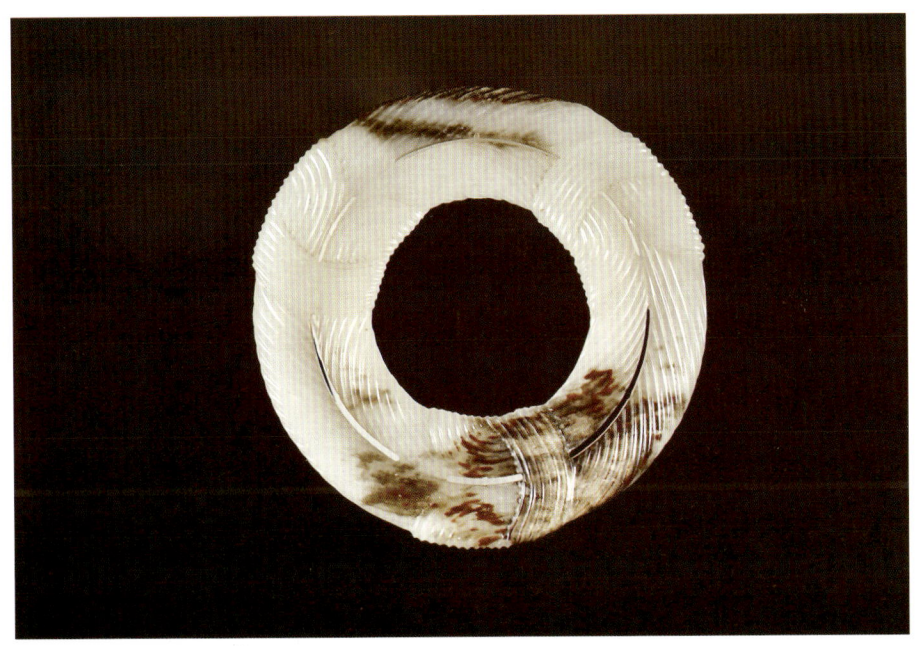

图105-2　白玉双层绞丝环佩　春秋

图106-1　白玉秦式龙形佩　春秋
高7.6厘米

图106-2　白玉秦式龙形佩　春秋

第五章 春秋战国玉器

图107-1 白玉龙形佩 春秋
长9.7厘米

图107-2 白玉龙形佩 春秋

13. 白玉人身兽首俑（图108）

器形为人身兽面，俑的正面：头戴平冠，冠顶伏一螭龙。宽额头，粗眉大眼，两腮凸鼓，耳如尖角，拱嘴似猪。身披铠甲，肩头浮雕异兽，双臂和前襟均有浮雕卷云纹，双手擒拿一条螭龙。俑的背面：后脑光滑无纹，上半部铠甲浮雕饕餮纹，下半部浮雕如意形外廓，内雕卷云纹，兽尾左卷。和田白玉制作，玉色洁白，玉质致密温润。此玉俑系人兽合体，整体圆雕，形象诡异，应为镇墓辟邪之物，乃天下奇珍。

14. 黄玉扁环佩（图109）

和田黄玉，有风化层，局部有铁沁、铜沁。形体扁圆，双面浮雕卷云纹。春秋战国时期的环形玉佩基本为圆形，扁圆型的极少。

15. 白玉虎形佩（图110）

玉色洁白，玉质温润，包浆厚重。虎首顶冠，虎口外撇、穿孔。虎背上凸雕一龙一鸟，面面相觑。玉虎身形壮硕，尖尾上翘，四足落地。全身浮雕鼓钉纹和阴刻网格纹，但鼓钉纹不如西周时期的鼓钉纹饱满凸起，略显简化。

16. 白玉双虎斧形佩（图111）

利斧形如弯刀，斧面浮雕云雷纹，靠上部打孔。斧顶梁上浮雕三角纹边饰，梁上镂雕一只猛虎，形象逼真；斧背一侧与斧尖之间，另镂雕猛虎一只，势如下山。以猛兽（龙、虎等）作为玉斧配饰，在春秋战国时期多见，尤以战国作品最为精致。民间借字谐音，常将斧上雕龙的称之为"府上有龙"，意指达官贵人朝中有人做官升官、家世显赫；又将斧上雕兽（虎）的称之为"府上有寿"，意指健康长寿。总之，皆取祛灾辟邪、吉祥祝福之意。色白质润，如脂如蜡。局部有铁沁。此佩玉料上乘，雕工一流，是战国玉佩珍品。

图108-1　白玉人身兽首俑　春秋
高15.2厘米

图108-2　白玉人身兽首俑　春秋

图109　黄玉扁环佩　春秋
长5.5厘米

图110　白玉虎形佩　春秋
长11.3厘米

图111 白玉双虎斧形佩 战国
高8.1厘米

17. 白玉四灵纹臂钏（图112）

羊脂白玉，玉色洁白，玉质致密温润，手感沉实下坠，精光内蕴。局部有水银沁，乌黑光亮。臂钏口径大于手镯，戴于臂上。圈条为内直外圆，外圈雕刻三层纹饰：中间一层浅浮雕麦穗纹，上下两层浅浮雕卷云纹。在三层纹饰之间的四等份位置上，分别高浮雕青龙、白虎、朱雀、玄武四灵（四神），代表东西南北四个方位。浮雕的四灵形象活灵活现、极有神采，线条比例准确流畅，加之四周的辅助纹饰，可谓是形神毕肖。

手镯，亦称手钏，最早可追溯到新石器时代，半坡遗址出土的文物中便有陶环、骨环和石镯，先民已经开始雕刻一些简单的花纹作为装饰。商周时期，又有了玉制手镯并雕刻精美纹饰。在汉代，手镯无论从材质还是纹饰上来看，都大为丰富。受西域文化的影响，戴在臂上的臂环较为流行，多个臂环叠戴称为"臂钏"或臂镯。此臂钏玉质极佳，雕工精细，实为至宝。

图112-1　白玉四灵纹臂钏　战国

图112-2　白玉四灵纹臂钏　战国

图112-3　白玉四灵纹臂钏　战国

图112-4 白玉四灵纹臂钏 战国

图112-5 白玉四灵纹臂钏 战国

图112-6　白玉四灵纹臂钏　战国

图112-7　白玉四灵纹臂钏　战国

18. 白玉绞丝纹龙（图113）

此器为首尾交叉造型，夔龙的斧形口半张半合，水滴眼，短角。龙身反卷，龙尾与龙首交叉相对。全身浮雕绞丝纹（绳纹），线条扭曲连贯。龙背上有圆孔一个。和田白玉，色白质润，包浆熟旧，精光内蕴。绞丝龙形玉佩是战国名品，仅在国内外著名博物馆可见一斑。此佩形神毕现，生动传神，不可多得。

图113-1 白玉绞丝纹龙 战国
长7.7厘米

图113-2 白玉绞丝纹龙 战国

19. 白玉舞人佩（图114）

美丽的舞女头戴舞冠，前面头发分梳两边、后面头发梳堕马髻，发丝如毫。身着右衽长裙曼舞，左臂翻卷过头，右臂经腰下垂，长袖飘逸翻卷，裙裾向两边上卷，飘飘欲仙，舞姿妙曼。舞女腰部以下，内侧有一条昂首向上的螭龙，外侧有一只凤鸟，寓意为龙凤呈祥。舞女长裙上，浮雕了勾连卷云纹，精美绝伦。玉色洁白，如冰似脂。玉质致密细腻，玉光如脂如蜡，包浆熟旧，打磨光滑。此佩用料厚实，虽为片雕，但厚度达1厘米，而汉代同类片雕玉器厚度一般为0.5厘米左右。

玉舞人出自周代，流行于战汉时期。战国片雕玉舞人尤为精致，装饰性强。汉代玉舞人相对简约，纹饰雕琢不如战国玉舞人繁复精细。如今面世的战国玉舞人为凤毛麟角，难得一见。此佩采用和田白玉籽料制作，雕工精致，乃稀世之珍。

20. 白玉玉组佩（图115）

玉组佩共有8节单佩组成，节节相连、环环相扣、双面雕刻。采用阴刻、浮雕、镂雕技法制成：第一节为双凤纹佩（图115-2），两只背向而立、呈S身形的凤鸟围拥着扁环一个，扁环上刻三角席纹。凤鸟身上浮雕卷云纹。第二节为双螭纹佩（图115-2），两条S形螭蛇双拥饕餮方环，双螭皆拖三叉凤尾，非常飘逸。螭蛇身上，浮雕卷云纹。第三节（图115-3）为熊螭双龙双凤纹佩，整体扁圆形，外圈的中上部圈条上雕刻双凤纹，下部圈条上雕刻三角纹；圈条内有两道长带将璧内分为三部分，中部上有镂雕的熊罴，下有双尾螭蛇，左右两部各有夔龙一条，熊螭双龙相连相接，出神入化。双龙和螭蛇身上浮雕卷云纹。第三节下边环接三节单佩（第四、第五、第六节）。第四节为神兽纹佩（图115-4），一只神兽非虎非熊，肥头大耳，圆眼大嘴，四肢粗壮，长尾弯卷，背驼祥云，神乎其神。第五节为四凤饕餮纹佩（图115-4），上部是双身合体、双首对应的凤纹，它们之间形成一个扁圆内环，两只雏凤反缠环上，与下面的双凤呼应；下部是饕餮纹，饕餮头顶高冠。此佩空间部分都浮雕卷云纹。第六节为天禄纹佩（图115-4），一只天禄身披双翅，斧形巨口，头拖长角，四蹄踏云，腾云驾雾，云游九天。第七节为羽人佩（图115-5），此佩外有圆环，环上刻满卷云纹；环内镂雕羽人一个，羽人戴高冠，眉目清秀，鼻梁挺括，小口，卷云形耳，耳边各有虺蛇一条。羽人身着短衫，袖口飘逸，双腿交替呈飞腾状。第八节为龙虺虎首纹佩（图115-6），虎首威猛，两条夔龙攀附其左右，佩内正中有一条双身单首虺，口衔扁环。八节单佩之间均用绞丝方环衔接，龙飞凤舞，纹饰繁复，精雕细刻，巧夺天工。玉组佩用料考究，单片厚度0.8厘米，均为白玉籽料，如脂如银，温润细滑。

自西周晚期出现的玉组佩，主要是由玉、玛瑙、水晶等材质制作的璜珩、珠管、舞人组合而成。至春秋战国时期见有单节玉佩组合而成的玉组佩，其材料质地工艺难度、精美程度、形制难度均胜于西周玉组佩。国内考古仅发现过数件战国玉组佩。此玉组佩用材优质，双面雕刻，工艺精湛，纹饰优美，形体硕长，完美无暇，既可单独成件，又可串联成组，堪为绝世珍品。

21. 黄玉杯（图116）

杯身为长筒形，上丰下敛，杯内掏膛光滑。杯身雕刻层叠纹饰，外口沿至腹下部的第一、第三、第五、第七层共雕刻4层重环纹，第二层分区交叉雕刻卷云纹、隔纹，第四层雕刻粗绳纹，第六层雕刻卷云纹。7层纹饰繁简相宜，浅浮雕与游丝描技法并用，表现出极高的装饰能力和审美品味。杯身下部束腰，其间有活套环一个，杯座外撇。圈足，外底平。和田黄玉，色白质润，包浆熟旧，精光内蕴。

长筒形玉杯，亦称高足杯，流行于战汉期间，汉代玉杯雕刻纹饰相对简化，几乎未见杯腰套活环者。此杯精雕细刻七层纹饰，是战国晚期高级玉酒具。

图114-1　白玉舞人佩　战国
高7.8厘米

图114-2 白玉舞人佩 战国

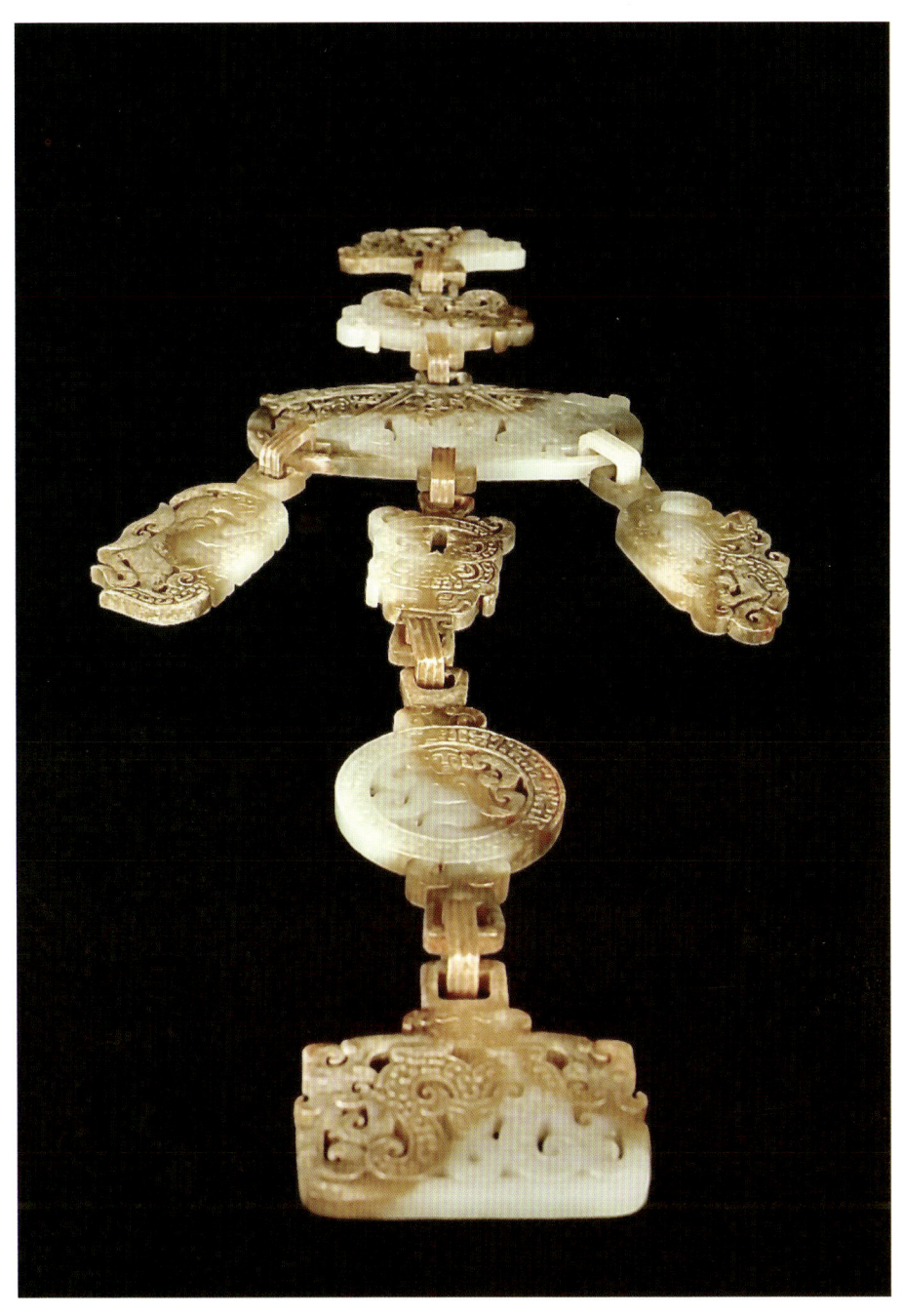

图115-1　白玉玉组佩　战国
长31厘米

图115-2　白玉玉组佩　战国

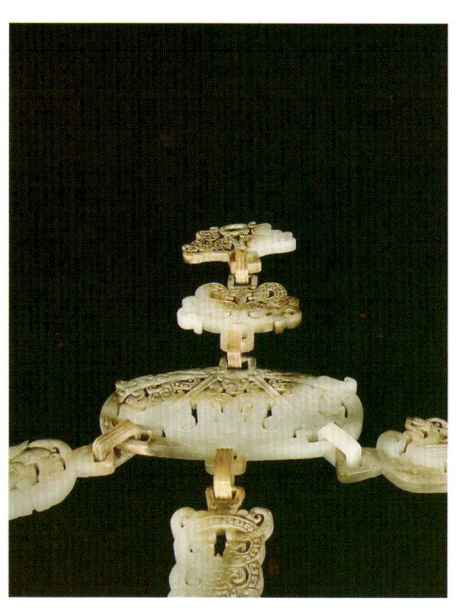

图115-3　白玉玉组佩　战国

图115-4　白玉玉组佩　战国

图115-6　白玉玉组佩　战国

图115-5　白玉玉组佩　战国

第五章 春秋战国玉器

图116-1 黄玉杯 战国
　高11.6厘米

285

图116-2　黄玉杯　战国

图116-3　黄玉杯　战国

图116-4　黄玉杯　战国

图116-5　黄玉杯　战国

22. 白玉龙形佩（图117）

玉色因受沁而白中泛灰。玉质致密温润，包浆浑厚。夔龙体呈双S形，双面雕刻：龙首回望，卷鼻，椭圆眼，长嘴，龙身翻腾，卷尾。全身遍及卷云纹，纹饰饱满凸起。战国玉龙总体形象比较安稳，身形以线条变化多取胜，S形为其代表。此龙形佩是战国中期珍品，收藏价值很高。

23. 白玉螭凤纹璧（图118）

玉质温润，精光内蕴，包浆熟旧。局部有水银沁、铁红沁和钙化斑块。正面高浮雕螭凤纹，螭龙蟠卷，鸾凤相伴，形象简约而生动。背面雕刻勾云纹，不规则排列。此璧虽小但肉厚，雕工精炼，不失为战国末期佳作。

24. 白玉方形璧（图119）

整体呈方形，四边有凸凹戟齿，打破了直线的单一感。正面阴刻上下对应的两个饕餮纹，空间是浮雕卷云纹，纹饰层次分明。中间有圆孔。背面光素无纹。和田白玉，局部有黑沁、铁红沁，美丽自然。战汉时期玉璧绝大部分是圆形，方形璧极少。俗话说"一方顶十圆"，是讲方形器物用料多、费工时，制作难度大。此璧形制古朴，不可多得。

25. 黄玉活环齿形器（图120）

和田黄玉，质地坚致，温润细腻，包浆浑厚。器形弯长，两边雕刻不规则的戟齿，如同犬牙交错。正面雕刻不规则的连续线纹图案，阴刻线较粗较深，具有典型的秦玉风格。背面光素无纹，居中处有两个内空的长条形带箍，似为穿带之用。一头套雕活环。此器形制古怪，其用途不得而知，当为首见，弥足珍贵。

图117-1 白玉龙形佩 战国
长12.1厘米

图117-2 白玉龙形佩 战国

图118-1　白玉螭凤纹璧　战国
径4.2厘米

图118-2　白玉螭凤纹璧　战国

图119-1　白玉方形璧　战国
宽4.3厘米

图119-2　白玉方形璧　战国

第五章 春秋战国玉器

图120-1 黄玉活环齿形器 战国 长19.3厘米　图120-2 黄玉活环齿形器 战国

26. 白玉虺纹三区璧（图121）

璧分三区，外区镂空呈环形，环上刻分14个小区，其中阴刻细密的网纹和简单的条纹的小区各为6个，繁简搭配，交互排列，极有创意。中区镂雕上下左右对应的4组棘刺状纹饰，上有细密网格纹但疏密有别，其中两组棘刺纹作为虺蛇之尾，全身雕刻网格纹，虺首向外与外环相接。内区为小圆环，环上亦有网格纹和空白区各两组。取材白玉籽料，质地细腻温润，如脂如蜡。受沁后黄、黑、红三色融汇，乃天作之合。此璧以分区布局、分别装饰为特色，精巧绝伦，鬼斧神工。

27. 黄玉璜（图122）

和田黄玉，色如蜜蜡，质如凝脂。水银沁、血沁融于玉肌，至美至雅。璜呈半圆形，形体稍短。四边有凸棱，外缘上中部有穿孔，璜体雕满谷纹，颗粒饱满，地子打磨光滑。此璜玉质玉色上乘，简而不粗，小中见大，实为战国佳器。

28. 青白玉龙虎衔环佩（图123）

造型精巧，立体圆雕，正面为虎，背面为龙：虎首宽大，头顶有三道圆箍，额中间阴刻菱形网纹，两边各刻有一个太阳形假眼；猛虎眉峰凸起，双眼圆瞪，高鼻阔嘴，凶猛霸气。龙首俊秀，角发后背，眉长眼细，鼻头挺硕，尖嘴衔环、似龙似鹰。青白玉，色泽清雅，玉质温润，精光内蕴。此佩的龙虎形象抽象诡异，如神似魔，小巧玲珑。

29. 黄玉夔龙纹璜（图124）

和田黄玉，玉色甘黄，玉质致密，包浆厚重，精光内蕴。璜体呈半弧斜，双角斜切，两面雕刻。四边凸棱，两侧出脊。璜体浮雕谷纹，颗颗饱满，粒粒清晰。璜体内下部，镂雕两条对向夔龙，生动传神。战汉玉璜以白玉居多，鲜见黄玉璜。此璜形体硕长，精工细作，保存完好，极其珍贵。

图121　白玉虺纹三区璧　战国
径6.6厘米

图122-1　黄玉璜　战国
长8厘米

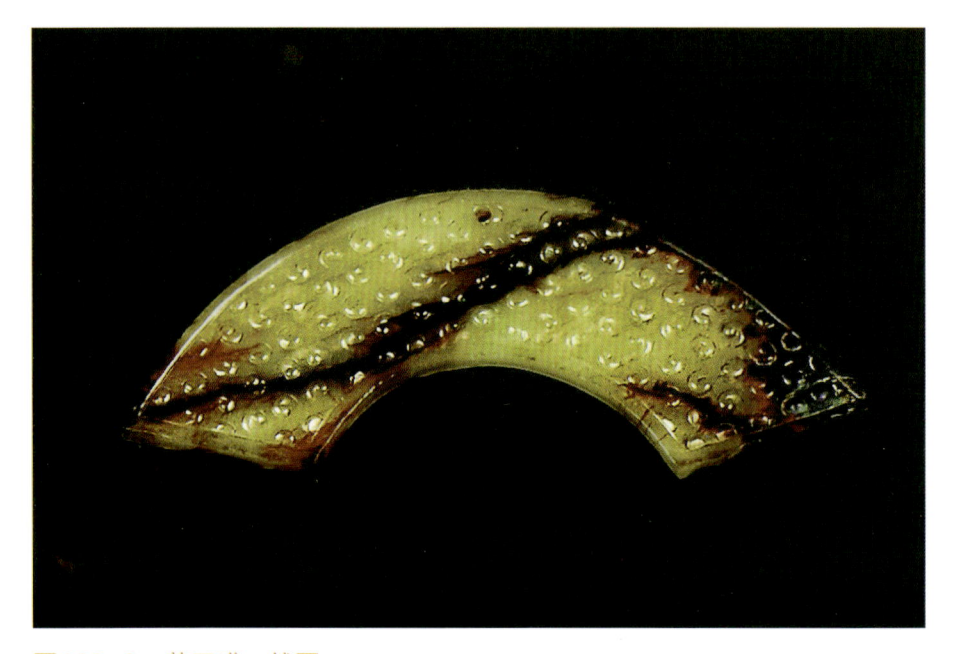

图122-2　黄玉璜　战国

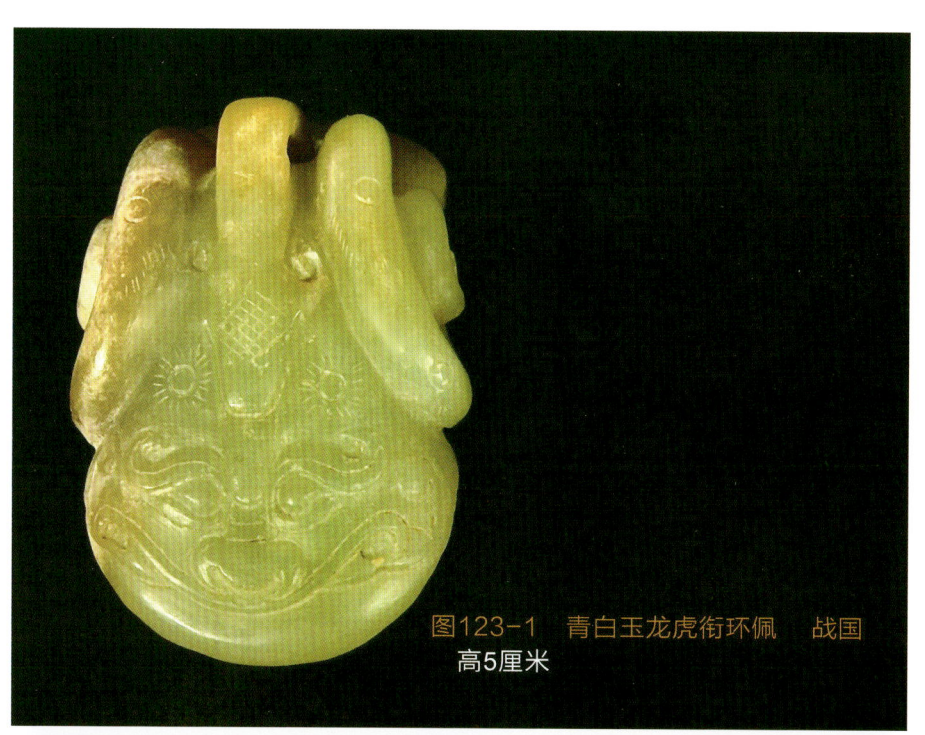

图123-1 青白玉龙虎衔环佩 战国
高5厘米

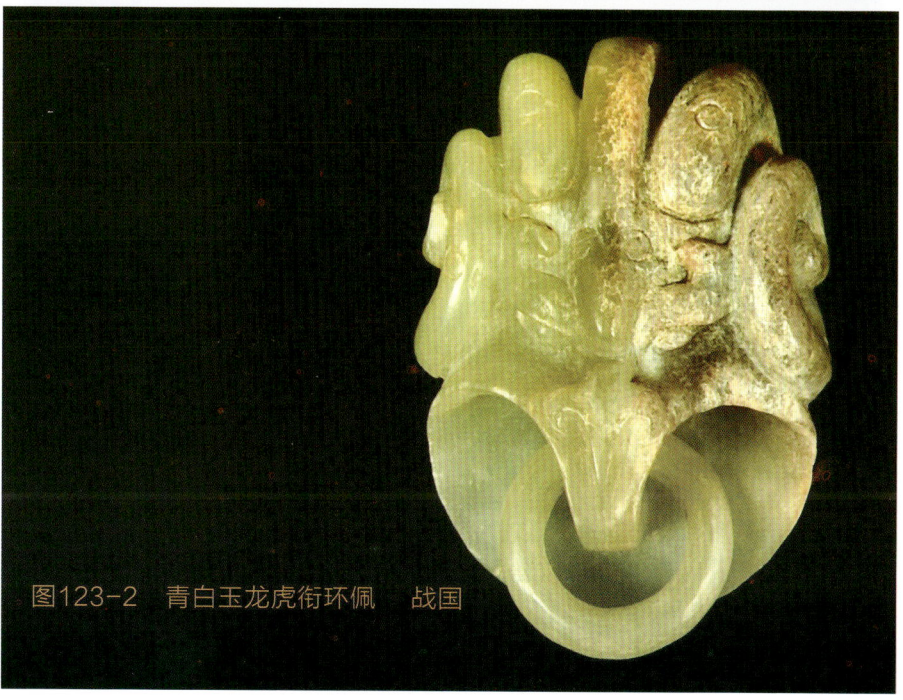

图123-2 青白玉龙虎衔环佩 战国

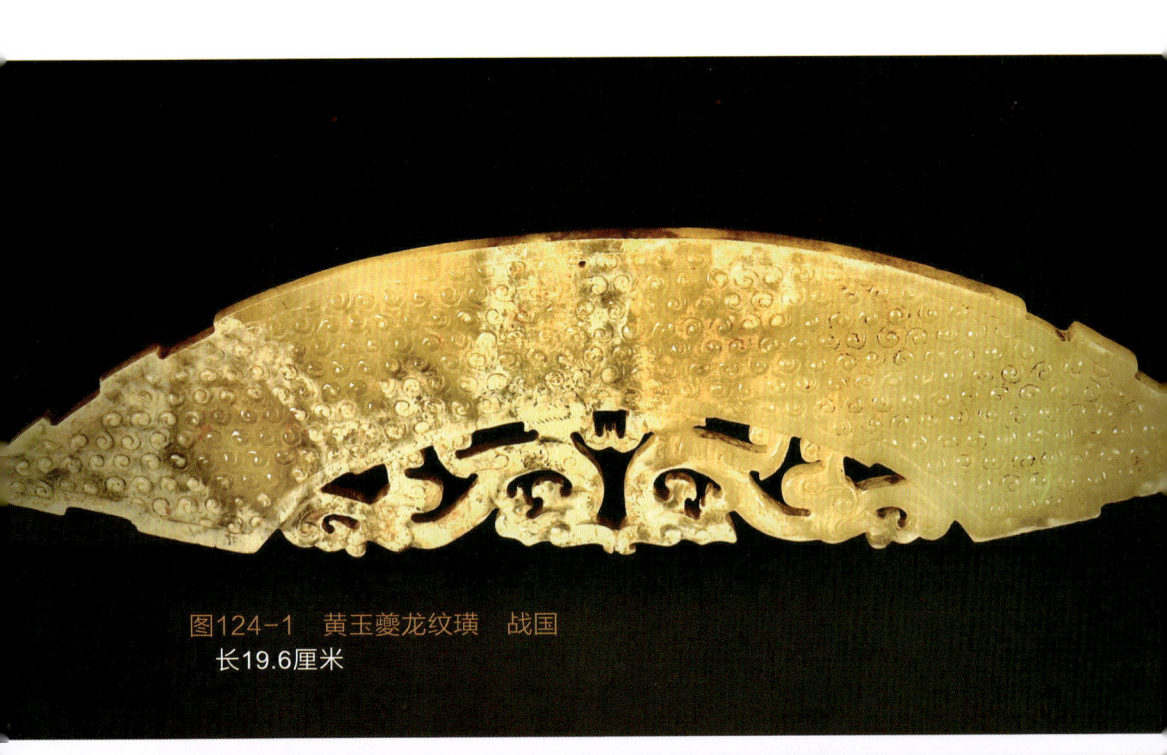

图124-1　黄玉夔龙纹璜　战国
长19.6厘米

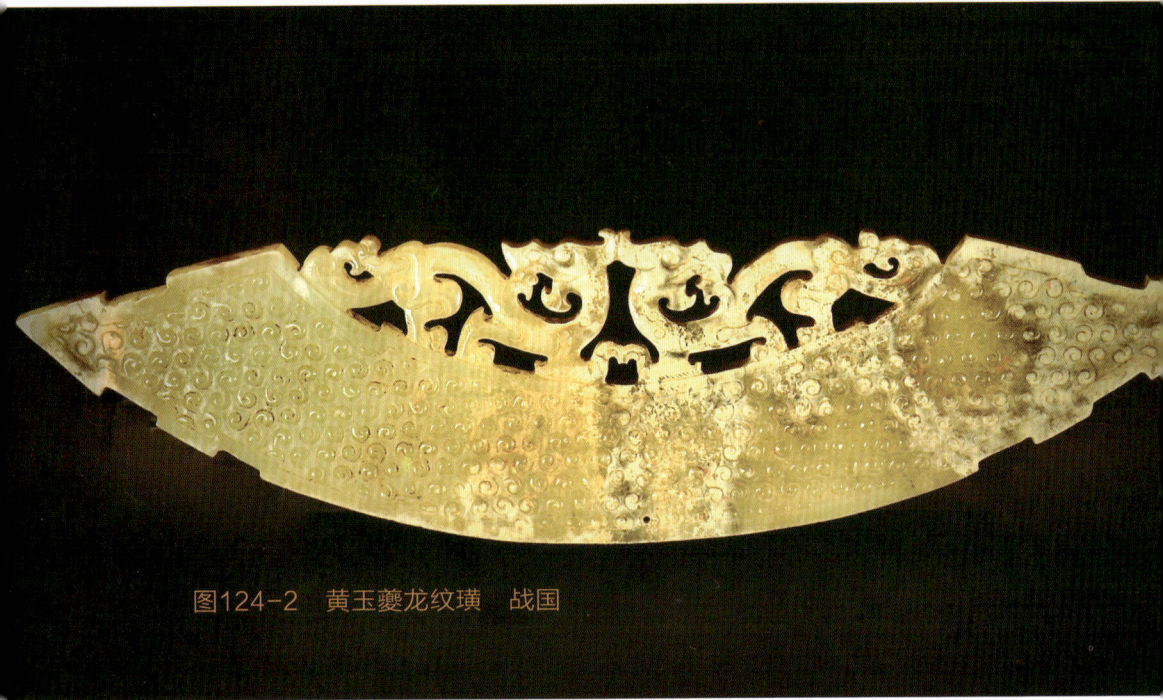

图124-2　黄玉夔龙纹璜　战国

30. 白玉韘（图125）

整体呈椭圆指环形，头部为圆形，尾部楔形、边上有圆孔2个，韘内中空。在韘头部右前处和尾部左后部，各有外撇的扳手一个；前面浮雕饕餮纹一组，其他部位浮雕卷云纹。韘的背面，阴刻蟠螭纹。白玉籽料，玉质温润细腻，局部有金黄色沁。

玉韘原为射箭配饰，战国以前基本保留了原有的形态和功能。自汉代开始逐渐改变形态，基本丧失了实用功能，只作为配饰。此玉韘保留了战国时期风格，殊为难得。

图125　白玉韘　战国
长3.9厘米

31. 白玉鹰式带钩（图126）

白玉，质地温润细腻，包浆浑厚。形如苍鹰，羽翼丰满，侧视呈扁S形：鹰首回转作为钩头，圆眼，勾喙。鹰身作为钩体，双翅张开，阴刻排列整齐的翎羽纹。胸部刻有变形云纹，中前端雕刻矛形纹，短圆尾。背面光素无纹，中间有一圆形钩柄。

带钩，是古代贵族和文人武士所系腰带的挂钩，亦称"犀比"，多用青铜铸造，也有用黄金、白银、铁、玉等材料制成的。带钩起源于西周，战国至秦汉广为流行。带钩是身份象征，带钩所用的材质、制作精细程度、造型纹饰以及大小都是判断带钩价值的标准。传世的汉代玉带钩较多，但战国末期鹰式玉带钩则十分罕见。

32. 青玉龙形佩（图127）

龙身蟠卷，首尾相交，双面雕刻：龙口似斧，水滴眼，弯角，胡须如缕。身如宽带，浮雕卷云纹和小花纹。龙尾似剪，上雕鱼尾细纹。龙脊中间有一镂孔，可作系戴。和田青玉，质地致密，包浆熟旧。扁圆形团龙佩是战汉时期玉器的经典器形，是王公贵族的专享之物。

33. 黄玉龙形佩（图128）

玉佩呈S形，线条优美，气韵贯通。口鼻棱角分明、上翻，水滴眼，龙须飘逸外卷。龙角反转，头后拖分叉长角。身形由内向外弯卷，龙尾平直。龙身浮雕谷纹，颗粒饱满。整体切片犀利，打磨精细，边缘看似如锋，手抚实则细滑。和田黄玉，玉质莹润通透，精光内蕴，包浆浑厚。局部有铁沁。

S形龙佩是战汉玉器创新和流行的品种，是王公贵族佩戴之宝。通常战国玉龙纹饰较密、雕刻精细，汉代的纹饰相对简化，更加注重玉佩的气势。如江苏徐州狮子山汉代楚王墓出土的S形玉龙佩，即与此佩的形制、风格近似。此对龙形佩玉材名贵，形体较大，精美绝伦，实为战国晚期玉佩神品。

第五章　春秋战国玉器

图126-1　白玉鹰式带钩　战国
长5.3厘米

图126-2　白玉鹰式带钩　战国

图127 青玉龙形佩 战国
长7.2厘米

图128 黄玉龙形佩 战国
高12.8厘米

34. 青玉龙凤佩（图129）

这是典型的战国S形龙凤佩。器形以龙为主，龙大凤小，双面雕刻：一条张牙舞爪的夔龙回首张望，龙身蟠卷，线条流畅优美。在夔龙前肢下，有一只小巧的鸾凤屈绻于龙身之下，龙凤合体，龙上凤下。这种纹样的设计处理，充分展现了在玉器制作上的封建礼制威仪，不得僭越。龙身浮雕勾连鼓钉纹，显得非常充盈。和田白玉，受沁后玉色虽被灰皮覆盖，但瑕不掩瑜。

35. 白玉双人斧形佩（图130）

白玉籽料，色白质润，局部受沁。主体为斧形，上有圆环，斧身长条形，斧下部呈放射形外展，斧面阴刻勾云纹。斧体两面各有连体玉舞人一个，舞人发髻冲冠，牛角双耳，神情盎然地展臂抒袖，上下飘逸，翩翩起舞。战汉时期玉舞人较多，双人的较少。此佩将刀斧与舞女合体，借喻"府有佳人"，期盼歌舞升平、抱得美人归。

36. 白玉虎兽刀形佩（图131）

主体造型为弯刀形，刀面上浮雕云雷纹，上部有孔。刀把上镂雕一只绻身猛兽；护手处浮雕三角纹边饰；刀背与刀尖之间，镂雕猛虎一只，势如登山。刃有齿牙，刀尖似钩。以猛兽（龙、虎等）作为玉刀斧的配饰，在春秋战国时期盛行，尤以战国作品最为精致。白玉籽料，色白质润，如脂如蜡。局部有铁沁。此佩玉料上乘，雕工一流，实乃战国玉佩珍品。

37. 白玉玉组佩（图132）

和田白玉制作，一组五节：分别是一个双龙环形佩（雕刻勾连鼓钉纹）、两个夔龙勾形佩（雕刻谷纹）、长方形佩和条形佩各一个。前三节佩均以夔龙为主纹饰，后两节雕刻蒲纹。纹饰繁简相宜，是战国末期艺术珍品。

图129　青玉龙凤佩　战国
高12.1厘米

图130-1　白玉双人斧形佩　战国
高4.5厘米

图130-2　白玉双人斧形佩　战国

图131-1　白玉虎兽刀形佩　战国
长8.7厘米

图131-2　白玉虎兽刀形佩　战国

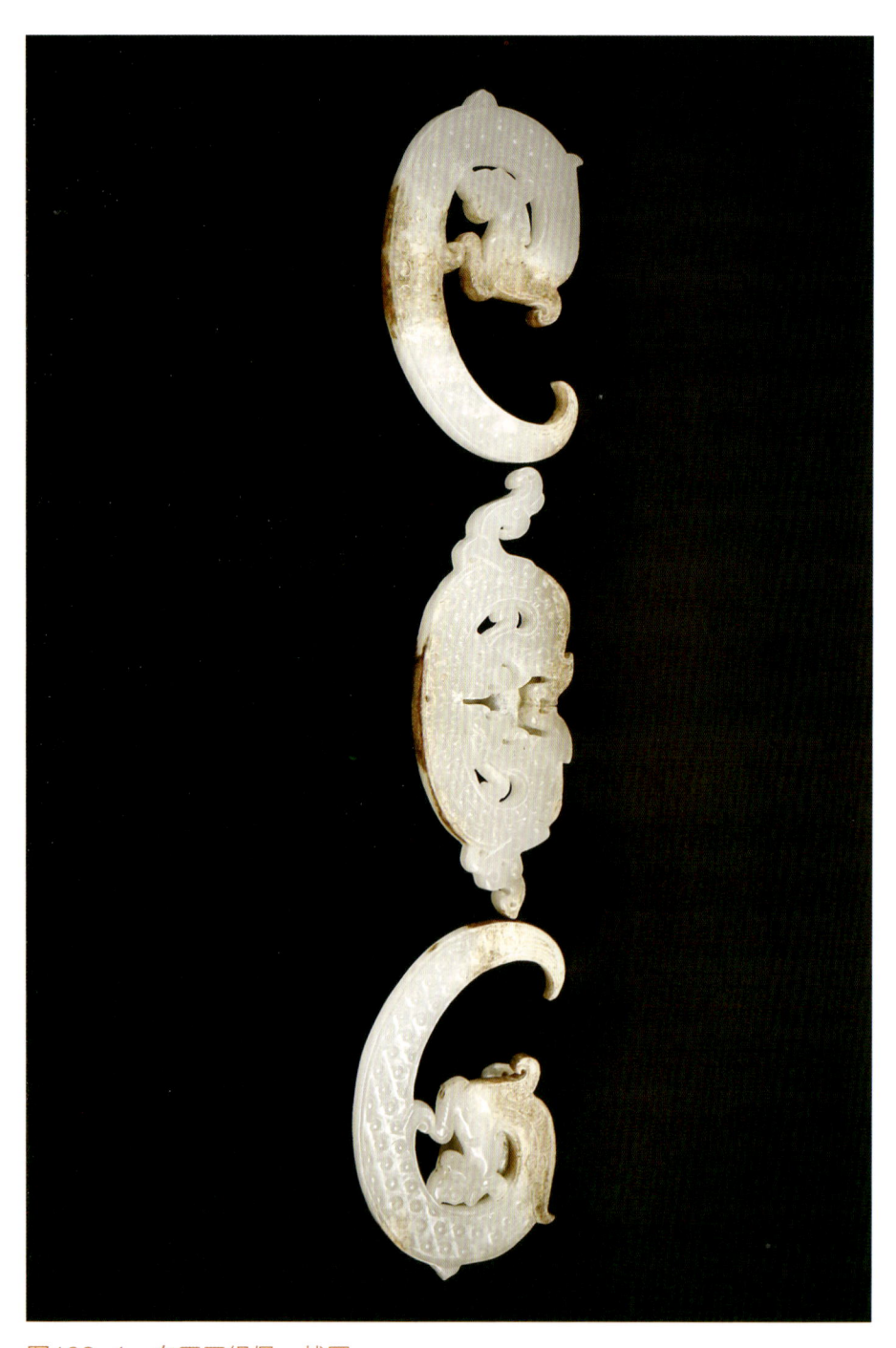

图132-1 白玉玉组佩 战国

第五章 春秋战国玉器

图132-2　白玉玉组佩　战国

图132-3　白玉玉组佩　战国

图132-4　白玉玉组佩　战国

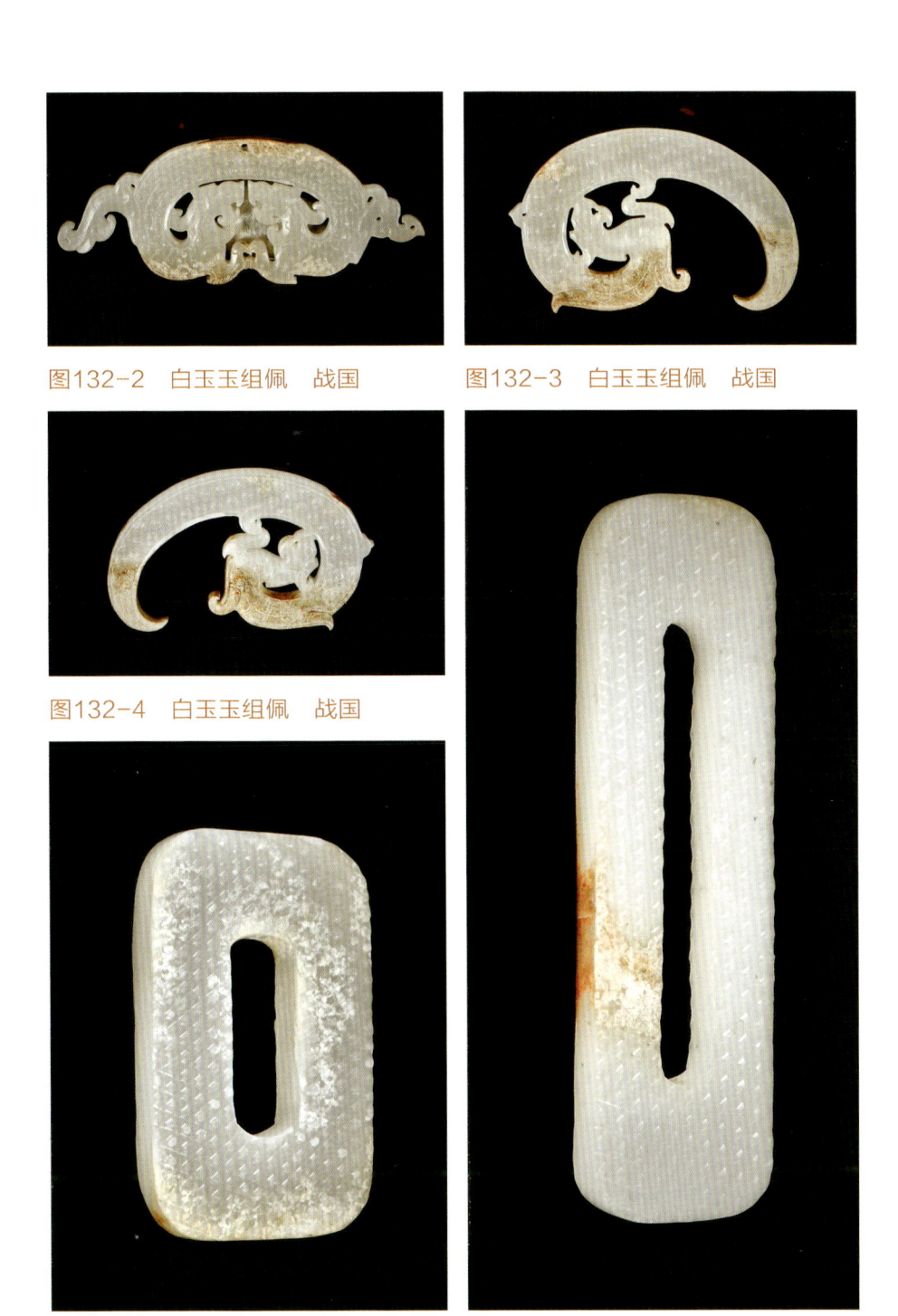

图132-5　白玉玉组佩　战国

图132-6　白玉玉组佩　战国

38. 白玉舞人佩（图133）

造型精美绝伦，主纹饰是一斧两人，双面雕刻：一把玉斧位居中间，斧上部雕刻为饕餮形，辅以如意纹；下半部是双凤合体纹，在几何形凤体上刻满细密的网格纹以表示翎羽。左右两个舞人相拥玉斧，舞人头戴如意形冠，身披长衫，一臂上扬、袖口为凤首，双凤抱璧。另一臂下甩、袖口为龙首。这种人龙、人凤合体的造型完美地体现了天人合一的奇思妙想，雕工精绝，出神入化，不愧为战国玉佩神品。

39. 黄玉犀虎形佩（图134）

和田黄玉，如犀似虎，身形硕壮，怒目前视，呲牙咧嘴，躬身翘尾，四足蹑地，蓄势待发，其形若扑，神猛生威。身上分别雕刻谷纹和卷云纹。此佩线条优美，纹饰疏密大气，显示了战国玉雕风范，具有王者至尊，存世极少。

40. 白玉勒（图135）

玉质温润，形如橄榄（枣核），中孔。上、中、下三组弦纹将玉勒分为双区，其间浮雕卷云纹和网格花纹，纹饰紧凑，疏密有致，小巧可人。

41. 青白玉龙凤组佩（图136）

青白玉色雅质润，玉佩一组四节呈异形：第一节（图136-1）为双折龙凤合体佩，斜扬向上的左为龙首、右为凤首，足爪简化，勾连谷纹；第二节（图136-3）、第三节（图136-5）均为折曲躬身龙佩、一大一小，龙身下部平折弯曲，上部引颈斜伸，龙首高扬；第四节（图136-7）亦为折曲直立龙形佩，颈首冲天，气势夺人。每节玉佩形体虽然不大，但是异形佩制作耗时费料，形态精巧，是难得一见的战国异形玉组佩。类似形制的玉佩，在江西汉代海昏侯墓葬玉器中仅有一节。

图133-1　白玉舞人佩　战国
高8.1厘米

图133-2　白玉舞人佩　战国

图133-3 白玉舞人佩 战国

图134-1 黄玉犀虎形佩 战国
长13.5厘米

图134-2 黄玉犀虎形佩 战国

第五章 春秋战国玉器

图135-1 白玉勒 战国
长4.6厘米

图135-2 白玉勒 战国

图136-1　青白玉龙凤组佩　战国

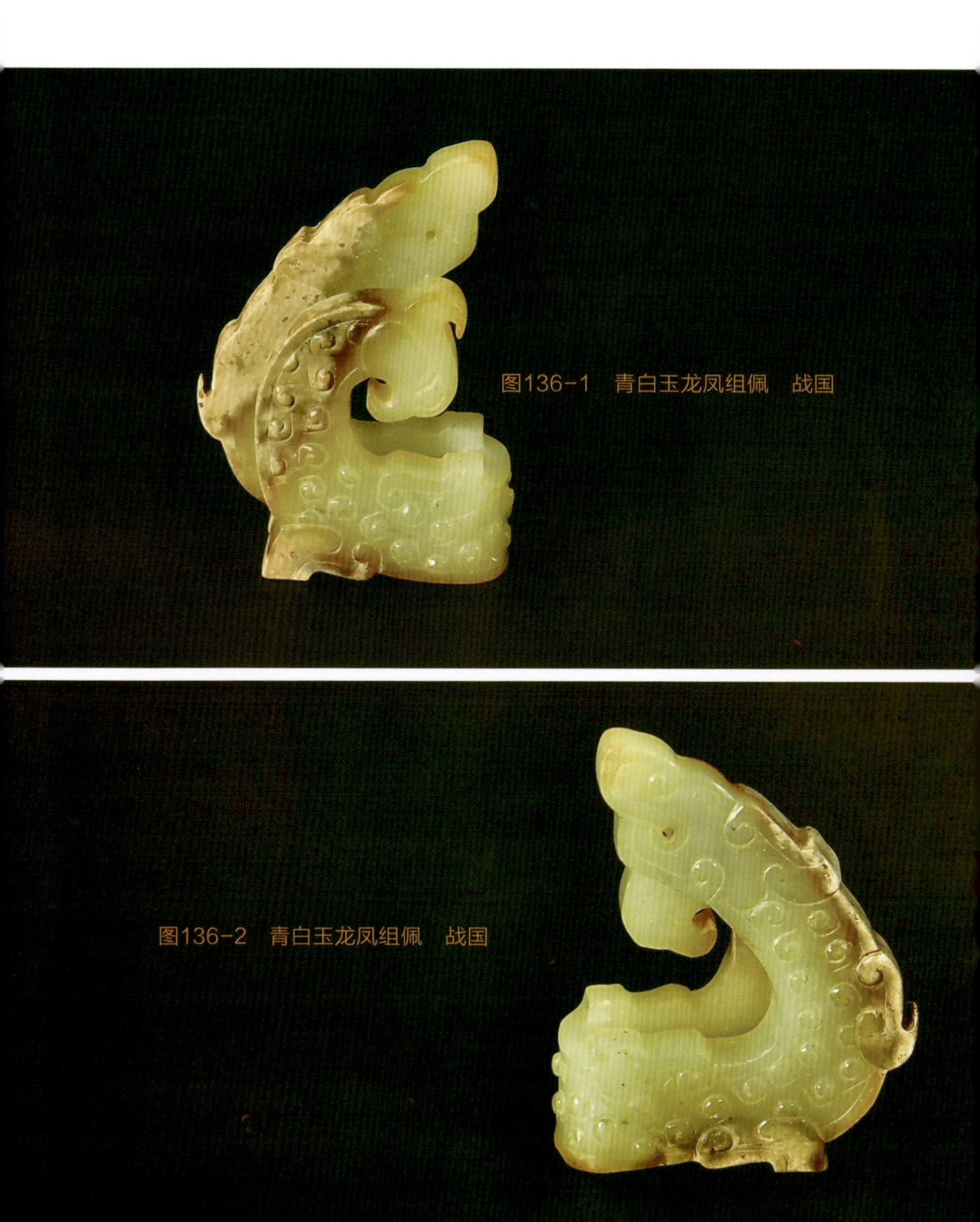

图136-2　青白玉龙凤组佩　战国

图136-3　青白玉龙凤组佩　战国

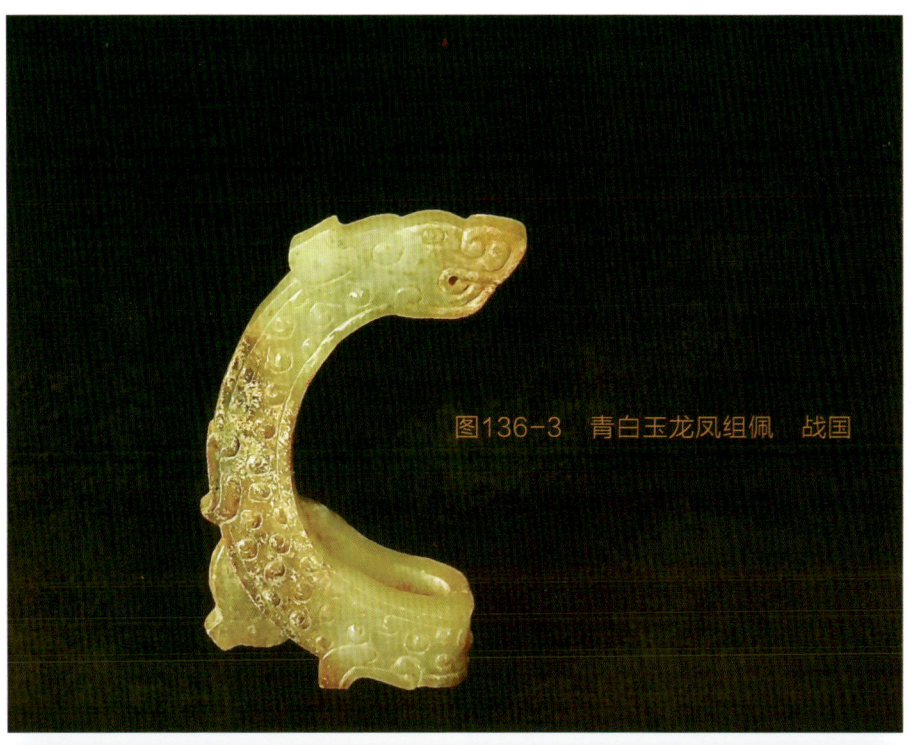

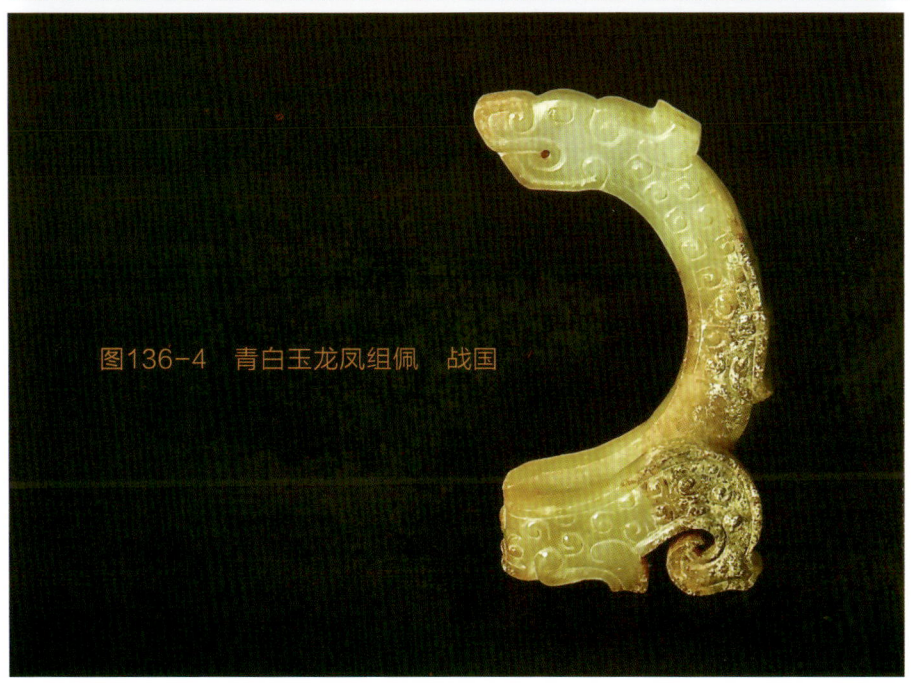

图136-4　青白玉龙凤组佩　战国

图136-5　青白玉龙凤组佩　战国

图136-6　青白玉龙凤组佩　战国

图136-7　青白玉龙凤组佩　战国

图136-8　青白玉龙凤组佩　战国

42. 白玉人龙合体佩（图137）

双面雕刻的人龙形神俱佳：主体为璧形，好中端坐东王公，华冠锦袍，双翅舒展，袍带飘逸，神情威严。两条夔龙攀附于玉肉之上，张口舞爪，威风凛凛。和田白玉，质地温润。此佩集阴刻、镂雕技法于一体，巧夺天工。

43. 黄玉羽人纹勒（图138）

黄玉籽料，扁圆体，中间穿孔，两面浮雕纹饰：一个羽人跪坐吹箫，周边腾龙浮云，一派仙境。对面的羽人盘坐，回首听箫，右手戏蛇，神兽簇拥，好不惬意。玉勒的上下两端浮雕卷云纹。战汉时期崇尚道教，人们期盼身后羽化成仙，梦幻重生。此勒形制独特，人物刻画生动虚无，实为佩玉之珍。

44. 白玉龙纹斧佩（图139）

白玉籽料如脂如银，绞丝双龙斧柄，斧上部浮雕卷云纹边饰，斧身舒展。淡黄沁和牛毛纹进入玉肌，平添了几分情趣。"府上有龙"玉佩是战国经典玉饰，多用和田白玉籽料雕制，玉质油润，佩戴古雅，赏心悦目。

45. 青白玉兽（图140）

和田青白玉，形象凶猛呈扑食状：张口咧牙，眉峰高卷，怒目圆瞪，四肢收缩待发，单尾长卷，四爪如钩。全身浮雕卷云纹，因表皮钙化更显古朴苍劲。战国时期在动物身上常雕卷云纹，意在表达神兽神力，造型极有张力，十分传神。

图137-1　白玉人龙合体佩　战国
高6.4厘米

图137-2　白玉人龙合体佩　战国

第五章 春秋战国玉器

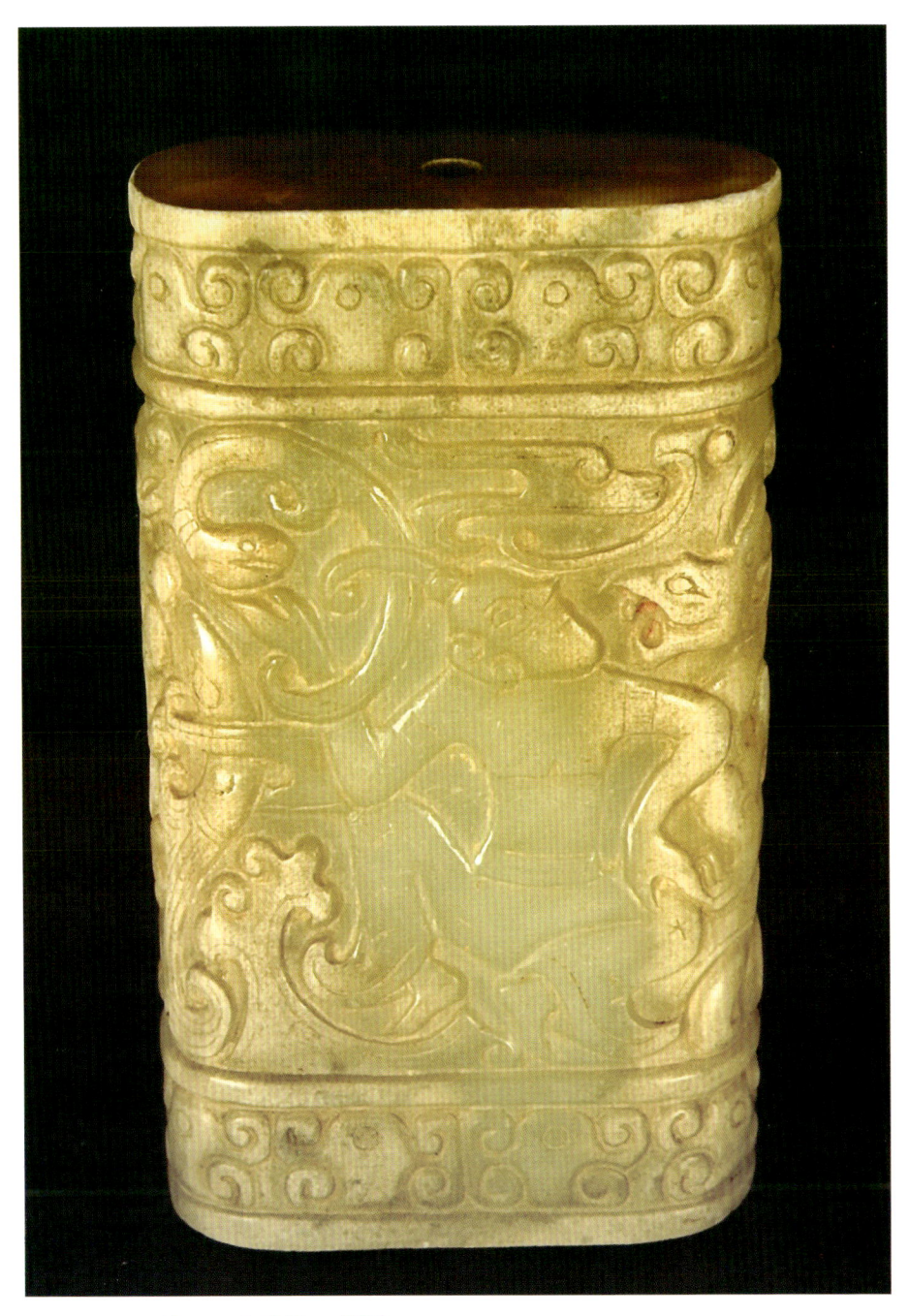

图138-1 黄玉羽人纹勒 战国
高7.2厘米

图138-2　黄玉羽人纹勒　战国

图138-3　黄玉羽人纹勒　战国

第五章 春秋战国玉器

图139-1 白玉龙纹斧佩 战国
高8.1厘米

图139-2 白玉龙纹斧佩 战国

图140-1　青白玉兽　战国
长8.4厘米

图140-2　青白玉兽　战国

46. 白玉兽鸟（图141）

造型生动，鸟身兽足。鸟首回望，短尖耳，长眉大眼，鸟喙回勾。兽脚匍伏。双翅并拢，前身刻鳞片纹，翅尾上卷、刻满卯头刀纹。后尾部浮雕大鳞片纹，两边雕齿牙纹，层次感增强。兽足抓地，鸟尾支撑。整体圆雕，刀法娴熟，层次分明，是战国晚期玉雕精品。

47. 白玉双龙斧形佩（图142）

玉质极佳，玉斧浅雕饕餮纹，生动威猛。两条夔龙背向攀附于斧尾之上，又是一个"府上有龙"形象，令人称奇。

图141　白玉兽鸟　战国
长7.7厘米

图142 白玉双龙斧形佩 战国
高5.4厘米

48. 白玉双兽佩（图143）

和田白玉，双身双兽、上小下大，或为母子：身体硕长呈匍伏状，双目圆睁，张口咧牙，卷耳。肌肉发达，身披双翅、刻长甲纹，卷尾。战汉时期双兽合体的圆雕玉器较多，皆选料优良，雕工精湛，栩栩如生。此佩即为一例。

49. 白玉虺纹铭文佩（图144）

取材和田白玉籽料，表面大部分受沁呈深红色，如同红玉，美在天成。6条虺蛇双面缠卷呈结形，虺蛇鳞甲细密，满及全身。佩中的圆芯上，正反两面分别浮雕铭文"必""信"二字，刀法遒劲。中国古话有云："言必信，行必果"。此佩不仅纹饰精妙，而且铭文有意，或是信物，或另有寓意，妙不可言，无与伦比。从虺蛇头部造型看，已显现汉初螭龙风格，故其制作时间应为战国晚期。

50. 白玉觿（图145）

白玉籽料，色白质润。螭龙形，长管耳，水滴形大眼，口穿孔。圆身雕刻夔纹，尾部细尖。觿原为解绳扣的锥形器，最早出现于商代，先有骨质后有玉质，为祭祀或祈福所用的礼器，后又演变为随身配饰。玉觿盛行于战汉，自东汉逐渐消失。

51. 白玉鸟（图146）

白玉籽料圆雕，翅、尾部有斑斑绿色铜沁。线条柔美，娇俏可人：鸟身婀娜，伏卧于地，侧视呈S形曲线。眉峰圆凸，眼球凸出、眼梢修长，尖耳勾喙。曲颈，颈左伸出长曲翎毛。双翅交叉叠收于尾部，翅前浮雕细羽片纹，中部浮雕3叠短翅，后部雕出4根弧形长翅，下雕曲尾，鸟腹圆硕，双爪紧贴其上。此鸟形象神化，其雕刻的复杂精细程度高于一般玉鸟，应为贵族所佩之物，弥足珍贵。

图143-1　白玉双兽佩　战国
长9.1厘米

图143-2　白玉双兽佩　战国

图144-1 白玉虺纹铭文佩 战国 径6.2厘米

图144-2 白玉虺纹铭文佩 战国

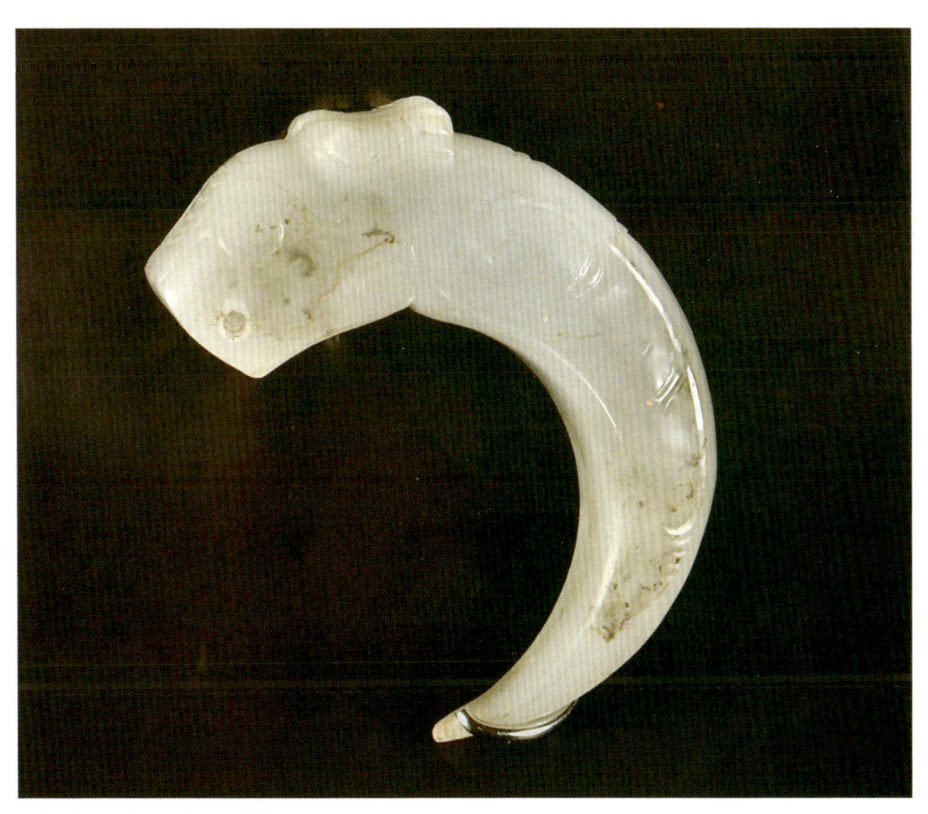

图145 白玉觿 战国 高6厘米

图146-1　白玉鸟　战国
长5.2厘米

图146-2　白玉鸟　战国

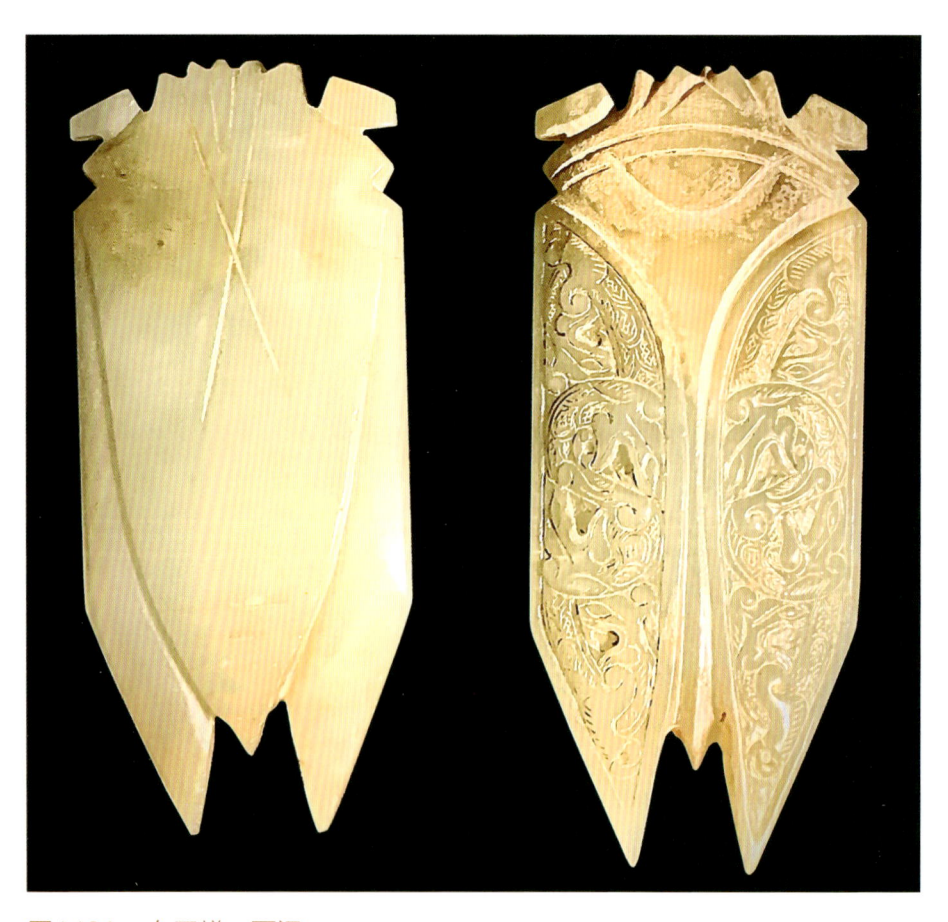

图146A　白玉蝉　西汉

高古玉收藏与鉴赏

石少华 ◎ 著

下册

学苑出版社

第六章 汉代玉器

汉代（前202年-220年），分为西汉、东汉两个时期，共历时407年。在玉文化的发展与演变过程中，汉代是中国玉器发展的第二个高峰。中国高古玉的巅峰是两汉，两汉又以西汉为最，其制玉水平登峰造极、空前绝后。汉代玉器的艺术水准之高，历来为世人所公认，汉代玉器卓越的艺术成就，获得了全世界的广泛认同。几乎所有的资深收藏家和世界级博物馆均被汉代玉器的极致艺术风范所折服，继而对汉代玉器情有独钟、珍若拱璧。

汉代制玉水平之高，远超今人所料。汉代玉器虽无原始玉器的粗犷，也不及乾隆玉器的细腻，但汉代玉器的精美绝伦和艺术内涵，却是其他历史时期玉器无法媲美的。乃致世界艺术品收藏界，讲玉器必言中国，言中国必称两汉。

一
汉代制玉业高度发达的背景

汉代玉器成为中国玉器发展史中的第二个高峰，绝非偶然。纵观先秦时期的中国玉器，如果说商周玉器以纹饰取胜，而战国玉器以造型取胜，那么汉代玉器则是以气势取胜。汉代玉器一方面很好地继承了传统制玉精益求精的极致美学思想，一方面又独辟蹊径地去除繁琐细节，大气磅礴，恢宏壮阔，最终以王者之尊独步天下，从而奠定了中国玉文化的基本格局。

（一）国力强盛推动玉器发展

汉代是继秦朝之后的第二个大一统的封建王朝。在中华文明的发展进程中，汉朝的历史地位至关重要，不仅奠定了华夏民族的疆域版图，而且确立了我国古代社会的主体思想文化，汉朝的政治体制、人文艺术、意识形态都对后世产生了极其深远的影响。如今人们所说的"汉族""汉字""汉语"皆源于汉代。正是在这样的历史背景下，汉代玉器开创出蔚为大观的鼎盛局面，异彩纷呈，将中国玉器的发展推向了难以逾越的高峰。

汉代早期玉器继承了战国玉器的风格，以广州南越王墓玉器为代表的汉初玉器，多与战国玉器形制高度相似。随着汉代社会思想文化的不断发展，汉代玉器在继承了战国制玉精华的同时，又融合了自己的时代特色，以"汉八刀"玉蝉（图146A）、玉握猪、玉翁仲为代表的汉代玉器，刀法简洁明快，极具时代特征，其高度概括又充满张力的艺术风格，对之后中国玉器的发展影响深远。

在汉武帝刘彻时期，大败匈奴、开拓西域、平定三越、征讨西南夷，开创了"北绝大漠、西逾葱岭、东越朝鲜、南至大海"的广袤国土。辽阔的疆域一方面促进了文化艺术的交流，一方面增加了玉石资源的供给。张骞出使西域，开拓了古丝绸之路，从此新疆和田玉料得以大量进入内地，从根本上推动了汉代玉器的发展。

（二）社会风尚促进玉器发展

汉代总体上是一个国力强盛、经济繁荣、文化发达的时代。无论是西汉初期的文景之治，还是东汉初期的光武中兴，汉代社会的黄老学说和道教文化非常流行，在汉代独特的思想文化和社会风尚的驱动下，诸侯贵族"视死如生"的厚葬之风盛行，这就导致大量珍贵的随葬品应运而生，其中包括大量的随葬玉器，而葬玉的盛行推动了汉代玉器的发展。

（三）思想文化影响玉器发展

汉代是中国封建社会的形成和发展时期，最终儒家思想在百家争鸣中占据了主导地位，从汉武帝时期"罢黜百家，独尊儒术"开始，中国社会的主流文化思想得以确立。而儒家思想对玉文化的高度认同，直接促进了汉代玉器的蓬勃发展，"君子比德于玉""君子无故，玉不去身"等一系列丰富的儒家文化思想使玉器除了继续承载着祭祀天地的功能外，又成为一种具有社会道德含义的重要物质载体。玉器成为当时人们的身份、地位、财富和权势的象征。

二 汉代玉器工艺

（一）汉代玉材

两汉时期，社会安定繁荣，是社会经济发展的重要时期，长达400余年相对稳定的政治局面给玉器的繁荣发展创造了必要的条件。玉文化高度发达，汉代玉材如同其表现的玉文化一样，在以和田玉为主的格局下呈现出多种玉材并举的状况。西汉初张骞出使西域，东汉班超出任西域都护，开通了与西域文化交流的通道，使新疆的优质玉料大量运往内地，和田玉正式成为中国用玉的主流。而汉代以前和田玉，尤其是和田羊脂白玉的使用是不多见的。

汉代玉器的原料主要为新疆和田原产玉中的羊脂白玉、白玉、黄玉、青白玉、青玉以及玛纳斯碧玉和少量的岫岩玉、蓝田玉、水晶、玉髓、玛瑙等。和田玉料主要来源于玉龙喀什河，几乎都是籽料，其时山料因不具备条件而尚未开采。汉代玉材以和田玉为主，汉代是我国高古玉中使用和田玉材最多、质量最好的朝代，尤其是西汉。优质玉材的大量使用，为汉代玉器的繁荣发展提供了坚实的物质基础。

使用玉材的优劣，常受一个朝代、一个时期的综合国力盛衰的制约。西汉早中期多用和田优质玉材，至西汉末年到东汉时期，因连年征战，国力耗尽，逐渐用不起和田玉材。然而厚葬之风不减，于是出现"以石代玉"的现象。如陕西地区就出土了大量的用汉白石制作的汉代祭祀用玉，这是因为玉石的开采成本和加工成本都较高，逐渐衰落的国力无法支撑繁多的祭祀活动所需要的大量玉器，遂用易取得、易加工的汉白石代替玉材，是国力渐弱的侧面反映。

（二）汉代玉器工艺特点

汉代玉器最大的工艺特点，是因铁质工具的普遍使用而产生的时代特点。

战国中期以后，铁器遍及七国，并应用到社会生产和生活的各个方面。西汉时期，应用铁器的地域更为辽阔，政府在全国设铁官49处，铁器种类、数量明显增加，质量也有提高。东汉时铁器在社会生产和生活中最终取代了青铜器。从铁器的发展史来看，春秋战国时期，制玉工具可能还处于铜工具和铁工具并用的时期，至汉代铁工具最终取代了青铜工具。相对于铜制工具，铁质工具主要的优点是具有更高的硬度和更好的韧性。而汉代玉器能够取得如此之高的艺术成就，与铁质工具的使用有着密切关系。铁的韧性高，拥有良好的锻造性能，可以打制各种形状的工具，比青铜工具在形制上和耐磨性上前进了一大步，尤其是锻造用来掖、撞、勾、撤等的小工具。这些工具用铁打造既耐用，又没有脆性。锻铁加碳成钢后硬度增大，能制成细长又硬的钢梃，可用于打长细孔，解决了较长的大、小孔眼的钻孔问题。

可以说，铁质工具的普遍使用对汉代的玉器工艺产生革命性的影响，其主要工艺特征如下：

1. 切割工艺

在开料成型过程中，使用铁丝线锯或直条锯，也用圆盘铡砣切割，均加水及解玉砂，使用的工具视玉匠习惯及玉料大小而定。锯或砣的边刃很薄，表明使用金属工具的锋利。如满城汉墓玉璧和玉衣片上的平直锯痕，锯缝一般宽0.1-0.15厘米，有的宽0.35厘米。

因为铁质工具硬度及韧性均较好于青铜工具，切割水平提高，所以这时器表已很少出现凹凸不平的现象，加之后期打磨精致，开料所留痕迹也很少见到，仅在一些葬玉及未完工的玉器中，会因打磨粗糙或尚未打磨而留下了痕迹。

2. 镶嵌工艺

战国以后，玉与其他材料结合的工艺有了很大提高，已经十分成熟和发达，不仅数量有所增加，质量、工艺难度都相当高。这是由于铁质工具的普遍使用，玉件的制作精度也达到较高的水平，为复杂的金玉镶嵌等创造了技术基础。如广东南越王墓出土的铜框镶玉卮就非常精美。

3. 活环套接工艺

活环掏雕是一种复杂高超的技术。商周青铜器中，活环者较多，但对于玉器的制作，这还是一个难度较大的工艺。至汉代，玉器的活环加工技术已不再是难题，故在器皿中、装饰题材中经常使用（图235-1）。如南越王墓出土的玉盒。

4. 钻孔工艺

汉代玉器的钻孔工艺十分成熟，钻杆式工具被应用于玉雕的许多方面。钻头普遍为铁制，较细长的玉管内孔也可打得很直。如果两面钻，有时也会出现台阶痕，只是外大里小的喇叭口形状已基本不见。相较于史前大多采用磨角为圆的方法制作玉璧外缘而言，汉代采用大口径金属管琢磨玉璧的外廓，使玉璧圆整了许多。如徐州狮子山楚王墓出土的玉璧。

5. 镂空工艺

春秋以后，镂空技术被大量的应用于玉器雕刻之中，战国时出现了一个小高潮，主要用于片状玉器的镂雕，同时也出现了少量立体镂雕作品，其工艺风格一直影响到汉魏时期。

镂空方式如前期一样主要还是先打轮廓线，再穿孔定位，然后加金属线锯拉切成各种形状，也有以钻孔组成镂雕的一部分。金属线状工具使用时，将线锯固定在弓形把手的两端，以手握弓把来回拉动，故常在切割面上留下细密的直线痕迹，即所谓的"拉丝切片"。一些打磨不十分精细的汉代剑饰，孔内常会留下一道道细密的直线痕，有时也会留下穿孔的痕迹。这一般是用锼弓子方法锼出的，是金属铁丝运用的结果，尖角利落。有时也会用一种较粗的金属条锉拉，这种工具也被称为"拉条"。

6. 雕刻工艺

汉代铁制砣具已经完全应用于玉雕的各个方面，如单阴线、双阴线、顶撞地纹等，使得这一时期阴刻、浮雕、镂雕、圆雕等纹饰加工工艺更加独到高超。

（1）圆雕。亦称立体雕，指可以多角度欣赏的三维立体雕塑。汉代以前的玉雕工艺大多是片雕，圆雕玉器较少。圆雕对玉料体量要求比较高，属于比较复杂的艺术形式，多数用于礼器和陈设器的制作。在内容取材上，动物、人物、植物题材都有，但圆雕以动物形最具代表性。在用料上，大多以和田玉为主体，其中一些精品甚至选用羊脂白玉来制作。在2016年4月香港邦瀚斯拍卖会上的《温玉物华——思源堂藏中国玉器》专场，就高价拍出了许多汉代圆雕动物形玉器。

汉代的圆雕人物和动物形玉器高度写实，造型准确，形神兼备，特别是在眼睛、胸腹、腿跨等部位的表现上，具有鲜明的时代特征（图228-1）：如眼眶常用斜刀技法雕琢，以将眼珠凸出；胸腹部饱满，雕出隆起肌肉；腿、跨轮廓以大斜刀勾勒，显现了较强的质感。动物的腮部、胸部、腿弯处体毛等细节多以大量整齐的平行短直阴线表示，这些短阴线皆由尖端刻具琢成，阴线边缘有毛茬，行内称"卯头刀"纹；其中细长而连贯者，即游丝毛雕，线纹纤毫毕现，飘逸连贯，富有张力。汉代圆雕动物形玉器的题材非常多，有马（图167-1）、羊（图147-1）、熊（图148-1）、牛（图173-1）、骆驼（图267-1）、猴（图169-1）、猪、象（图271）、螭（图206-1）、狮、虎（图164）、鸽（图149-1）、鹰、龟、蝉等。真正的汉代圆雕动物形玉器，尤其是玉雕辟邪（图228-1）等动物（图166-2、图174-1、图195-2、图196-2），可以说是代表了我国古代玉器制作的最高水平。正是因其艺术水平高超，雕琢精湛，用料考究，等级甚高，所以在拍卖场上最受追捧，收藏家趋之若鹜。

与前代相比，汉代圆雕类玉器有所增加，突出造型与玉质美，如汉代的玉人（图205-1）、玉天马（图167-2）、玉辟邪（图228-2）、玉熊（图148A-1）、玉兽（图237-1）等。许多器物身上大量装饰夔龙纹、云纹、卷云纹、谷纹、蒲纹、涡纹、乳钉纹等，均是先定位，再以阴线、浮雕或减地浮雕等工艺技法结合雕琢。

（2）浅浮雕。玉器大多以减地法制作，先做出纹饰，再去地使纹饰凸出，纹饰的整体高度一般不凸出于边框。此期玉器还有一种手工刻划的现象，尤其在战国、汉代（图144-1）玉器上的刻字及某些玉

第六章 汉代玉器

图147-1　青玉羊　汉代
长4厘米

图147-2　青玉羊　汉代

图147-3　青玉羊　汉代

图148-1　白玉熊　西汉
　长5.3厘米

图148-2　白玉熊　西汉

第六章 汉代玉器

图148A-1　白玉熊　西汉

图148A-2　白玉熊　西汉

第六章 汉代玉器

图149-1 白玉鸽 西汉
高4.7厘米

图149-2 白玉鸽 西汉

器的纹饰处理上可见。如某些玉璧、玉环外侧壁以及刚卯、严卯上的刻划文字等。这说明当时玉匠运用了一种比玉硬得多的工具，可能为刚玉或金刚石之类，字迹较浅。这种现象除表现在文字上以外，并不普遍。

（3）高浮雕。汉代开始大量采用。相比于浅浮雕，高浮雕的"地底"比浅浮雕更深，层次变化也更多一些。层次交叉丰富，立体感极强。如汉代白玉蟠螭纹璧（图197-1）就是例证。

（4）汉八刀。一种简练、粗放、对称的雕刻技法，此风格多以弧形坡面及直沟槽组成，以寥寥几刀刻画出玉器的形态。多用于玉蝉、玉猪、玉翁仲及一些夔龙、夔凤纹双区或三区玉璧的制作上，是一种斜砣方法的使用，又称大斜刀，砣锋犀利，一气呵成，几乎不见砣的连接痕迹，阴线底部也抛光锃亮，给人以刀片切的感觉，看起来十分简练和生动传神。

汉八刀是采用简练的线条进行刻画，运用推拓磨的雕琢技法，线条无丝毫崩裂状和刀痕之迹，刀法刚劲有力。"汉八刀"仅指汉代"葬玉"的做工，多见于玉蝉、玉猪、玉翁仲、玉舞人等陪葬品。汉代玉器的雕刻技法也日趋多样，精雕细琢的玉器屡见不鲜。镂雕更加普遍，使玉器更显立体感。汉代以简练的雕刻风格影响后代，这种表现技法常被人们称之为"汉八刀"，特别是以玉翁仲、玉蝉（图146A）、玉猪为代表，这是汉代玉器雕刻的一大特色。

汉代器物纹饰多用阴刻线，纹饰粗犷有力，器物棱角琢磨圆滑。大件工较粗，小件工较细，细线条的刻道有毛道和跳刀的痕迹，线条不甚连贯。穿孔器物的孔洞内壁大多不甚光滑，常有拉丝痕迹。

（5）游丝毛雕。游丝毛雕，一种以阴刻线刻画图案的技法（图198），这种阴刻线柔若游丝、细如毫发，故名游丝毛雕，与春秋战国时期的游丝描类似。这是细小勾砣工具运用熟练的结果，勾线流畅，走砣技法运用精到，使阴纹曲线很少有断砣或重复的现象。

粗线的线槽边沿规整，直线处不见崩口，仅在弯转之处偶见歧出线纹；为多条短凹槽连接而成的阴线痕迹，每道凹槽皆作两头尖浅、中间宽深的枣核形，故同条长线纹的宽窄略有不同，槽底为既相连接又大致等长弧形磨砂痕迹。这应由小型铁质勾砣以湿砂为介质砣出，制作时先碾出多条短断线，再于间隙处补砣，接短成长，从而形成了断续相连的形态。

细线的线槽边缘偶有锯齿状崩口，且出现不规则歧出的细毛刺；槽底深浅不一，有多道细丝状划痕。这应是使用的金刚石、玛瑙等较硬工具刻出后，再加以修磨而成。明代高濂《燕闲清赏笺》中说："汉人琢磨，妙在双钩，碾法宛转流动，细入秋毫，更无疏密不匀交接断续，俨若游丝白描，毫无滞迹"。

（6）镂雕。亦称透雕（图201-1），严守"阴线起稿-打孔定位-拉镂成形"的工艺步骤。由于拉丝工具带动潮湿解玉砂进行作业，在镂空截面上会出现纵向拉丝痕迹，如果后期未经仔细打磨，痕迹会出现如细波浪般的视觉效果；如果精心打磨，则不甚明显。汉代不打多余的孔，一般将圆孔融入造型之中，这与战国镂雕有所区别。战国有一部分打孔于镂空边缘，汉代不再出现。现今称汉代镂雕特征为"镂空边缘无直线，钻孔融入造型中"。

7. 抛光工艺

战国中后期（图131-1）至西汉早期，玉器的抛光达到了十分精美的程度，尤其表现在王侯生前使用的玉器上，有些玉器几乎达到了玻璃光（图150-1、图236-3）的效果。如徐州狮子山楚王墓出土的白玉龙形佩。但在一些葬玉上，常有未作抛光或抛光粗糙的玉器。

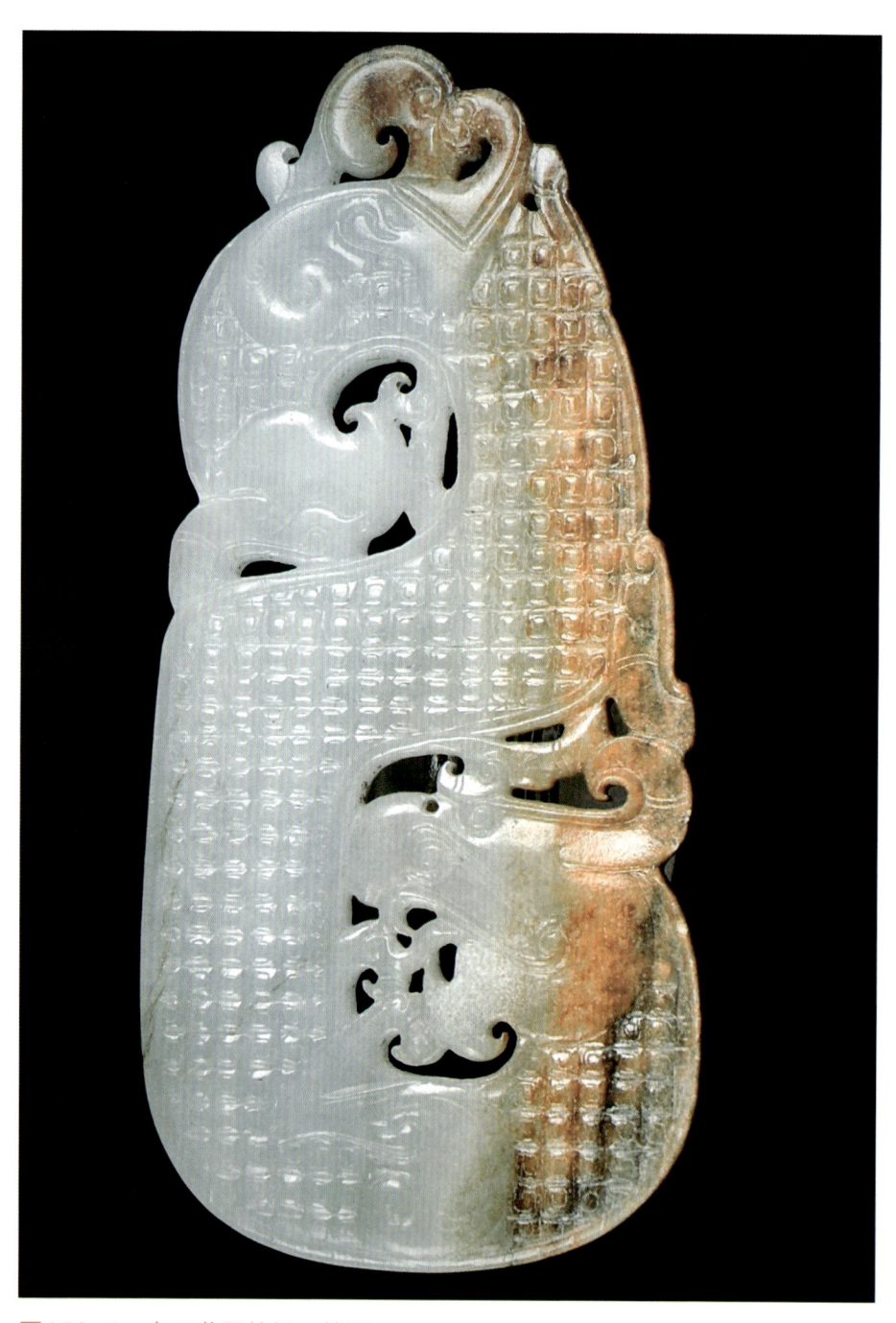

图150-1 白玉龙凤纹佩 战国
高12.1厘米

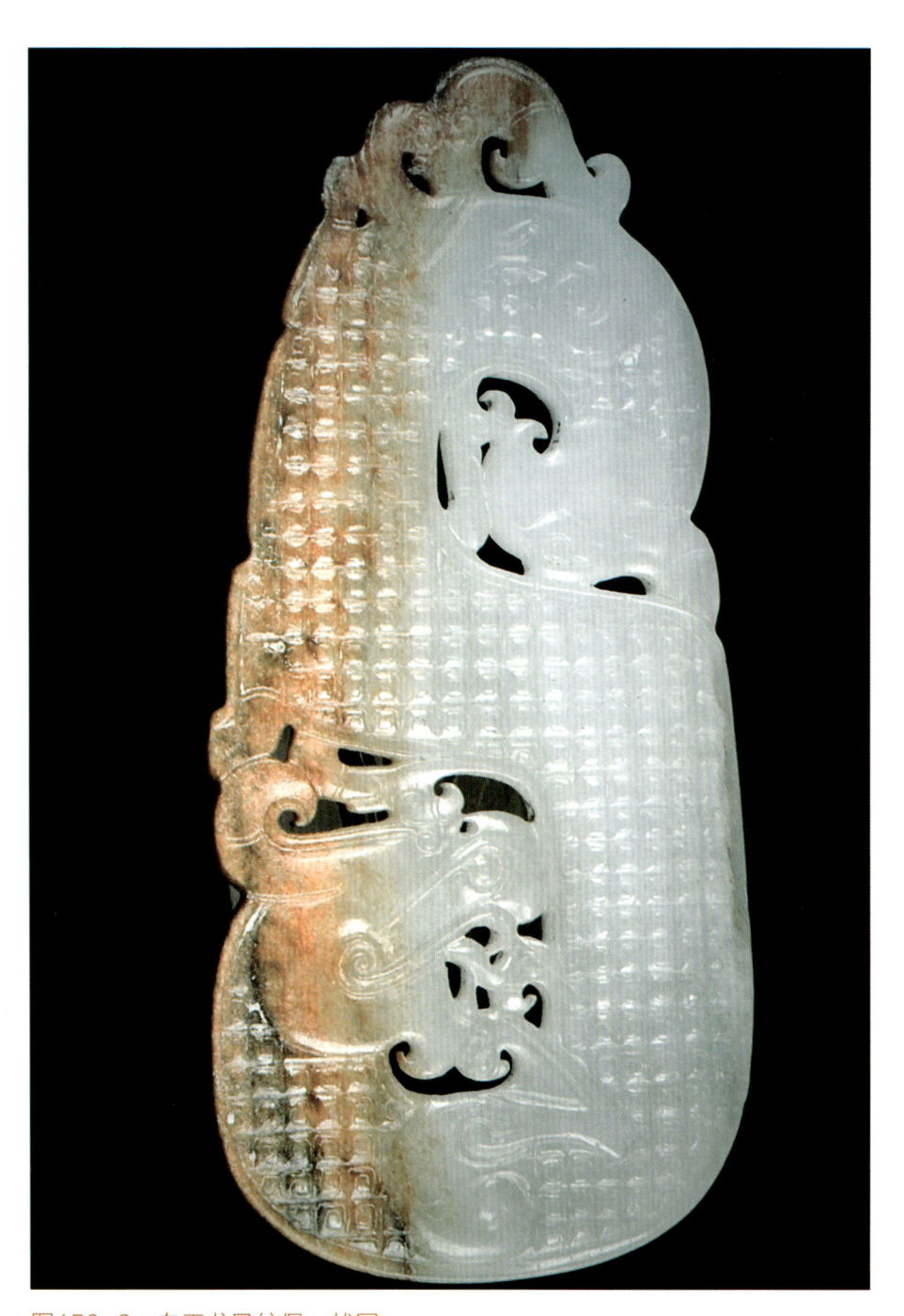

图150-2　白玉龙凤纹佩　战国

三 汉代玉器造型

汉代玉器造型丰富多样，出现了一些创新器型。汉代玉器可分为礼玉、葬玉、饰玉和陈设玉四大类。其中最能体现汉代玉器特色和制玉工艺水平的，是葬玉、饰玉和陈设玉。

（一）礼玉

礼玉主要包括玉圭、玉璧等礼仪用玉。汉代用于礼仪的玉器，从文献记载和考古资料考察，与先秦时期有所不同。《周礼·春官·大宗伯》所载用于"礼天地四方"的璧、琮、圭、璋、琥、璜（六器），都属礼仪用玉。

汉代只有璧和圭仍然作为礼仪上使用的玉器。玉璧在汉墓中出土很多，玉圭则从西汉中期以后逐渐消失。汉代玉璧的纹样，除了传统的蒲纹和谷纹（图151-1）外，还流行着在蒲纹或谷纹的外面加饰一周兽纹或鸟纹。如南越王墓出土的一件玉璧，在谷纹的内外各有一周线刻兽纹带，直径达33.4厘米，实为罕见。此外，还有一些玉璧，在周缘之外另加一组或几组透雕动物纹，如满城汉墓出土的1件谷纹璧，外缘有透雕双龙卷云纹附饰，纹样优美生动，是汉代玉璧珍品。东汉时期的这类玉璧，有的在透雕动物纹附饰中还出现"长乐""宜子孙"（图187-1）等透雕字样。这种外缘附加透雕纹饰的玉璧（出廓璧），除作为礼仪用玉外，还能起着装饰的作用，其中镂刻吉语铭文的小型玉璧，还可能用作佩玉。这说明汉代玉璧，在造型、纹饰和功用等方面较先秦时期有了较大的发展。"六器"中的琥和璜，汉代虽然还存在，但已作为装饰佩玉。

第六章 汉代玉器

图151 白玉璧 西汉
径6厘米

图152-1 青白玉铺首螭纹璧 西汉
高9.2厘米

图152-2　青白玉铺首螭纹璧　西汉

璋和琮，在汉代可能已不再制造和使用，绝少发现。汉墓中偶然出土的玉琮，也是利用旧玉改制成具有其他用途的玉器，如满城汉墓出土的一件玉琮，已被改作九窍塞之一的生殖器罩盒。再如江苏省涟水汉墓所出的玉琮，上有鎏金的银盖，下有由4只展翅银鹰托着的鎏金银底座，已是一件精美的工艺品。汉代常见的礼玉有：

玉璧。中央有穿孔的扁平状圆形玉器，包括出廓璧（图152-1）。

玉圭。古代帝王、诸侯朝聘、祭祀、丧葬时所用的玉制礼器。

玉璜。弧形片状的玉器。

玉剑饰。佩剑上的装饰，又分为剑首、剑格、剑璏、剑珌四种。

玉玺印。不仅是身份、职位的凭证，更是权力地位的象征。汉代玉印有官印（图1-1）和私印之分。

玉鸡心佩。亦称韘形佩、玉韘，多作椭圆形，上端出尖，中有一圆孔，近似于鸡心或盾牌的形状，外廓雕刻纹饰（图153）；韘身两面有雕刻纹饰的，也有光素无纹的。

玉杯。饮酒器，以玉雕琢而成的长筒型容器，纹饰华丽，多饰以乳钉纹，如广西贵县出土的玉杯，亦有少数光素无纹的。

玉铺首。守卫汉代帝王陵墓墓门的神兽。

玉觿。一种微曲的锥形器，最初它是随身携带用以解结的工具，后来成为佩饰，表示成人的象征。

玉管型饰。多作束腰，上饰云纹、鼓钉纹等，中有孔供穿系，当为佩饰。

玉佩。形式多样，包括玉龙形佩（图154-1）、玉凤形佩（图220-1）、玉龙凤佩（图183）、玉人形佩。玉龙纹佩（图224-1），多为片状回首盘曲形。玉凤纹佩，以玉雕琢而成的凤鸟佩饰。玉人形佩（图157），常见的有玉舞人、玉跪人等。汉代圆雕玉人（图175-1）不是佩戴的，而是陈设器，极为罕有。西汉有一种蝴蝶形玉佩（图155），珍稀难得。

第六章　汉代玉器

图153　白玉韘　西汉
高4.7厘米

图154-1　白玉龙形佩　西汉
长5厘米

图154-2　白玉龙形佩　西汉

图155　白玉蝴蝶形佩　西汉
高8.2厘米

汉代玉器上龙的造型变化较大，在高古玉龙纹中是最多、最威猛的。尤以螭龙较多，另有夔龙、蟠虺、双身龙、变形龙（图158-2）等，可谓形态各异、变化万千。

（1）螭龙。亦称螭虎，汉代螭龙多雕于玉剑饰、玉佩、玉带钩、玉璧等玉器上，常以剔地、浮雕甚至圆雕的技法雕琢，与战国螭龙相比，汉代螭龙（图197-1）有所不同：形如走兽，双耳下垂、眉毛上扬，眼眶内侧眼珠周边斜削，或用管钻套打，强化立体感；鼻梁中间眼下方有一道横向凹槽，以分割颧、腮；肩与头的交接处呈斜坡状，使双肩突出；背部刻有脊线直到尾部，四足分布于躯干两侧，并作爬行状；多分叉外卷的绞丝尾。东汉螭龙与西汉螭龙的变化，在于绞丝尾减少，眼珠较西汉更加下垂。

（2）蛇形龙。汉代玉器的蛇形龙多见于单独成器的玉环、玉带钩、玉佩（图188）等。

（3）双身龙。汉代双身龙常刻饰于分区的大玉璧之上，尤以大尺寸分区青玉璧上最为常见。

（4）夔龙（图247）、变形龙（图208-3）。这种龙的造型多见于玉组佩组件的玉环上。

玉刚卯。一般与玉严卯成对，形制相同，长方体，中有孔，可穿绳佩挂，器面刻吉祥语句，用以驱邪，是古人的护身符。

玉兵器。为具有象征意义的礼仪用玉，常见形式有玉戈、玉刀等。

玉鸟兽。为玉圆雕的生肖物，有玉熊、玉马、玉鹰、玉兽（图156）等。

玉带钩。具有扣拢腰带的作用，以玉为之则彰显出佩戴者身份的尊贵。

玉工字佩。形若工字型，整体扁平，腰部内凹。

第六章 汉代玉器

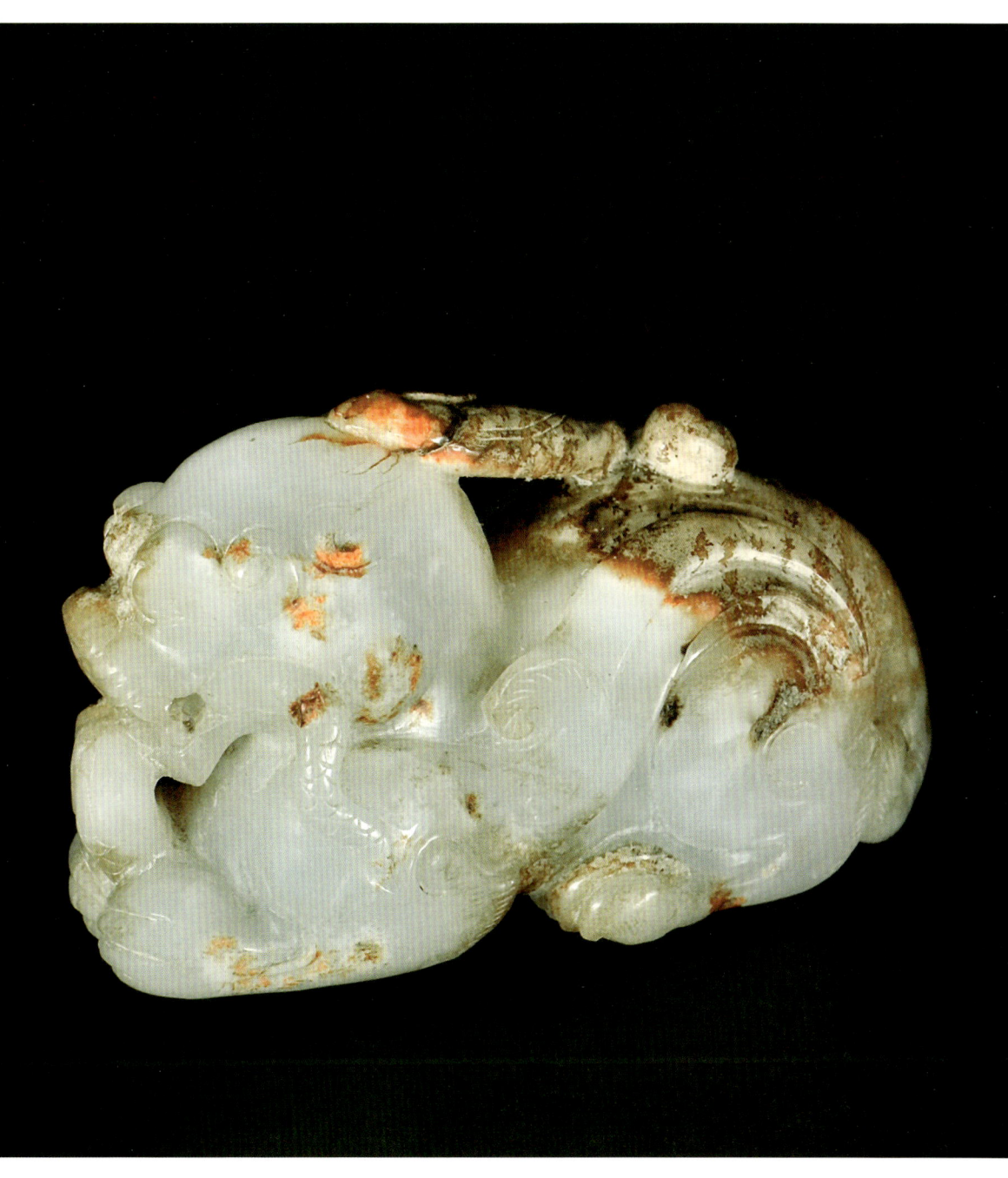

图156 白玉兽 西汉
长6.6厘米

图156A-1　白玉镂雕龙凤云纹环　西汉

第六章 汉代玉器

图156A-2 白玉镂雕龙凤云纹环 西汉

（二）葬玉

汉代人认为玉石能使尸骨不朽，用于丧葬的玉器在汉玉中占有重要的地位。葬玉主要有玉衣、玉九窍塞、玉琀和握玉。

1. 玉衣

玉衣又称"玉柙"或"玉匣"，用四角穿有小孔的玉片并以金丝、银丝、铜丝或丝缕连缀而制成的。玉衣是汉代皇帝和高级贵族死时穿用的殓服，外观和人体形状相同。完整的玉衣由头罩、上衣、裤筒、手套和鞋5部分组成，每部分都由许多小玉片编成。根据等级的不同，用于编缀玉片的分别为金缕、银缕或铜缕，个别还有用鎏金铜缕或丝缕编连的。满城汉墓所出的2套金缕玉衣，是考古发掘中第一次发现的保存完整的汉代玉衣。金缕玉衣体积大，结构复杂，经过精心设计制成，是汉代制玉工艺高度发展的产物。

2. 玉塞

玉九窍塞是作为填塞或遮盖耳、目、口、鼻、肛门和生殖器等九窍用的，这些玉制品皆为素面。

3. 玉琀

玉琀亦称"含玉"，古人多以玉蝉作琀，寓意为祈求长生。玉琀一般作蝉形，置于死者口中。

4. 玉握

死者手中握着的器物，古人认为死时不能空手而去，要握着财富和权力。汉代多为玉猪握于死者手中，在西汉中期以前多作璜形，系用玉璧改制而成；西汉中期以后，逐渐流行为玉猪。死者手握玉猪的习俗，在东汉和魏晋南北朝也很流行。玉猪的造型变化不大，刻纹也都比较简单。此外，葬以玉衣的死者，其胸背往往铺垫许多玉璧。这些玉璧也应属于丧葬用玉。

5. 镶玉棺

满城汉墓所出的漆棺，棺的外壁镶嵌26块玉璧，内壁镶满玉版。这种内外镶玉的漆棺虽然很少发现，但也说明玉在汉代丧葬习俗中所占的重要地位。

（三）饰玉

饰玉主要是指佩戴装饰用玉，包括璧、璜、珠等串饰串连组成的玉组佩（图158A），还有各种心形玉佩（图208-3）、玉舞人佩（图23）、翁仲（图192-1）、玉簪、玉带钩、玉剑饰，以及挂在腰带上的玉印和玉刚卯等精美配饰。饰玉可分为人身玉饰和器物玉饰两大类。

1. 人身佩玉

人身上的玉饰主要是佩玉，计有璧（图151、图180-1、图186-1）、牌（图160-2）、佩（图158-1、图179-1、图257）、璜、环、琥、龙凤、玉舞人（图176-1）和护心镜（图239-1）等，还有商周以来用于解结的觽和射箭时钩弦用的韘，到汉代也演变为装饰性佩玉（图245-1）。玉环（图156A-1）的纹饰优美多样，在佩玉中占有重要的地位。如南越王墓出土的透雕龙凤纹玉环，线条流畅，纹样优美，工艺水平很高。玉舞人多数为片玉雕刻（图157），以阴线刻划细部，也有少量圆雕玉舞人（图209-1、图268-1）和玉人（图210-1）。此外，束发用的玉笄，有的透雕凤鸟卷云纹，亦属随身装饰品。

汉代玉牌多且精美，独树一帜。玉牌是玉佩的一种，以圆形（图

图157　白玉舞人佩　西汉
高5厘米

第六章　汉代玉器

图158-1　白玉佩　西汉

图158-2　白玉佩　西汉

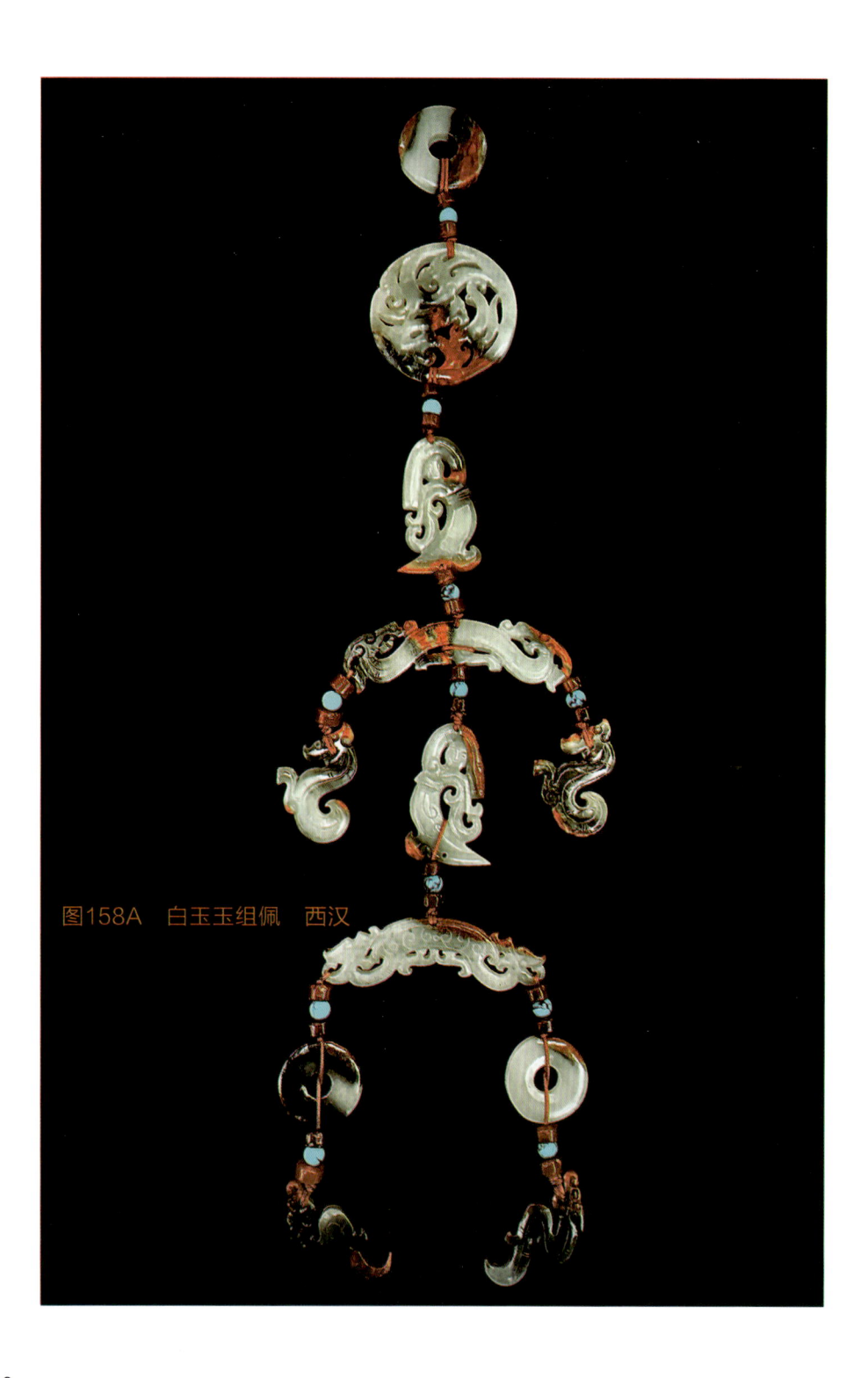

图158A 白玉玉组佩 西汉

159-1、图 247）或方形（图 160-1）、单面浮雕（图 219-1）或双面浮雕（图 189-1）的居多，高浮雕（图 270-1）的最为精致。长方形、双面雕的玉牌，中心或一头有穿孔用以系佩的螭龙鸾凤纹玉牌（图 189-1），其品级至尊，在汉代极其罕有。

2. 器物佩玉

装饰在器物上的玉饰，以玉剑饰最为重要。汉代的玉剑饰，剑首、剑格以及剑鞘上的剑璏和剑珌皆用玉料制成，习称剑饰"四件套"。四种玉饰的雕刻技法和纹饰题材往往是一致的。高浮雕的螭龙纹，是玉剑饰中常见纹饰之一。此外，铜枕、铜杯、铜卮、铜铺首以及铜瑟枘等，也有镶嵌线刻或浮雕玉饰的。

（四）陈设玉

汉代陈设玉主要是圆雕玉器，件件精美，数量稀少。圆雕玉器虽数量有限，但表现了汉代玉器造型艺术的极高水平。陈设玉则包括高足杯、卮、洗、奁、枕、屏风、奔马、仙人骑马（图 225-1）、貔貅（图 228-1）、龙龟（图 229-1）和人物（图 209-8、图 212-1）、动物（图 161、图 162、图 222-2）、异兽（图 174-4、图 182-2）等。

汉元帝渭陵附近出土的玉鹰、玉熊、玉辟邪和玉奔马，是一批难得的艺术珍品。其中玉奔马用白玉雕成，作奔腾前进状，马上的羽人双手扶着马颈，全器雕琢精巧，造型生动逼真。另有一些小型动物玉雕，有的钻小孔，可能作为佩玉用。徐州东汉墓出土的小玉饰，雕琢成大鸽喂小鸽的形象，十分生动可爱。再如河北省定县东汉墓出土的小玉屏，由 4 块玉片组成，透雕东王公、西王母以及人物、鸟兽等纹饰，也是陈设用的工艺品。

图159-1　白玉牌　西汉
径5.7厘米

图159-2　白玉牌　西汉

第六章 汉代玉器

图160-1　白玉螭龙纹牌　西汉
长10.6厘米

图160-2　白玉螭龙纹牌　西汉

图160-3　白玉螭龙纹牌　西汉

图160-4　白玉螭龙纹牌　西汉

363

图161　青白玉兽　汉代
长7.7厘米

图162　白玉鸟　西汉
长7.3厘米

汉代陈设玉包括一些日用玉。传世的有盉、洗、卮、灯、耳杯、杖首（图163、图233-1）和印章（图164）等。出土器类有高足杯、角形杯、带托高足杯、盒、枕、带钩、印章等。高足杯有三种：第一种为素面，第二种为饰谷纹和勾连云纹，第三种为浮雕纹。如角形杯、带托高足玉杯和玉盒为西汉南越王墓所出。再如带托高足玉杯由高足玉杯、杯托和承盘3部分组成，杯身饰谷纹、花瓣纹等，杯托中的玉垫为透雕6瓣形，这是迄今发现的构造最为精致复杂的玉杯。

玉盒为圆形，饰浅浮雕和线刻纹样，盒盖上有桥纽、活环。汉代玉枕有用长方形玉版镶拼而成的，也有用整块玉料雕成的。如东汉中山王刘焉墓所出的玉枕，用整块青玉雕成，枕面及两侧浅刻阴线变形云纹，重达13.8千克。汉代玉带钩出土不少，工艺水平较高的有南越王墓出土的龙虎并体带钩和龙虎合体带钩。前者透雕，钩首为虎头，钩末为龙首，龙虎双体并列，龙首、虎爪共托一环；后者作龙虎合体形，通体由7截玉料雕琢而成，以铁条贯穿成形。

汉代玉人比战国明显增多，汉代圆雕玉人极富特色且十分珍贵，既有呈现舞姿的（图209-1-8），也有站立跪卧的（图210-图217），可谓是动静相宜，姿态各异，栩栩如生，鬼斧神工，精美绝伦。

（五）辟邪玉

汉代用于辟邪的玉制品主要有刚卯、翁仲等，发掘出土的为数不多。如安徽省亳县凤凰台东汉墓出土两件玉刚卯，所刻文辞与文献记载基本相同。另在上海浦东明墓中曾出土玉刚卯3件，其中1件铭文笔划字形与亳县刚卯相似。

满城汉墓所出的1件玉人，呈王公凭几而坐状，底部阴刻铭文"维古玉人王公延十九年"。从铭文内容考察，这件玉雕像似为厌胜辟邪之物。另有一些圆雕的玉翁仲、玉辟邪和用于佩带的动物形玉雕，也具有辟邪功能。

图163 白玉杖首 西汉
高7.1厘米

第六章 汉代玉器

图164 白玉虎钮印 西汉
长4.6厘米

四
汉代玉器装饰

汉代的玉器在一定程度上受到了春秋战国时期的影响，一些春秋战国的玉器纹饰也流传下来，同时也产生出了美丽多姿的汉代纹饰。

1. 蒲纹
由三个方向的平行线组构成的类似蜂巢的纹饰，流行于战国至西汉中期（图186-1），主要用于装饰玉璧、玉璜等。

2. 谷纹
由谷粒状的类螺旋单元组成的纹饰，分两种：一种是在蒲纹的基础上由内向外以细线划出螺旋纹，一种是减地浮雕出圆润独立的谷纹（图180-3）。

3. 乳钉纹
亦称鼓钉纹，由乳钉状凸起组成的纹饰，分为半球形（图224-1）和六角形两类，呈蜂窝状排列或相互勾连状（图201-2），流行于两汉时期，主要用于装饰玉璧、玉佩、玉环、玉珩、玉剑具等。

4. 勾云纹
分阴刻线勾云纹与浮雕勾云纹（卧蚕纹）两种，前者极似阴刻线相勾连的乳钉纹，只是乳钉由阴刻线刻划的圆圈取代，流行于战国末期至西汉中期，用于装饰玉璧（图265）、玉环、玉容器等；后者为由立体凸雕的勾连卷云（图259-2）而成，流行于西汉晚期至东汉，多现于玉剑饰上。

第六章 汉代玉器

图165-1 白玉螭纹璧 西汉
径5.9厘米

图165-2 白玉螭纹璧 西汉

5. 折角纹

由减地隐起的垂直折角宽线交错分布组成，流行于战国末期至西汉中期，用于装饰玉剑珌、玉剑格等。

6. 漩涡卷云纹

为三股或四股卷云纹以中心对称的形式分布的纹饰，流行于战国末期至西汉中期，主要用于装饰剑首。

7. 兽面纹

汉代的兽面纹（图253-1）是在战国中晚期兽面纹的基础上演变而成，与饕餮纹相似。

8. 螭纹

亦称螭龙纹、螭虎纹，出现于春秋战国，盛行于两汉，似龙似螭（图206-2）。

9. 文字吉语

汉代玉器饰有文字的多为印章，吉语多见于玉璧。汉代玉印的形制、功能多种多样，有官印（图168-1）、私印和祭祀印等，印面雕刻阳文或阴文，印纽形式繁多。汉代玉器吉语见于西汉末年至东汉时期，如"宜子孙"（图187-1、图187A、图201-1）"长宜子孙""延年""长寿""忠孝"（图221-1）和"未央"（图202-2）等。

五
汉代玉器撷英

1. 白玉凤驭麒麟（图166）

羊脂白玉籽料，玉色洁白，如冰似雪。玉质致密细腻，玉光如脂如蜡，观感温润细滑。包浆熟旧，打磨光滑，精光内蕴。

整体圆雕，麒麟昂首曲颈，身腰壮硕，形体曲线呈优美的"S"形，气势雄壮、呈行进状。卷鼻上翻，鼻翼刻有八字外翻式线条、鼻孔双圆；阔口半张，牙齿尖利，四个上下对应的大犬齿；尖舌吐出；下颌有三缕山羊式胡须、中一侧二，每缕胡须上细丝如发，是典型的游丝毛雕；双眼如灯、凸鼓，眉毛形如火焰；双角如鹿；后腮部浮雕扇形鬃毛，极有气势。胸部折转，上面浮雕13片半圆形的条带式胸鳞片，上面均刻满短小细纹。腹部两侧各浮雕三羽翅膀，可以飞翔；四肢前后行走，作待飞状；整个腹部有阴刻的半圆形鳞片；三岔状火焰尾卷于臀后。

一只大如鹏鸟、形将腾飞的鸾凤立于麒麟背上：如勾的凤喙微张、作嘶鸣状，凤眼圆睁，顶羽背卷，曲颈挺胸，双翅高悬、作欲飞状，尾羽紧收。凤鸟与麒麟合于一体、飞禽走兽上下承应、动静姿态完美结合，极为传神。它给人以作为神兽瑞鸟的凤麟腾云驾雾、云游四海的遐想，既有浪漫的想象力，又有超凡的感染力，不愧为惊世之作。

神鸟瑞兽的圆雕玉器以战汉作品最为精美，汉代的此类器物都是王侯贵族专享的珍品，件件不同，玉美工精。汉代仙人骑兽类玉器比较流行，有各种不同的组合，多为貔貅（辟邪）背驭各种人物、异兽、禽鸟造型。此乃汉代圆雕玉器孤品，技压群雄，精美绝伦，完好无损。

图166-1　白玉凤驭麒麟　西汉
　　长16.8厘米

图166-2　白玉凤驭麒麟　西汉

图166-3　白玉凤驭麒麟　西汉

图166-4　白玉凤驭麒麟　西汉

图166-5　白玉凤驭麒麟　西汉

图166-6　白玉凤驭麒麟　西汉

2. 黄玉马踏飞燕（图167）

此器是传说中天马与龙雀的完美组合体。整体形象矫健俊美，别具风姿：天马头偏一侧、昂首嘶鸣，躯干壮实而四肢修长，腿蹄轻捷，三足腾空、飞驰向前，一足踏在疾驶中的飞燕（亦称龙雀）背上，飞燕愕然回首。天马的鬃毛和马尾同向飘飞，浑圆的躯体呈流线型，四肢动感强烈，三蹄腾空，单蹄踏飞燕，将"天马行空，独往独来"的形象一展无余。取材和田黄玉，色如鸡油，质地温润细腻，包浆浑厚。

这是一件在三维空间中展开的有体积、有重量的玉器，且动感强烈，呈三足腾空之势。它经过精心设计，在马蹄与燕背的连接处找到了平衡点，既符合力学原理，又使奔马的轻盈和物体的稳定得以完美解决，使马的重心通过足踏于飞燕背上而能保持平稳，构思之精巧无出其右。这正是它的高超之处。从气韵上看，玉马踏飞燕是汉代人勇武豪迈的气概、昂扬向上的精神面貌的表现，反映了汉王朝的强大与自信。

无独有偶的是，1969年10月甘肃省武威市雷台汉墓出土的一件东汉青铜奔马（现藏甘肃省博物馆，高34.5厘米，长45厘米），与此玉马踏飞燕的形制大同小异。该件东汉铜奔马于1983年10月被国家旅游局确定为中国旅游标志，1986年被定为国宝级文物，2002年1月被列入《首批禁止出国（境）展览文物目录》。

3. 白玉印（图168）

白玉籽料，局部糖色。玉质如脂，温润细滑，包浆熟旧。印体呈覆斗形，印顶圆雕一组双首异兽、双首四足，异兽身体相连、中有一孔，兽角分叉，双耳后背，张口咧牙，身披鳞甲，四肢粗壮，形象凶猛。与异兽首对应的印体两侧，各有圆雕的大兽首一个。兽首粗角朝前，圆眼高鼻，阔口呲牙，两缕胡须外撇，形象狰狞。印底平，阴刻方栏，内刻"阮九祥印"四字汉篆体阴文，字体遒劲。

第六章　汉代玉器

图167-1　黄玉马踏飞燕　西汉
长11厘米

图167-2　黄玉马踏飞燕　西汉

图167-3　黄玉马踏飞燕　西汉

图168-1　白玉印　东汉
高5.4厘米

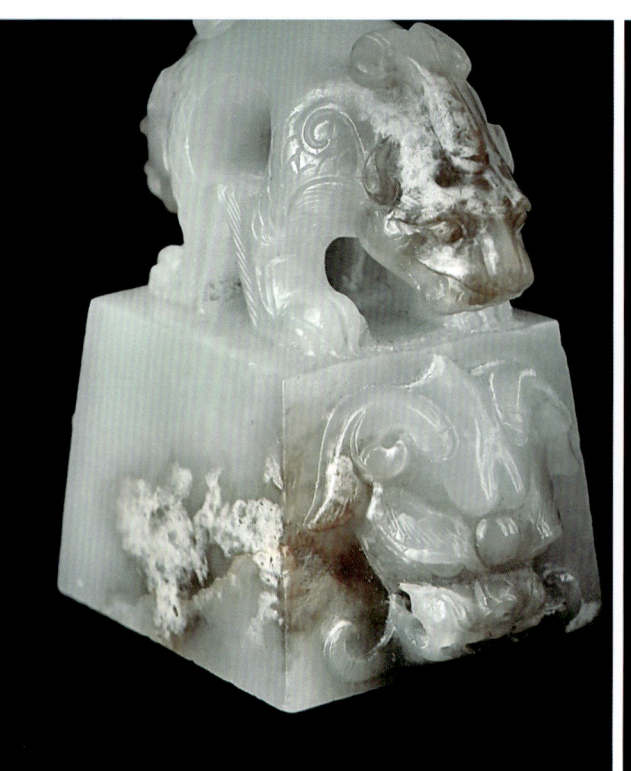

图168-2 白玉印 东汉　　　　　　图168-3 白玉印 东汉

  出土或传世的汉印分为使用印和陪葬印，使用印的印面长、宽多在2-3厘米。但是有些陪葬印则形体较大、长宽不等、雕刻纹饰。据考，自西汉始，除了王侯下葬时用玉印，还要把后妃、子女、公侯、大臣、幕僚甚至宫人的名字刻成玉印随葬，以示帝王的后妃、子女和臣属也陪同在帝王左右。另外，当后人祭祀先祖时，也会把刻有后妃、子女和臣属名字、文字的玉印、玉牌等玉器投入祭祀坑内，以寄托哀思。因为陪葬的器型简单、固定，制作不很精良，所以其质量多不如葬后的祭祀玉器精致。于是便出现了随葬玉印、祭祀玉印大于、精于使用玉印的奇特状况，颇为今人所不知不解。这种葬玉习俗，始于汉武帝、行至东汉。如此带有圆雕、阴刻异兽装饰的东汉玉印，异常珍贵。

4. 白玉象（图169）

象体壮硕，匍伏在地，神态安祥。象首浑圆，额头深纹分撇两边，象眼分列两侧。象鼻粗长卷向后身，象足如柱，象尾翻卷。一只猿猴攀附象背，探头探脑，形象顽皮。这是较早见到的象猴合体的玉器。古代将此类搭配称之为"拜相封侯"，意寓加官晋级、仕途通达，明清时期较为多见。羊脂白玉籽料制作，色白质润，手感下坠。此器选料上乘，圆雕制作，寓意深厚，殊为难得。

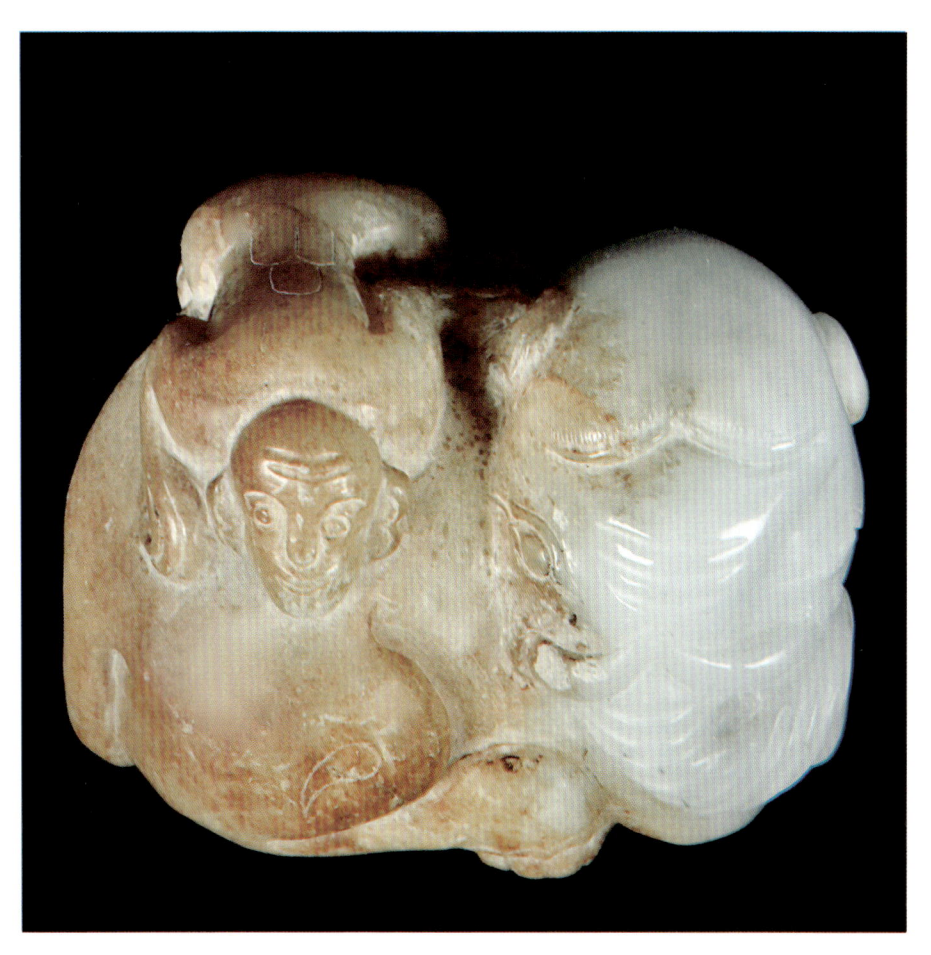

图169-1　白玉象　汉代
长8.3厘米

图169-2　白玉象　汉代　　　　图169-3　白玉象　汉代

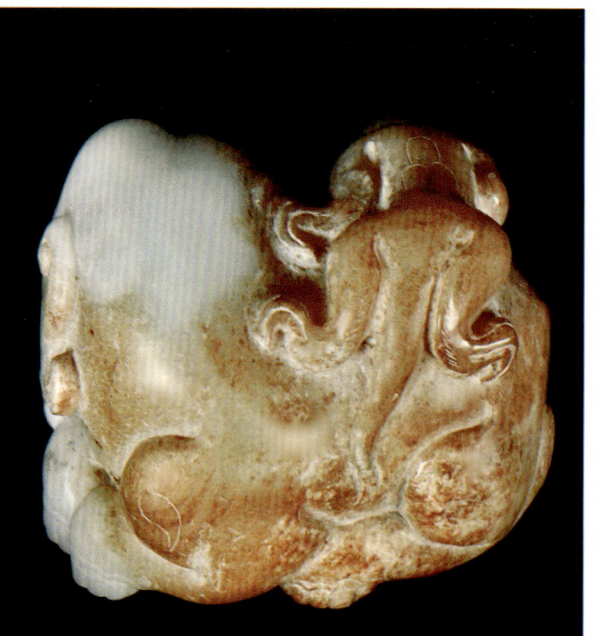

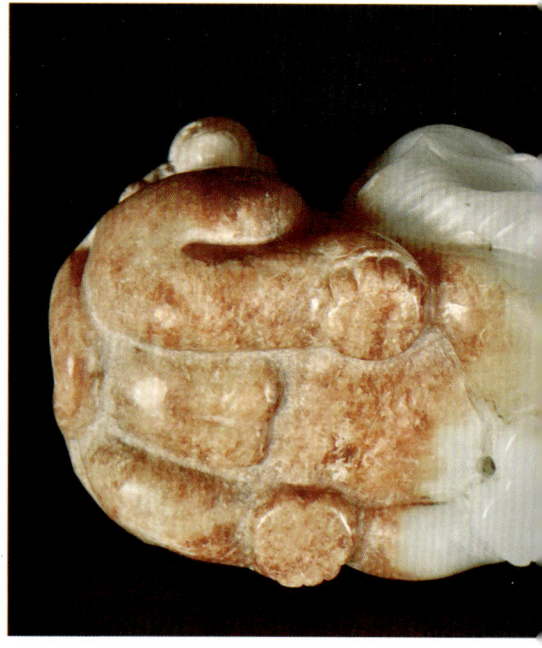

5. 白玉马（图170-172）

　　玉色乳白半透，玉质温润致密，光泽如脂如蜡，枣红色沁。玉马皆为方首阔鼻，线条爽利。水滴眼，马鬃和马尾飘逸，均刻画细密鬃毛、尾巴线条。三匹马分别作立卧状、俯卧回首状、俯卧侧视状，栩栩如生。完好无损的汉代圆雕玉马极少面世。三匹玉马均采用羊脂白玉籽料制作，形体虽小但精工细作，生动传神，是东汉晚期玉雕珍品。

6. 白玉牛形灯（图173）

　　羊脂白玉籽料，局部有枣红、金黄色沁。整体构思巧妙，为牛驮灯盏的造型，其结构可分为灯座、灯盏、烟道、底板四部分。灯座为一头伫立状的雄牛，体型肥硕，神态憨厚，蹄足短矮，双目圆睁，双耳耸立，低首俯视，口张半开，似欲鸣叫，牛尾螺旋上卷。雄牛背负筒状灯盏，穹隆状灯罩。灯盏接一圆管形烟道，直通牛首，意指烟灰可由此通入牛腹。椭圆形底板，雕刻卷云纹。牛身雕刻卷云纹，整体造型显得雄健强劲，威武遒劲，线条富有韵律感。

汉代不只有玉质牛灯，还有青铜牛灯。1980年在江苏邗江甘泉山出土了一件东汉错银饰青铜牛灯（通高46.2厘米，现藏南京博物院），其主人是东汉初年广陵王刘荆（汉光武帝刘秀第九子）。该件器物不仅反映了汉代青铜工艺的高水平，又可窥见皇室豪华生活的一斑。此玉牛灯的形制与馆藏青铜牛灯相似，采用贵重玉材制作，工艺精湛，是汉代圆雕玉器神品。

图170　白玉马　汉代
长7.8厘米

图171　白玉马　汉代
长7厘米

图172　白玉马　汉代
长5.7厘米

第六章 汉代玉器

图173-1 白玉牛形灯 汉代
高8.2厘米

图173-2 白玉牛形灯 汉代

图173-3 白玉牛形灯 汉代

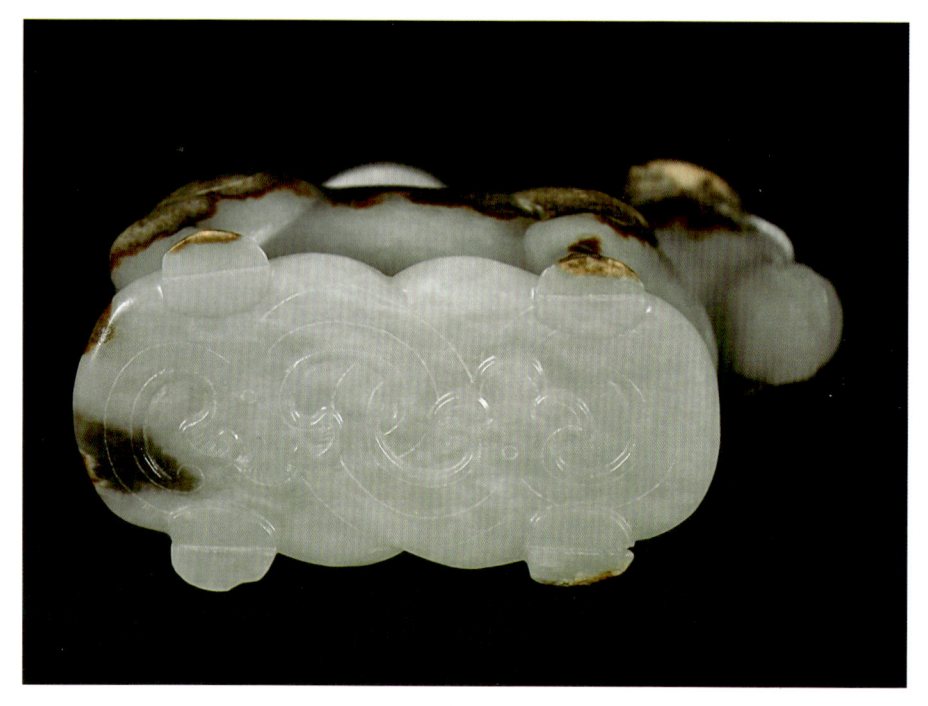

图173-4 白玉牛形灯 汉代

7. 黄玉独角兽（图174）

独角兽呈坐立状，活灵活现：躬身探头，硕首肥大，尖角独竖。眉峰高凸，环眼圆瞪。高鼻，方口横咧，口中穿孔，两颊呲毛后掠。左前臂高抬过肩、足掌朝前。右前臂搭在右腿上。长尾卷于胸前，胸部雕刻细毛纹。左腿半蹲，右腿半跪。小臂、小腿外缘均刻卯头刀纹。整体动感十足，形象诡谲，工艺极佳。和田黄玉籽料，色如秋栗甘黄，精光内蕴，包浆熟旧。如此精美绝伦的西汉圆雕玉兽，举世无双。

8. 黄玉连体玉人（图175）

两个玉人联袂并肩伫立，眉清目秀，细鼻小嘴，面带微笑。身材修长，婀娜多姿，头上长发圆盘，发辫自然下垂，内穿多层长袍并着长裙，外穿长袖曲裾深衣，腰系两条宽绢带。衣襟缠绕数道后长摆曳地。下摆分别裁成大小不等的四个尖角，上广下窄，宛若燕尾。双脚穿翘头履。左侧玉人双手提袖拢于腰部，窄长袖紧贴深衣并下飘；右侧玉人左小臂向上伸直，右手摁于腰部，长袖弯曲下甩。此件玉人雕工精巧，雕刻出人物的头发、衣摆和足部。除了立体圆雕技法之外，还运用了镂空透雕和细线阴刻技法，以粗阴线展现大形象，以细阴线勾勒细部，采用游丝毛雕技法，以摆动的裙角，流露出衣摆自然飘扬的状貌，充满动感，飘逸浪漫，引人无限遐想。采用整块和田黄玉圆雕制成，表面有一层薄薄的灰皮。

2010年8月西安长安区汉宣帝杜陵出土了一件青白玉圆雕连体玉舞人（左高10.5厘米，右高10.2厘米，现藏西安博物院），被称为考古发现的唯一经典玉人。该件馆藏品与此件黄玉连体玉人有异曲同工之妙。

图174-1 黄玉独角兽 西汉
高10.3厘米

第六章　汉代玉器

图174-2　黄玉独角兽　西汉

图174-3　黄玉独角兽　西汉

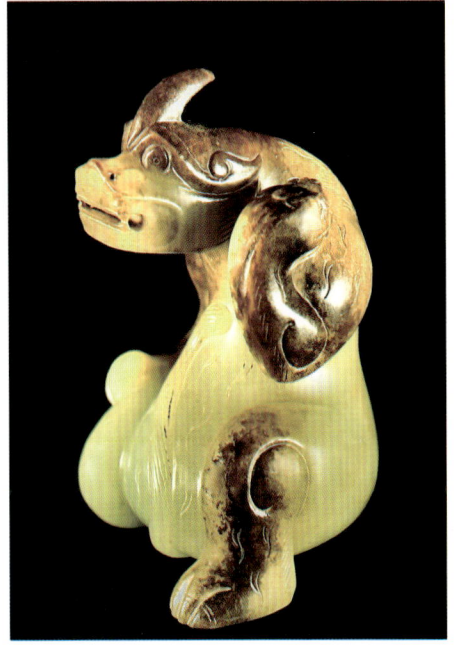

图174-4　黄玉独角兽　西汉

图174-5　黄玉独角兽　西汉

图175-1　黄玉连体玉人　西汉
左高10.8厘米

图175-2　黄玉连体玉人　西汉

9. 白玉舞人（图176）

白玉立体圆雕件，活脱一个舞姿曼妙的舞女跃然眼前。瓜子脸，蛾眉杏目，鼻梁挺秀，樱桃小口。头梳锥髻，发髻高耸、发尾似锥、发细如丝。丰乳翘臀，S身形柔软婀娜，身材窈窕。身着右衽深衣，双臂上下舒展亦呈S形，风姿绰约、婷婷玉立。这种身姿与双臂均为双"S"形的西汉白玉舞人，世所罕见。

10. 白玉胡人戏猴（图177）

白玉质地熟润，方形台座。一个胡人立于台上，头戴尖帽，深目高鼻，络腮胡须。左手提着酒壶，右手扯紧背袋。身着短袍，脚穿长靴，靴尖上翘，躬身行走。胡人后腰处攀附着猕猴一只，右爪揪着胡人耳朵，面相滑稽，似笑非笑。汉代长安常有胡人光顾，他们出行时喜欢携带宠物猕猴，嬉戏取乐。此件虽小，却将胡人与猕猴的亲密表情刻划得淋漓尽致，诙谐可爱。

11. 玛瑙念珠（图178）

玛瑙色如红酒，美似红宝，晶莹剔透，质地绝佳。每颗念珠上皆浮雕勾云纹，一丝不苟。

108颗念珠一颗不少，品相上乘，工艺精细，是珍贵的礼佛之物。

12. 白玉蝴蝶佩（图179）

羊脂白玉，温润细腻，双面雕刻。翅边和头部的水银沁和金黄沁非常美丽。整体形象似呈展翅飞翔的蝴蝶形。蝶佩前部雕刻为饕餮形，阴线如丝，神秘感强。中后部蝶身镂雕成3个如意头形，两边镂雕3重火焰状的翅羽向外扇开，生气勃勃。汉代片雕玉佩中以人物、动物、神兽为题材的居多，以昆虫为题材的甚少。此佩形体优美，采用名贵的和田羊脂白玉制作，阴刻与镂雕技法并用，堪称一绝。

第六章 汉代玉器

图176-1　白玉舞人　西汉
　高11厘米

391

图176-2 白玉舞人 西汉

第六章 汉代玉器

图177 白玉胡人戏猴 汉代
高6.9厘米

图178　玛瑙念珠　汉代

图179-1　白玉蝴蝶佩　西汉
长8.1厘米

图179-2　白玉蝴蝶佩　西汉

13. 白玉螭纹璧（图180）

高浮雕双螭蟠卷于璧面，局部出廓。螭龙方首圆眼，双角、单尾均雕绞丝纹，蜿蜒曲折，动感极强。背面凸雕颗粒饱满的谷纹，象征五谷丰登。羊脂白玉籽料，白如截脂，如冰似银。此璧形制较大，选料上乘，雕工一流，乃西汉早中期玉璧珍品。

14. 黄玉狩猎图编磬（图181）

和田秋葵黄玉，色泽淡黄微青，柔和清丽。玉质细腻，玉光如蜡。收藏界对新疆和田玉材的珍稀程度，素有"黄、红、墨、白、青"之说，黄玉位列诸玉之首，现代几近枯竭。

玉编磬为一组、七枚（长度16-20.4厘米不等），正面均有浅浮雕狩猎纹饰、每枚纹样不同但均雕边框，背面光素无纹。按照各枚形体大小不同排列，第一枚（图181-1）从左至右的纹饰（7个人兽鸟）是：一只

图180-1　白玉螭纹璧　汉代
径7.8厘米

第六章 汉代玉器

图180-2 白玉螭纹璧 汉代

图180-3 白玉螭纹璧 汉代

397

巨兽冲破风浪奔向前方，背上骑着一个独角勇士，右手挥刀，杀向对面的一头回首站立的独角巨兽；独角兽右面，一只猛兽张牙舞爪地冲向勇士，后面半空腾起一条龙蛇，似乎在助战；两只飞鸟凌空观战；画面空间有卷云和水波衬托。第二枚（图181-2）的纹饰（9个人兽鸟）是：一只奔跑的山羊冲向前面神犬，神犬右面是一只扑向独角勇士的异兽，异兽身上反向站立着一只苍鹰，独角勇士右上方云中钻出龙蛇、口吐长舌，独角勇士手举木棒抡向地上的野兔；云中有两只飞鸟俯视下方。第三枚（图181-3）的纹饰（7个人兽鸟）是：一头猛虎背驮雄鹰狂奔追逐前方的狐狸，狐狸右侧是独角勇士手持三叉长枪，正在驱赶狐狸；勇士后面紧跟着猎狗和鸾凤；腹背受敌的狐狸被夹击，无处逃生，即将束手就擒；空中云鸟飘飞。第四枚（图181-4-5）的纹饰（5个人兽鸟）是：一只独角猛虎腾空扑向前方猎物一头野牛，野牛低头仰角冲向对面的独角勇士，独角勇士手持长棍短刀，挥向野牛；龙蛇紧随勇士；苍鹰盘旋于野牛上方。此枚虽然人兽不多，但是形体较大。第五枚（图181-6）的纹饰（4人兽鸟）是：一只野兔退缩不前，独角勇士挥舞短剑，正与一只威猛的独角斑斓猛虎搏斗，一只飞鸟作壁上观。第六枚（图181-7）的纹饰（4个人兽）是：独角勇士腹背受敌，左有飞豹腾空猛扑，右有独角猛虎步步紧逼，猛虎背上一只幼虎直立助威。第七枚（图181-8）的纹饰（4个人兽鸟）是：一只猎狗紧紧咬住野牛短尾不放，双角野牛咆哮着冲向独角勇士，独角勇士半跪于地、拉弓备箭、准备发射，一只大鸾凤展翅随后，似在助战。一套七枚编磬上共雕有7幅画面、40个人兽鸟，栩栩如生，俨然勾画了一幅生动传神的、人间仙界的汉代狩猎场景。全部纹饰采用了浅浮雕和阴刻工艺，布局得当、疏密有致、粗简结合、打磨光滑，包浆熟旧，具有极高的工艺水平和艺术感染力。

编磬始于商代（安阳殷墟虎纹石磬）、流行于西周和战汉时期，是可以演奏旋律的打击乐器，多用于宫廷雅乐或盛大祭典。每组件数不等，用石或玉、青铜制作。目前发现的古代编磬既有实用器也有明器，

图181-1　黄玉狩猎图编磬　西汉
长16~20.4厘米

图181-2　黄玉狩猎图编磬　西汉

图181-3　黄玉狩猎图编磬　西汉

图181-4　黄玉狩猎图编磬　西汉

第六章 汉代玉器

图181-5 黄玉狩猎图编磬 西汉

图181-6　黄玉狩猎图编磬　西汉

图181-7　黄玉狩猎图编磬　西汉

图181-8　黄玉狩猎图编磬　西汉

其中以山东泰泗地区洛庄汉墓出土的107枚（6套）汉代编磬为最多。1970年在湖北江陵纪南故城出土了一套25枚战国编磬，表面都有较清晰的彩绘花纹和略显凹凸的花纹。其中4枚绘有凤鸟图，色彩高雅，线条流畅。湖北随州曾侯乙墓出土的全套石质编磬共41枚，可与编钟密切配合，在同一调高上进行合奏或同时转调演奏，其音响效应"近之则钟声亮，远之则磬音彰"。

此套黄玉编磬是迄今首见的汉代玉编磬，精美绝伦，堪为旷世绝品。

15. 白玉双首兽（图182）

造型奇巧，一身双首。玉兽作奔跑状，动感十足：头后独角，眉骨高耸，圆眼双瞪，鼻孔朝天，张口咧牙，口衔长蛇一条；长蛇盘绕于玉兽双口及全身之间，灵巧飞动。玉兽身形硕健，瘦腰壮体，四肢交错，四爪如勾，给人以疾驰跑动之感。兽的四肢外缘均有游丝毛雕的花纹和卵头刀纹，平添了些许灵动；长尾分叉，上刻线纹。全身分布黑漆古、金黄沁及牛毛纹，自然美丽。采用和田羊脂白玉制作，玉质致密润滑，包浆厚重。

此器形体硕长，圆雕精湛，形神俱佳，是汉代玉雕神品。

16. 白玉螭凤虺熊纹佩（图183）

白玉籽料，如冰似脂，精光内蕴。整体采用镂雕、浮雕和阴刻技法制作，十分精巧。螭龙蟠绕而上，长尾翻卷拉丝，极具动感。龙尾之下有一条缠卷而上的蟠虺。一只鸾凤与螭龙首腹相交，躬身卷尾，与螭龙相依相伴，惟妙惟肖。凤尾之下有一只奔跑的熊罴。在螭凤虺熊四个动物身上，均浮雕卷云纹，精工细作。

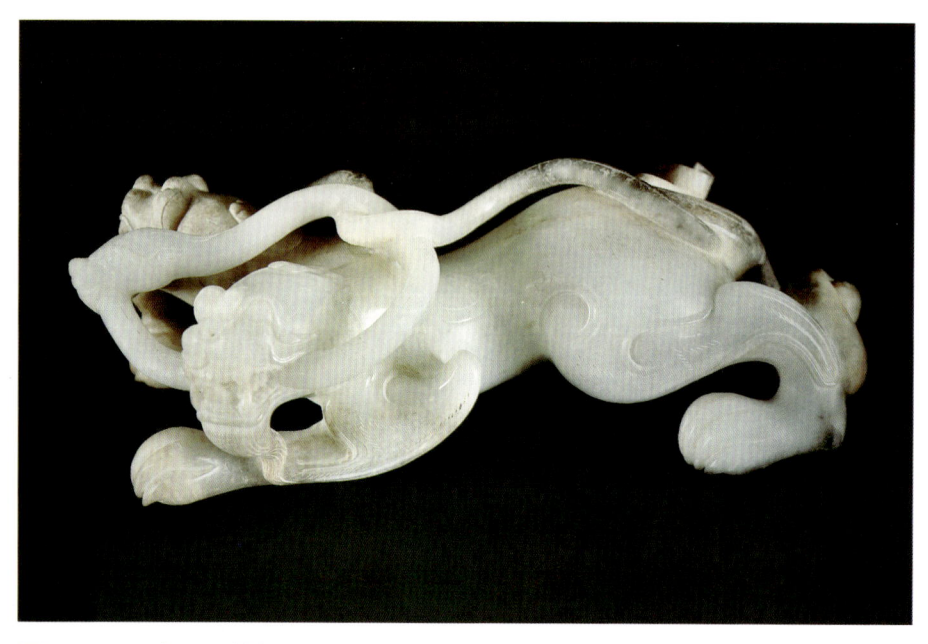

图182-1　白玉双首兽　西汉
长19.6厘米

图182-2　白玉双首兽　西汉

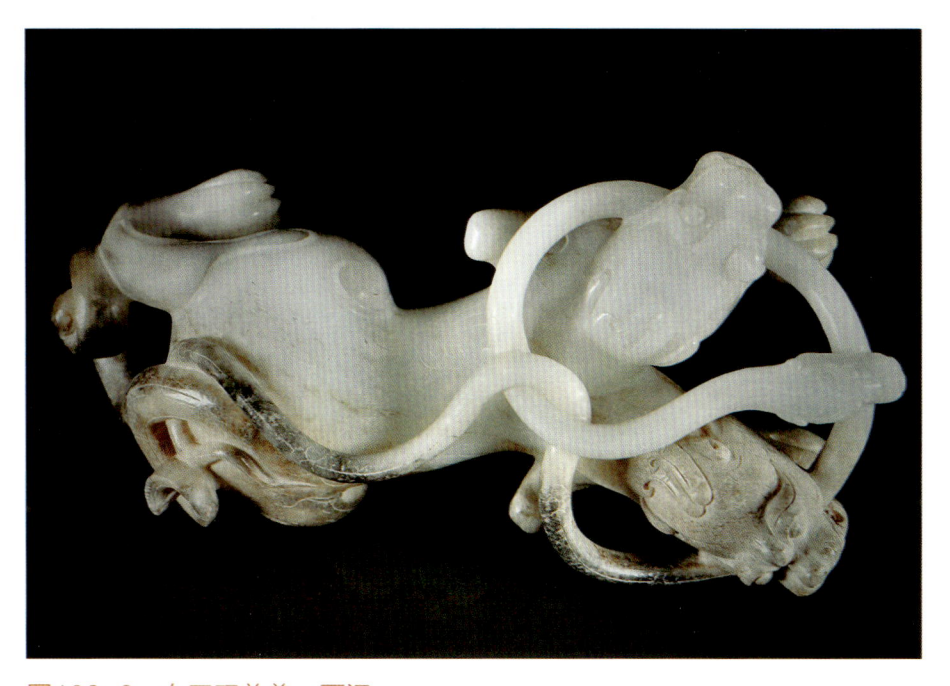

图182-3　白玉双首兽　西汉

图182-4　白玉双首兽　西汉

图182-5　白玉双首兽　西汉

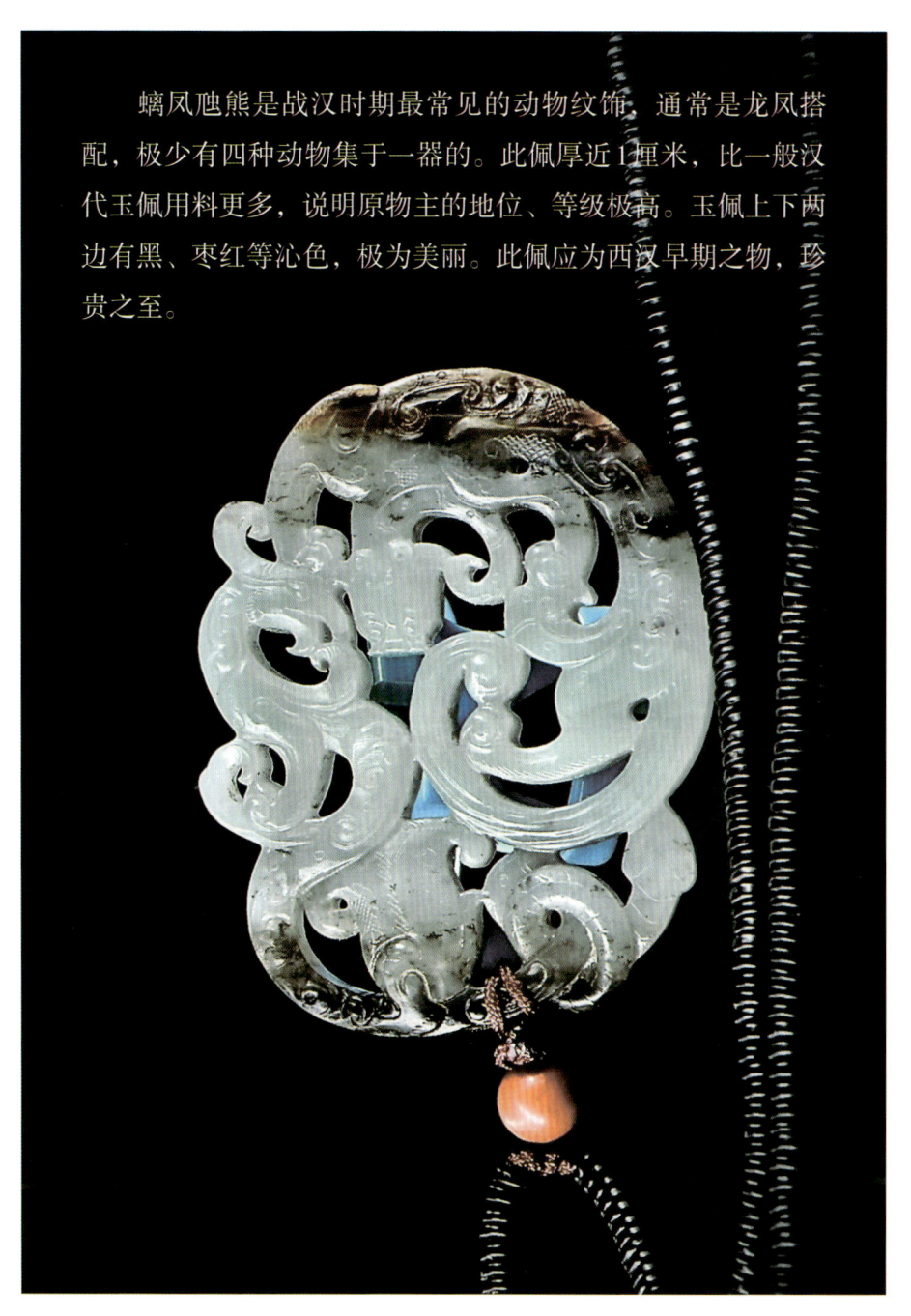

螭凤虺熊是战汉时期最常见的动物纹饰，通常是龙凤搭配，极少有四种动物集于一器的。此佩厚近1厘米，比一般汉代玉佩用料更多，说明原物主的地位、等级极高。玉佩上下两边有黑、枣红等沁色，极为美丽。此佩应为西汉早期之物，珍贵之至。

图183　白玉螭凤虺熊纹佩　西汉
长7.6厘米

17. 白玉银鎏金嵌宝牌（图184）

玉牌为羊脂白玉籽料，玉质温润致密，打磨抛光精细，光泽如脂如蜡，金黄色沁美丽。这是一件由西汉玉牌与唐代银鎏金嵌宝框组合而成的跨越时空的金镶玉至宝，即西汉玉牌为唐人穿金戴银、嵌宝而成的跨代（西汉/盛唐）珍品。

玉牌镶嵌于银鎏金框之内，玉牌正面镂空雕刻双凤戏龙纹，两只腾空对飞的鸾凤和鸣，中间是一只昂首向上的螭龙。玉牌背面镂空雕刻双凤玄武拜仙纹饰，两只腾空对飞的鸾凤和鸣，双凤下部雕刻玄武，蛇颈部顶托着上面的西王母：头戴宝冠，双手合十，双翅飘逸，下卧莲座，一副羽化升天之相。据考，西王母身生两翼，她本身也属于羽人。在汉代，西王母被尊崇为人们升仙和长生的双重化身。西王母是中国神话中的长生女神，也是道教中的女仙之首、创世女神，她在汉代墓葬画像砖中多以女帝王、女仙、羽人等形象出现，非常受人崇拜。

玉牌整体镶嵌于银丝鎏金的长方外框之内。银鎏金框四角内倭，框正面是银缧丝忍冬花纹，枝蔓流畅、花繁叶茂，花丝缠转、密集精细，精美绝伦；外框四周共嵌有6瓣梅花共12朵，梅花之间共嵌有红宝石、白水晶、蓝水晶、绿松石、孔雀石、青金石、黄碧玺等彩色宝石。银鎏金框背面是密集的缠枝忍冬纹饰，这是唐代金银器上最常见的植物纹样，其"满地装"的装饰技法，往往能够营造出繁缛富丽的氛围意蕴，具有强烈的时代特点和民族风格。透过它们，足以令人领略到唐代现实生活的五彩缤纷和文化艺术的欣欣向荣。

另考，国内唐代金银器集中发现于陕西省西安市及其附近地区，绝大部分出自于窖藏和遗址，出自墓葬者甚少。当时金银器主要用于宫廷享用、君臣赏赐、进奉和对佛教寺院的施舍等。首都长安是金银器制造中心，具有相当高的水平。新中国成立至今，唐代金银器出土了260多件，但没有一件银鎏金镶玉的器物。唐代金银器根据装饰纹样，可以分为两期：第一期为公元7世纪初至8世纪初（约在唐高宗、武则天时

图184-1　白玉银鎏金嵌宝牌　西汉
长12.8厘米

图184-2　白玉银鎏金嵌宝牌　西汉　　图184-3　白玉银鎏金嵌宝牌　西汉

期）。花纹主要有两类，一类是以翼兽、宝相花或六瓣花为主，周围绕以比较纤细、规整的忍冬纹组成的各种图案；另一类为传统的折枝花或狩猎纹。第二期为8世纪初至8世纪中叶（约在中宗至玄宗时期），除沿袭前期风格外，宝相花层次增多、花繁叶茂，出现了一些枝叶茂盛、鲜花怒放的花卉图案……唐代金银器代表了当时世界上金银器装饰的最高水平，其造型精美、结构巧妙、装饰雅丽者比比皆是，出类拔萃。对西安何家村窖藏金银器皿的技术鉴定证实，唐代金银器加工工艺十分复杂精细，已经使用了钣金、浇铸、焊接、切削、抛光、铆镀、捶打、刻凿等技法，多数器物都是综合运用多种工艺才制作成功的。唐代金银器装饰技法中的"金筐宝钿"的独门绝技在此玉牌镶嵌中发挥到了极致。"金筐宝钿"就是将金银切割呈丝状，再制成各种形状丝状纹饰，亦可在金银"筐"（框）内镶嵌宝石，显得非常华美。唐代的这种工艺，发展成为后代的"花丝镶嵌"工艺。无论是"金筐宝钿"还是"花丝镶嵌"，均为皇室独享的御用金银玉器制作工艺，卓尔不凡。

金镶玉工艺自战国始创，汉代有所发展，唐代使用不多。此器的玉牌是汉代遗物，银鎏金的"金筐宝钿"外框是唐代镶嵌，是国内外罕见的古代金银镶玉珍宝。

18. 白玉虎鎣（yíng，图185）

半圆形盖，盖顶踞伏一个虎钮，虎钮为蛇身虎首，蟠卷双层的蛇身上阴刻短直细纹，双腿匍匐在卷身上，虎首似龙似螭、昂首仰望；盖面四周阴刻两条对向口首相接的螭龙纹；盖右侧有一个圆系、内空；子母口。

形体似鬲式炉，洗口、内沿有凹槽；掏膛内空；外腹部呈三瓣乳形、下承三个柱足，肩腹部饰浮雕蟠螭（夔）纹；鎣外右侧有方形龙尾扳手，上有浮雕卷云纹和阴刻短直细纹；鎣外左侧有方形龙凤合体长流，流体为方形螭龙、流口内空，龙流的上下镂雕凤鸟一只，凤羽上阴刻短直细纹。鋬外右侧亦有一个圆系，与盖圆系对应，原物中间应有连链。此鋬形体娇小精致，雕工技艺极其精湛，是汉代后妃的饮酒器物。

据考，青铜鋬是商周酒器。2018年10月12日，国家文物局决定将从英国回归的青铜"虎鋬"划拨国家博物馆收藏。该件青铜"虎鋬"为西周晚期铸造，盖内铸有"自作供鋬"，盖上有圆雕的踞虎形钮，故而称"虎鋬"。已知存世的青铜"虎鋬"仅有8件。此玉虎鋬唯与国家博物馆馆藏青铜"虎鋬"的形制相似。

此玉虎鋬通体采用羊脂白玉籽料制作，白度极高，玉质极好。外部满工，集掏膛和圆雕、镂雕、浮雕、阴刻等技法于一炉，小器大样。兽钮、龙流头上有几处黑、黄沁斑，非常美丽。

如此小巧玲珑、巧夺天工的汉代圆雕玉器，乃孤品、神品。

图185-1　白玉虎鋬　西汉
长10.8厘米

图185-2　白玉虎鋈　西汉

图185-3　白玉虎鋈　西汉

19. 白玉龙凤四灵蒲纹出廓璧（图186）

羊脂白玉籽料，白中闪黄，玉质温润，打磨抛光精细，侧视可见玻璃光。沁色黑红相间。玉璧为双区，外区双面雕刻细密的蒲纹，地子碾磨得干净利落。内区双面分别镂空雕刻的白虎（图186-1）、玄武（图186-2），白虎、玄武身上皆刻游丝毛雕纹，雕刻水平之高堪为汉玉之最。玉璧顶部，镂雕合体龙凤，龙凤身上亦有游丝毛雕纹。按照汉代惯例，"四灵"中的苍龙代表东方，白虎代表西方，朱雀代表南方，玄武代表北方。如此说来，完整的"四灵"玉璧应当是四个一套。此对玉璧应是其中的两个。尽管如此，能有完好无损、精美绝伦的此对出廓玉璧，实属不易。又考，《周礼·春官》载："周制王执镇圭，公执桓圭，侯执信圭，子执谷璧，男执蒲璧"。意为：王公侯伯子男各执一器祭祀，男爵执持蒲璧。蒲为席，取安人之意。刻有蒲纹的玉璧，象征草木繁茂，欣欣向荣。此对出廓玉璧，应为西汉早期珍品。

20. 黄玉龙凤纹铭文出廓璧（图187）

玉璧上、下两处出廓，上部出廓面积较大，为镂雕双龙纹，双龙之间簇拥着镂雕"宜子孙"三字铭文；下部左右各有出廓镂雕凤凰一只。玉璧分为双区，外区上下对应浮雕饕餮纹，左右浮雕夔纹；内区浮雕谷纹，排列较密。和田黄玉，局部有灰皮、皮下红沁，双面雕刻。

据考，汉代为了能够更加具像化地反映玉器的功用，还在镂空玉璧等佩饰和礼器上出现了大量吉祥文字用语。汉代的吉祥语内容丰富，就文辞区分，常见吉祥类、长寿类、富贵类、安乐类、子孙蕃昌类、官秩类以及家国类吉语七种类型。比较典型的有"长宜子孙""宜子孙""长乐""益寿"等，东汉时期较为流行。作为一种语言现象，汉代吉祥语承载了丰富内涵，折射出汉民族绚丽多姿的文化形态，既表现了人们祈福长寿、富贵等普世幸福观，同时又反映了汉代人特定的民俗文化和社会追求。

图186-1　白玉龙凤四灵蒲纹出廓璧　西汉
高9.8厘米

第六章　汉代玉器

图186-2　白玉龙凤四灵蒲纹出廓璧　西汉

图187-1 黄玉龙凤纹铭文出廓璧　汉代
高26.5厘米

第六章　汉代玉器

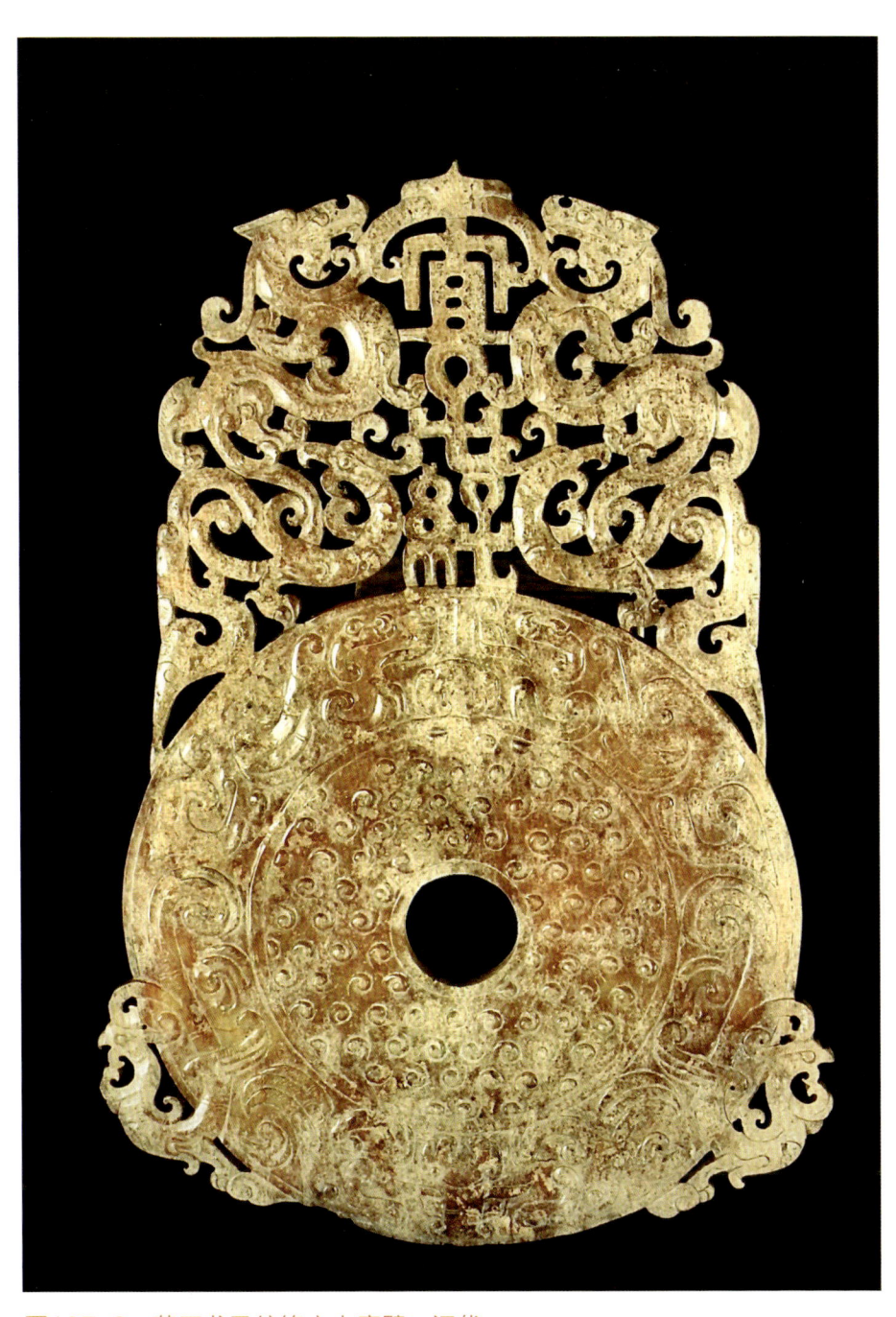

图187-2　黄玉龙凤纹铭文出廓璧　汉代

图187-3　黄玉龙凤纹铭文出廓璧　汉代

图187-4　黄玉龙凤纹铭文出廓璧　汉代

图187A　白玉双螭纹铭文璧　汉代

此璧形体硕大，形制优美，纹饰精致，铭文吉祥，是难得的西汉艺术珍品。

21. 白玉龙凤纹佩（图188）

白玉，有铁沁。团龙包绕，首尾相接，身上阴刻勾云纹和朵花纹。佩内有鸾凤一只，与龙相依，翅羽纹雕刻精细。整体纹饰可谓是龙飞凤舞，不失为西汉初期玉佩佳作。

22. 白玉牌（图189）

长方形，两面均为半圆形并雕刻不同纹饰。玉牌正面纹饰为高浮雕，形象醒目：上部站立王者一人，双凤左右相拥，双凤长尾上翻至边框之外交叉结成弯带，中有系孔，非常优美。中部浮雕与羽人合体、俯冲向下的"迦楼罗"神鸟，舒展双翅，尖喙如勾。下部是兽首衔环，两边浮雕翻身向上的虺蛇各一。"迦楼罗"喜食毒蛇，两条虺蛇似将成为其果腹之物。玉牌背面纹饰为浅浮雕，上、下两部浮雕对向的饕餮纹，中间及四边阴刻勾云纹。羊脂白玉籽料，色白质润，肥如截脂。大面积老土大红沁和黑漆古包裹玉体，美不胜收。

汉代玉牌实际上是变型的玉佩，其形状多圆少方，方形玉牌中的长方形、双面雕刻纹饰的绝少。此牌玉材名贵，纹饰考究，雕工一流，乃西汉玉饰的稀世珍宝。

23. 白玉龙形佩（图190）

团龙形，龙耳外卷，水滴眼，长口镂孔。有肘毛，左前爪抓住龙尾。龙首下方有一鸾凤，头部转向背面。龙凤身上的鳞片和翎羽均用游丝毛雕，线纹纤细流畅。通体采用和田白玉，温润细腻，小巧玲珑。

第六章 汉代玉器

图188 白玉龙凤纹佩 汉代
径5.4厘米

图189-1　白玉牌　西汉
高8.1厘米

图189-2　白玉牌　西汉　　　　　　图189-3　白玉牌　西汉

图189-4　白玉牌　西汉　　　　　　图189-5　白玉牌　西汉

图190-1　白玉龙形佩　汉代
径4.7厘米

图190-2　白玉龙形佩　汉代

24. 白玉铺首带扣（图191）

采用和田冰玉制作，玉色洁白通透，玉质晶莹剔透，手感温润沉实。局部有黑、黄色沁，黑沁与玉色黑白相映，自然天成。传说新疆和田曾产一种极为稀少的"冰玉"，这种玉材的特点是洁白度、纯净度均很高，质地如冰似玉，是和田白玉中的极品。"冰玉"的开采、使用主要在汉代，后因资源枯竭而绝迹。

玉带扣造型奇巧呈铺首状，整体为三角形、上宽下尖。采用了阴刻、浮雕、圆雕和镂雕技法制作纹饰：正面两侧雕刻两条螭龙，螭龙方首，尖角，圆眼，阔口，攀附于铺首两边；铺首外缘雕刻火焰形脊齿。铺首中间纹饰分为上下两部分。上部雕刻"迦楼罗"，其形象为半人半鸟，生有鹰首、利爪和尖喙，身躯和四肢则与人相似；双爪各擒毒蛇一条，拟为生食。下部雕刻饕餮纹，环眼圆瞪，高鼻凸出，巨口坦张，獠牙外呲，面目狰狞。铺首背面微凹，中间镂雕长条形扣梁，上刻人形阴线，为穿带之用。

据考，在中国古代玉器遗存中，有一种造型奇特、传世稀少、颇为神秘的器物，名字叫作"迦楼罗"。"迦楼罗"是古印度神话中的巨型神鸟，是印度教三大主神之一毗湿奴的坐骑，在佛教中则位列天龙八部之一，它是佛教中的"护法神"。传说当菩萨讲经之时，"迦楼罗"在一旁护法，时称其为神鸟。按照佛教《妙法莲华经》等佛经的说法，"迦楼罗"有种种庄严宝相，常以人面鸟身、鸟面人身或全鸟身形象出现，并以蛇为食，每天要吞食五百条毒蛇。在中国传统文化中，"迦楼罗"又被附会成佛祖如来的护法神"大鹏金翅鸟"。而玉器中"迦楼罗"的出现，多与佛教有关。带有"迦楼罗"形象的玉器，在汉代出现的最多最精。此玉带扣选材上乘，雕工精绝，当为王侯将相所佩之物，极其珍贵。

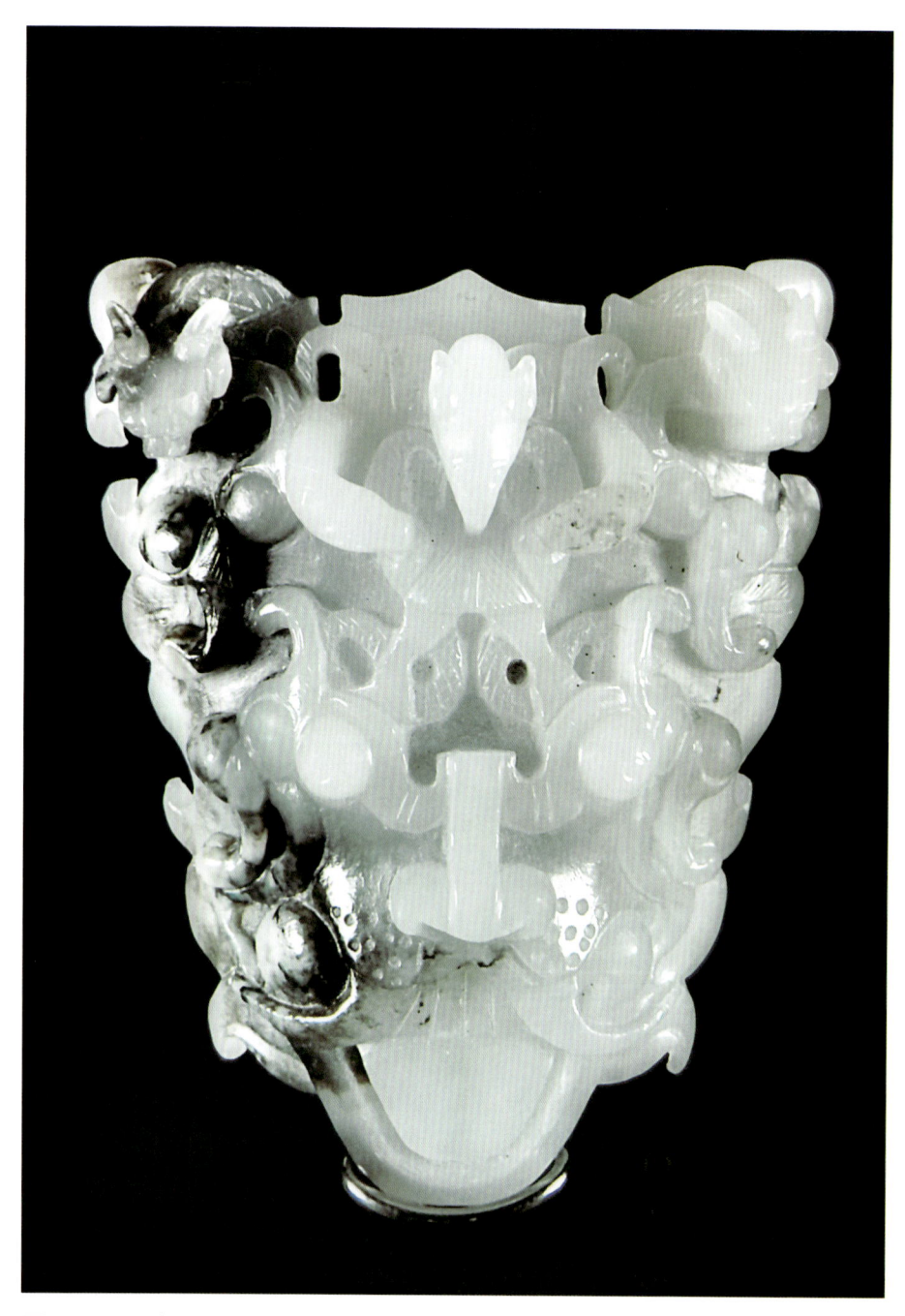

图191-1 白玉铺首带扣 汉代
高6.1厘米

图191-2　白玉铺首带扣　汉代

图191-3　白玉铺首带扣　汉代

25. 黄玉翁仲（图192）

造型简单，采用汉八刀技法雕琢：倒三角形首，斜长脸，中间凸棱。平顶，额部刻轮廓线。双眼、口仅刻短横线表示，非常含蓄，点到为止。双手合拢，前胸内凹，直立正视。身着长袍，腰间有粗横纹。袍下部阴刻长格，每隔一个单元即刻满交叉的细丝纹。平底。最为奇巧的是它的穿孔，自头顶纵向下穿孔，再从两个袖口对向打斜孔并在腰部与中孔贯通，作为穿绳之用。这种打孔方式在高古玉器中极少而特殊。和田黄玉，包浆浑厚。

据考，翁仲名阮翁仲，原是秦始皇手下的大力士，其力大无穷、武力过人，秦始皇令阮翁仲兵守临洮，威震匈奴。阮翁仲死后，秦始皇为其铸铜像，置于咸阳宫司马门外。匈奴人来咸阳朝拜，远远看到该铜像，还以为是真的阮翁仲，不敢靠近。后人就把翁仲铸成铜人或者雕刻成石人，立于宫阙庙和陵墓前用以辟邪。自汉代开始制作并佩戴玉翁仲来辟邪，玉翁仲与司南佩、刚卯在汉代极其流行，同被称为辟邪三宝。

26. 白玉五铢币（图28）

白玉籽料，洁白温润，币厚1厘米。大部被红沁覆盖，灿若晚霞。浮雕与镂雕技法并用，一条螭龙自背面经方孔从正面穿出。正面高浮雕螭龙首尾，龙首左撇，拖长角，前肢匍伏；绞丝单尾翻卷而上；左右对应处浅浮雕"五铢"小篆二字，修长秀丽。背面雕有螭龙后肢和海水波纹。

据考，五铢钱是中国古铜币名。钱上有"五铢"二篆字，故名。汉武帝于元鼎四年（前113年）下令禁止郡国铸钱，把各地私铸的钱币运到京师销毁，将铸币大权收归中央。中央政府成立专门的铸币机构，即由水衡都尉的属官（钟官、辨铜、技巧三官）负责铸钱。钟官负责铸造，辨铜负责审查铜的质量成色，技巧负责刻范。汉武帝元狩五年（前118年）开始又进行了第四次币制改革。这次改革是"废三铢钱，改铸五铢

图192-1　黄玉翁仲　汉代
高4.6厘米

图192-2　黄玉翁仲　汉代

图192-3　黄玉翁仲　汉代

图192-4　黄玉翁仲　汉代

钱"，铸造面文"五铢"二字，重如其文，被称为五铢钱。在汉武帝以后的西汉、东汉、蜀、魏、晋、南齐、梁、陈、北魏、隋均有铸造，历时长达739年，是我国历史上铸行数量最多、时间最长、最为成功的长寿钱。

此西汉白玉五铢不是流通币，而是宫廷赏玩之物，首次面世，天下奇珍。

27. 白玉舞人（图193）

白玉圆雕，舞姿曼妙：椭圆脸，蛾眉杏目，鼻梁挺秀，樱桃小口。头梳坠马髻，将发拢结，挽结成大椎，在椎中处结丝绳，状如马肚，坠于头侧或脑后，发细如丝。丰乳翘臀，柔软婀娜，身材窈窕。身着右衽深衣，双臂前后舒展，衣袖飘然，风姿绰约。侧视舞人的身姿与双臂均呈"S"形，与图23西汉白玉舞人截然不同，别具一格。

据考，坠马髻，亦称堕马髻，最早出现在汉代，在西安任家坡西汉墓出土陶俑和湖北江陵凤凰山出土彩绘木俑中均有汉代坠马髻的形象。坠马髻主要为已婚中年妇女所喜尚。从整体形象上看，此玉舞人为汉代嫔妃贵妇形象，弥足珍贵。

28. 白玉双貔貅（图194）

整体圆雕，双兽合体，栩栩如生：头部硕大，头角分叉。凸眉大眼，高鼻宽翼，方口大张、獠牙尖利，长舌上卷。大貔貅呈奔走状，四肢抓地，四爪如鹰，肘边有卯头刀纹。两侧有飞翼，单尾反卷、雕粗绞丝。大貔貅背负小貔貅一只，形体稍小、形象类似。白玉籽料，玉色洁白，玉质如脂，精光内蕴，包浆浑厚。

玉貔貅是汉代经典的圆雕神器，形体大小均有，选用玉料优良，雕刻技法娴熟，多是陈设重器。此器体量硕大，形神兼备，十分罕见。

第六章 汉代玉器

图193-1　白玉舞人　西汉
高14.7厘米

图193-2　白玉舞人　西汉

图193-3　白玉舞人　西汉　　　　图193-4　白玉舞人　西汉

图194-1　白玉双貔貅　西汉
高16.6厘米

图194-2　白玉双貔貅　西汉

图194-3 白玉双貔貅 西汉

图194-4 白玉双貔貅 西汉

29. 黄玉飞熊砚滴（图195）

和田黄玉制作，局部有钙化灰皮。整体呈坐立熊形：头顶有盖，内膛掏空，可注水。眉峰高凸且长、游丝毛雕眉毛，鼻梁挺括，张口咧牙（口可滴水），唇毛外撇。袒胸露腹，上刻毛纹。右臂前屈，爪托灵芝；左爪抓地。两侧浮雕双翅，翎羽均为游丝毛雕。底座微凹，卷尾藏于其中。

砚滴，亦称水滴，文房用具。最早关于砚滴的记载见于西汉，刘歆编著的《西京杂记》中就记载："晋灵公冢甚瑰壮……唯玉蟾蜍一枚，大如拳，腹空如五合之水，光润如新，王取以为书滴"。其说是西汉广川王在盗掘晋灵公墓时，将发现的一枚玉蟾蜍拿来作为砚滴。可见至少从汉代开始，玉砚滴就已经进入了文人生活，之后历朝历代直至民国主流书写方式改变为止，砚滴都是书房案头的常见器物。

此前已知最早的玉质砚滴实物，是1984年在江苏扬州甘泉老虎墩墓葬出土的东汉"飞熊形玉砚滴"（高6.8厘米，可惜失盖，现藏扬州博物馆）。该件馆藏品的形制风格与此砚滴相似，但是后者的雕工纹饰要精于前者。故此黄玉飞熊砚滴的制作年代应早于馆藏品，精工细作，完好无缺，是西汉圆雕玉文房珍品。

30. 白玉子母兽（图196）

母兽身形欣长，张口呲牙，短耳长角，胡须下垂。四肢抓住底板，有双翼。长尾分叉。

母兽的前左下方有一小兽，神态安祥，卧在底板上，目视前方。双兽身上阴刻小花纹、四肢外缘均有卯头刀纹。采用和田白玉制作，精美难得。

图195-1　黄玉飞熊砚滴　西汉
全高8.4厘米

图195-2　黄玉飞熊砚滴　西汉

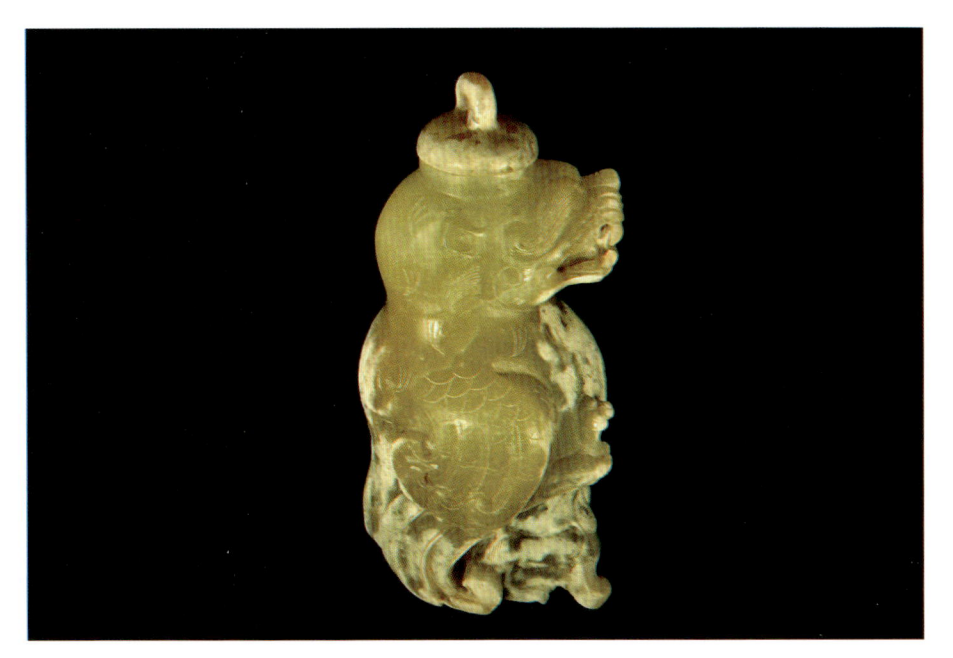

图195-3　黄玉飞熊砚滴　西汉

图195-4　黄玉飞熊砚滴　西汉

图196-1　白玉子母兽　西汉
长15.5厘米

图196-2　白玉子母兽　西汉

第六章 汉代玉器

31. 白玉螭纹璧（图197）

羊脂白玉籽料，局部有血沁和金黄沁，非常美丽。正面有高浮雕和镂雕的三条螭龙，两条攀附于璧面，另一条螭龙的身首出廓又探身回

图197-1　白玉螭纹璧　西汉
高7.8厘米

首，生动传神。背面雕刻谷纹，颗粒饱满，地子光滑。汉代玉璧高浮雕的较少，常以双龙居多。此璧高浮雕三条螭龙，非常罕有。

图197-2　白玉螭纹璧　西汉

32. 白玉双龙九螭纹佩（图198）

佩体横宽，双面雕刻，纹饰精致。佩的下部中间有双龙背向，龙身从两边反卷向上、至佩顶中交叉再向两边外卷，形成优美的外廓边饰。双龙首外侧各有上下3条小螭与龙嬉戏，形态可掬。双龙首之间有一条单首双身的螭蛇，身体与双龙交叉向外翻卷。佩顶两侧各有螭蛇一条。龙身饰绞丝纹，螭身饰鳞片纹，均为游丝毛雕技法雕刻。整体纹饰繁密缠绕，龙飞螭舞，精美绝伦。和田白玉制作，是西汉早期之作，弥足珍贵。

图198　白玉双龙九螭纹佩　西汉
长8.3厘米

33. 黄玉双龙三螭璜（图199）

和田蜜蜡黄玉，色醇如蜜，质地细润，包浆浑厚，精光内蕴。局部有红沁灰皮。玉璜正面两端均圆雕镂空夔龙首，双龙合体，璜身浮雕谷纹。背面高浮雕、镂雕两上、一下共3条螭龙，龙脊刻单线，四肢边缘刻卯头刀纹，绞丝长单尾。璜身上部的两条螭龙聚首相向，攀附于璜身之上；下部悬空镂雕的螭龙，身呈"S"形反卷，龙首向上并与二螭龙相觑，三肢及卷尾支撑于璜内边四点，布局均衡，匠心独具。此璜的夔龙颇具战国遗风，选料上乘，技法娴熟，应是西汉早期玉器的巅峰之作，举世无双。

34. 白玉鸟形器（图200）

器呈伏鸟形，鸟口圆平、掏膛内空，口边两侧各有镂孔2个。长短双角立于头前，双角碾磨粗弦纹。圆眼凸起，身披长羽，短圆尾，羽尾均刻粗纹。双肢呈环形，合抱于前胸。白玉籽料，细腻油润。局部有美丽的黑红沁色。此器用途不得而知，或是杖首佩饰，精雕细刻，玉佳沁美，殊为难得。

35. 白玉铭文出廓璧（图201）

白玉籽料，双区双面雕刻。与一般战汉的双区玉璧不同之处，是此璧是内区整圆、外区大半圆形。内区中间为双龙簇拥"子孙"二字。外区中上部雕刻勾连鼓钉纹；下部为双龙托璧形出廓，两条夔龙尾托着内区璧下缘，龙身向外翻卷，簇拥外区底部，实际上是将外区下部的双龙出廓作为了玉璧底座，此乃别出心裁。外区上部的出廓，由双凤合抱铭文组成，两只展翅飞翔的鸾凤中间是一个铭文"宜"字，这样与内区的两个铭文自上而下地合成了"宜子孙"三字吉语。此璧的最大创新，就是突破了其他玉璧在整圆之外出廓，而是上部为整圆出廓、下部为无圆出廓。这在战汉出廓玉璧中为首例。

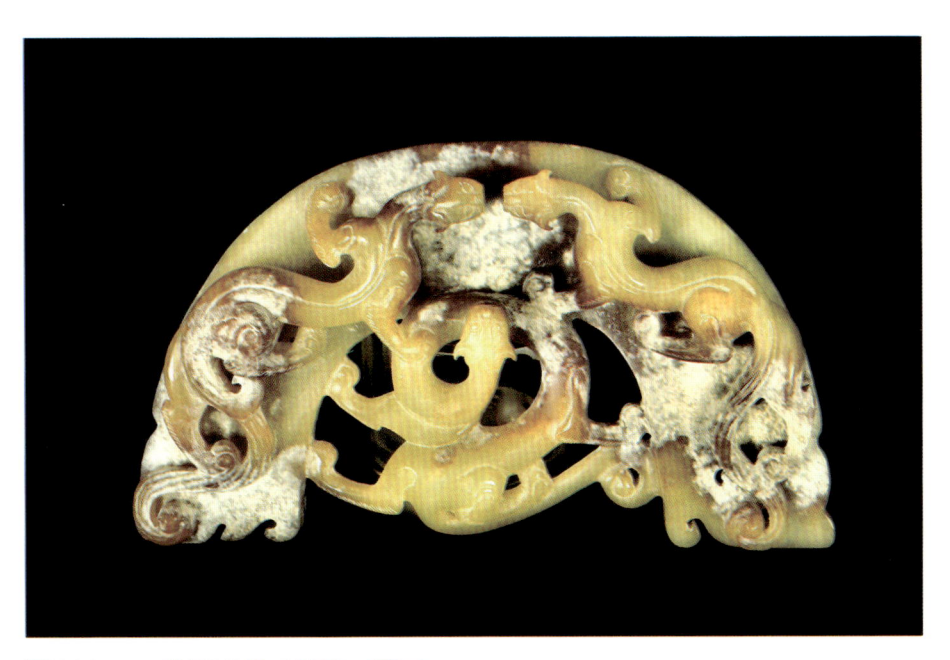

图199-1　黄玉双龙三螭璜　西汉
长16.1厘米

图199-2　黄玉双龙三螭璜　西汉

图199-3　黄玉双龙三螭璜　西汉

图199-4　黄玉双龙三螭璜　西汉

第六章　汉代玉器

图200-1　白玉鸟形器　西汉
长6.9厘米

图200-2　白玉鸟形器　西汉

图201-1　白玉铭文出廓璧　汉代
高14.6厘米

图201-2　白玉铭文出廓璧　汉代

第六章　汉代玉器

图201-3　白玉铭文出廓璧　汉代

图201-4　白玉铭文出廓璧　汉代

36. 白玉双龙铭文璧（图202）

璧分三区，外区肉窄，阴刻勾云纹。中区肉厚，为主纹饰，左右镂空雕刻一夔一螭，夔龙回首向外，螭虎蟠卷向内；龙螭上下的中部，镂雕"未央"二字。内区肉略厚于外区，上面亦刻勾云纹。此佩虽形体不大，但选用羊脂白玉籽料，玉质极佳，分区阴刻、镂雕纹饰并有铭文，绝非普通玉饰。此佩工致茂美，另有铭文"未央"，表明其与汉代宫廷有不解之缘。佩戴此物之人绝非等闲之辈，地位、品级必定极高。

据考，未央宫是西汉帝国的大朝正宫，汉朝的政治中心和国家象征，建于汉高祖七年（前200年）。由刘邦重臣萧何监造，在秦章台的基础上修建而成，位于汉长安城地势最高的西南角龙首原上，因在长安城安门大街之西，又称西宫。自未央宫建成之后，西汉皇帝都居住在这里，成为汉帝国200余年间的政令中心，所以在后世人的诗词中，未央宫已经成为汉宫的代名词。未央宫是中国古代规模最大的宫殿建筑群之一，总面积约5平方千米，亭台楼榭，山水沧池，布列其中，其建筑形制深刻影响了后世宫城建筑，奠定了中国两千余年宫城建筑的基本格局。未央宫还是丝绸之路的东方起点，建元二年（前139年），张骞就是在未央宫领取了汉武帝的旨意出使西域，从而拉开了轰轰烈烈的凿空之旅，展示了位于丝绸之路东端的东方文明发展水平，见证了汉长安城在丝绸之路发展历程中，兼具时间与空间上的双重起点价值。

37. 白玉龙凤纹韘（图203）

白玉籽料，色白半透，玉质致密，光泽如脂，黑、黄沁色美丽。器形椭圆，两边出廓部分双面镂空雕刻龙凤各一：行龙身形朝外，张口咧牙，四肢后面均有细密的卯头刀纹，身上花纹均为游丝毛雕，非常精细。鸾凤身形朝外，引颈嘶鸣，双腿后面和翅羽边缘均有细密的卯头刀纹，身上花纹均为游丝毛雕，也非常精细。韘形佩正面微凸，上面有一圆孔，其上、下部位有游丝毛雕的云气纹；韘形佩背面微凹，圆孔的下部有游丝毛雕的网格纹。

第六章 汉代玉器

图202-1 白玉双龙铭文璧 西汉
径5.6厘米

图202-2　白玉双龙铭文璧　西汉

第六章 汉代玉器

图203 白玉龙凤纹韘 汉代
高9.2厘米

韘，本为商周时期的射箭护具，战国后逐步演变为随身饰物，又名韘形佩、鸡心佩。汉代韘形佩最为精美流行。西汉韘形佩形体较短小，西汉晚期至东汉形体逐渐拉长。此韘形佩选材上乘，玉质极佳，雕工精细，是西汉晚期之物。

38. 白玉双龙双凤纹佩（图204）

龙凤合体，双身双首，龙飞凤舞。两条夔龙交尾相缠，龙首上扬，龙身外卷，凶猛异常。双龙合抱之间，是双喙相连、引颈合抱且与双龙合身的双凤，似欲长鸣。此佩巧妙地将龙凤身形合一，生动传神，线条流畅。

39. 白玉双凤舞人佩（图204A）

形体较高，一人双凤，两面雕刻。一位贵妇位居其中，发髻浓密，圆脸富态，雍容华贵。身着右衽曲裾深衣，双臂抖动长袖、翩然起舞；腰间系宽丝带，裙角向两边翻卷。深衣的袖口阴刻三角纹线，衣袍上有勾云纹，动感很强。两只鸾凤与贵妇肩首相拥，凤首朝外，姿态优美。此佩用料考究，雕工精细，是西汉早期佳作。

40. 白玉人（图205）

白玉籽料，色白质润，沁色红黄相间。立体圆雕，体小工细，巧夺天工。仕女眉清目秀，头戴发箍，后垂锥髻（游丝毛雕），卷云（如意）形耳，表情谦恭。身着右衽长衫，腰有宽带，双手持璧，似在行祭祀之礼。玉人小器大样，雕工上乘，是西汉中期珍品。

第六章 汉代玉器

图204-1 白玉双龙双凤纹佩 西汉
高7.2厘米

图204-2 白玉双龙双凤纹佩 西汉

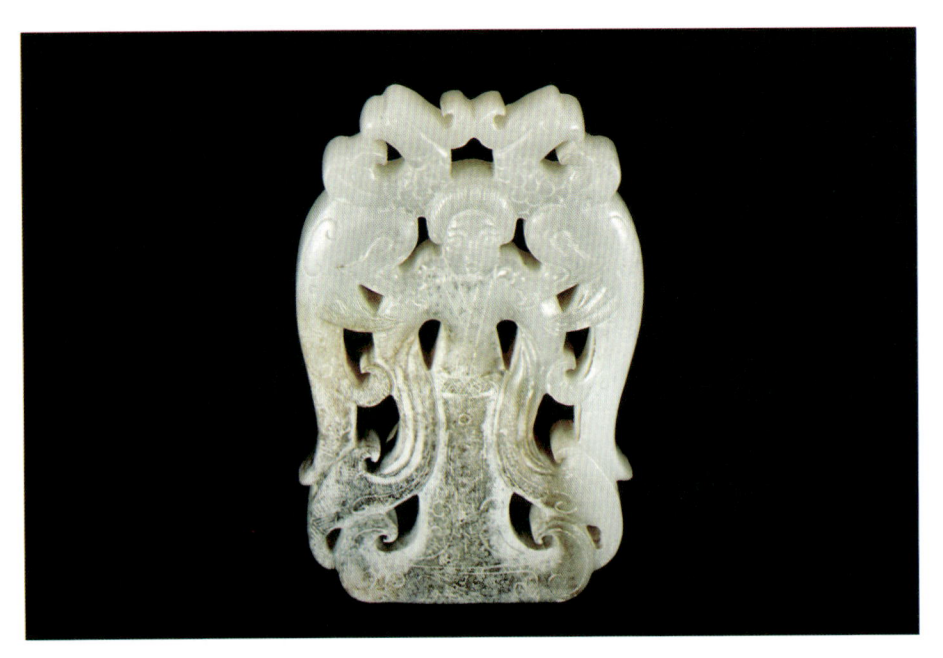

图204A-1　白玉双凤舞人佩　西汉
高6.7厘米

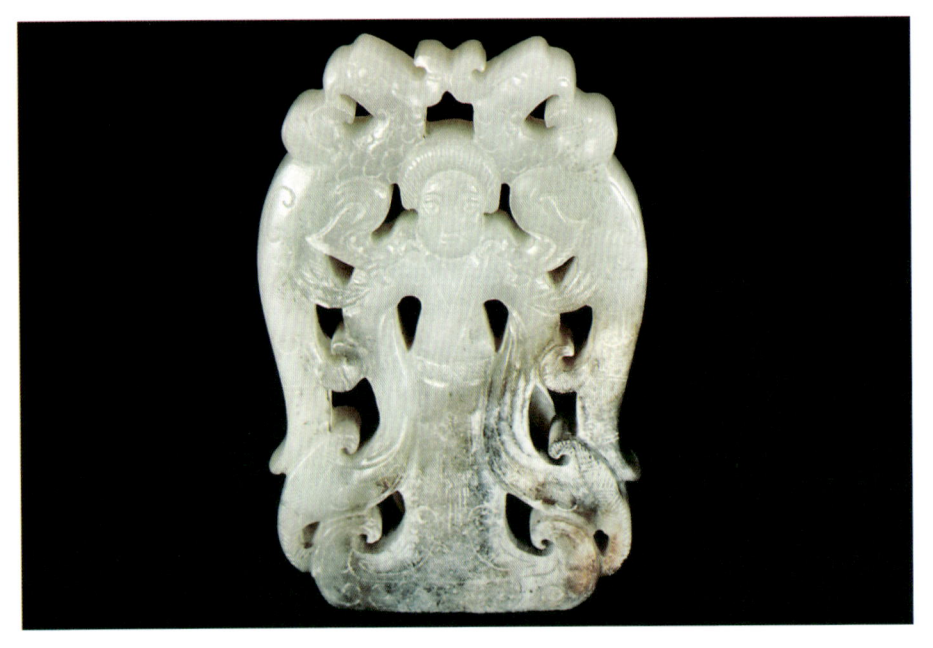

图204A-2　白玉双凤舞人佩　西汉

第六章 汉代玉器

图205-1 白玉人 西汉
高6厘米

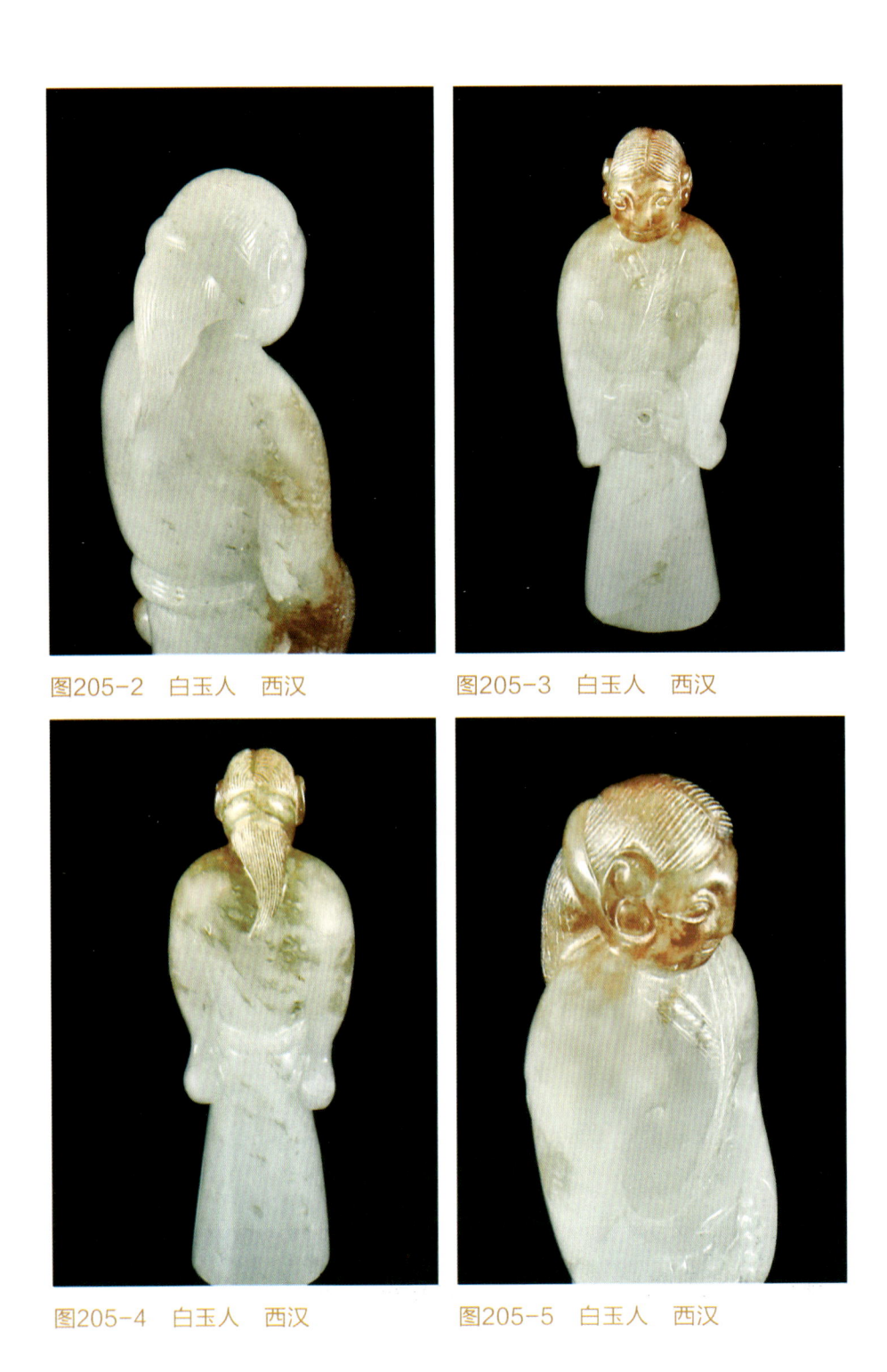

图205-2　白玉人　西汉　　　图205-3　白玉人　西汉

图205-4　白玉人　西汉　　　图205-5　白玉人　西汉

41. 白玉三兽璧（图206）

玉璧的正面高浮雕三兽，一条螭龙身首异处，螭龙方首尖耳，曲身蜿蜒，背刻脊线，四爪攀援，单尾长勾；一条蟠螭紧随其后，尖嘴卷耳，身形细瘦，四爪如兽；蟠螭之后是一头熊罴，粗壮肥硕，仰身朝天，四肢张扬，憨态可掬。三兽形态各异，生动活泼，动感十足。玉璧的背面双线阴刻卷云纹，线条犀利飘逸，为三兽营造了玄妙神秘的氛围，起到了极好的烘托作用。羊脂白玉籽料，如脂如蜡，包浆厚重，精光内蕴。此璧玉材顶级，鬼斧神工，纹饰精绝，红沁鲜活艳丽，水银沁深沉乌亮，黄金沁融入其间，是当之无愧的西汉玉璧极品，国之瑰宝。

42. 白玉螭龙纹佩（图207）

羊脂白玉籽料，洁白温润，沁色美丽。佩长环形，螭龙绻身，方首，独角，刻有飞翼。后半身浮雕卷云纹。绞丝长尾绕于身后。汉代玉佩中圆形团龙的形象最多，此佩呈长方圆形，造型奇特，雕工精巧。

43. 白玉心形佩（图208）

器形别致、似鸡心玉佩，高浮雕、镂雕一螭一凤攀附其上：图208-1为螭龙出廓探出佩外，鸾凤追随其后，龙凤身形蟠转灵动，身上光素无纹，以形取胜。图208-3是龙凤聚首缠绵，鸾凤和鸣。羊脂白玉籽料，质地冰清玉洁。红色、金黄色沁美如云霞。此佩形体大于一般的心形玉佩，美轮美奂，殊为珍罕。

图206-1 白玉三兽璧 西汉
径8.5厘米

图206-2　白玉三兽璧　西汉

图206-3　白玉三兽璧　西汉

图206-4　白玉三兽璧　西汉

图207-1　白玉螭龙纹佩　西汉
长7.9厘米

图207-2　白玉螭龙纹佩　西汉

图208-1　白玉心形佩　西汉
长7.9厘米

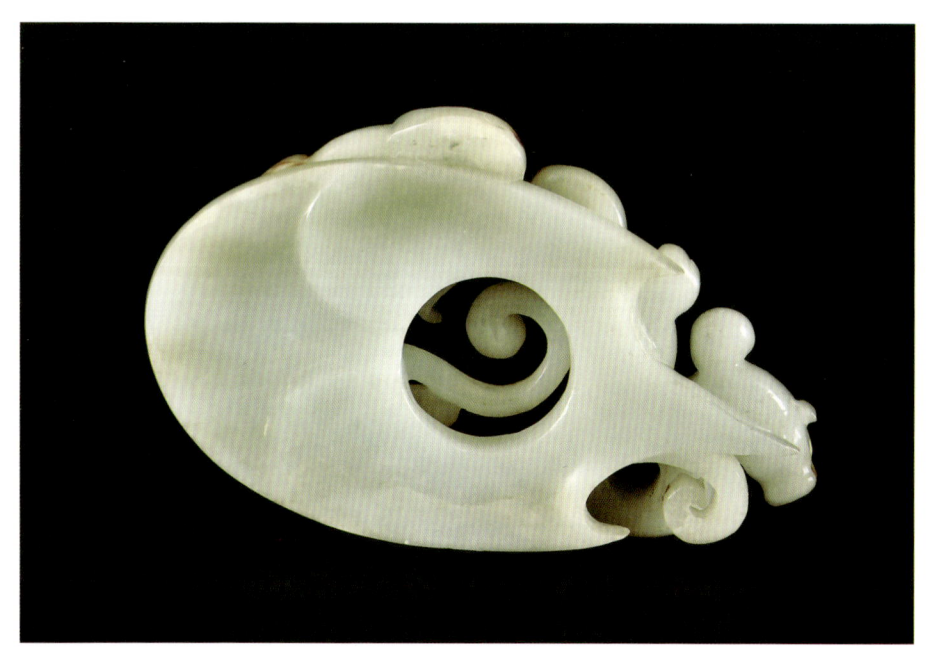

图208-2　白玉心形佩　西汉

图208-3　白玉心形佩　西汉

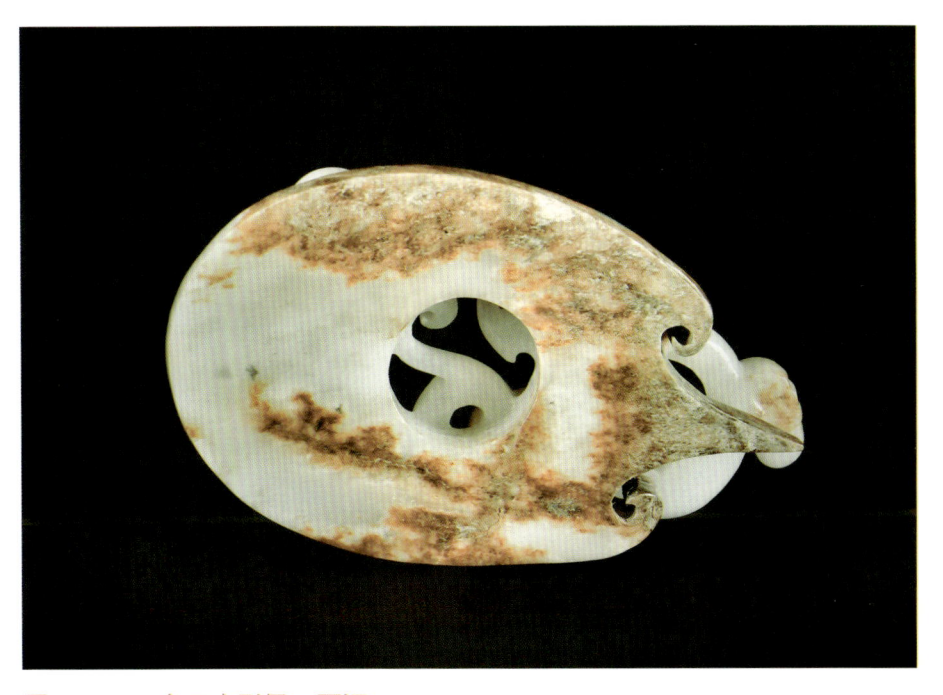

图208-4　白玉心形佩　西汉

44. 黄玉楚女舞人（图209）

一组多个楚式宫廷玉舞人神采飞扬，翩翩起舞。图209-1为双人对舞，高矮错位，头挽椎髻，眉目清秀，纤腰秀颈，丰肉微骨。身着右衽曲裾深衣，上刻云气纹和朵花纹，长袖高扬，低袖缠卷。身形"三道弯"，舞姿飘逸、轻柔、曼妙。图209-2舞人躬身昂首，长袖于头顶翻扬、于腰间缠卷，婀娜多姿。图209-3、4均为卧姿舞人，舞人卧于底板之上，或回首抒袖，或舒展双袖，或上下甩袖，尽显仪容修态、目光渺视、舞姿轻柔的浪漫美。图209-1舞人的长袖卷扬于头顶身前，抒发妙婧纤腰之美。图209-5舞人的左袖甩呈S形、飘于前襟，右袖甩呈环形，正视为双S身形，妙不可言。图209-1双舞人与图209-8双舞人的舞姿有所不同。皆为和田黄玉制作，有老土大红沁和灰皮，包浆浑厚。

据考，《汉书·礼乐志》载汉高祖刘邦喜好楚声："凡乐，乐其所生，礼不忘本，高祖乐楚声，故《房中乐》楚声也"。因此，"楚声""楚舞"在两汉久盛不衰。汉高祖的宠妃戚夫人、唐山夫人表演楚舞时，高祖亲为她们唱楚歌。据《西京杂记》载，戚夫人"善为翘袖折腰之舞"，应是楚舞无疑。楚舞形象在河南南阳和山东曲阜的汉画像石中均有发现。长袖善舞多属楚。浪漫必称楚，这种浪漫体现在服饰的飘逸之风，犹以舞女的长袖细腰、舞姿轻柔为妙，《战国策》《墨子》都有"楚王好细腰，宫中多饿死"的典故。

两汉崇尚楚舞之风反映在玉器上，尤以楚玉最为精致、最受追捧。如此一组风姿绝妙的西汉楚式玉舞人，与北地玉舞人的形象风格迥然不同，其玉材珍贵，雕工精细，形象动人，乃稀世之珍。

第六章 汉代玉器

图209-1 黄玉楚女舞人 西汉
高13.8厘米

图209-2 黄玉楚女舞人 西汉

图209-3 黄玉楚女舞人 西汉

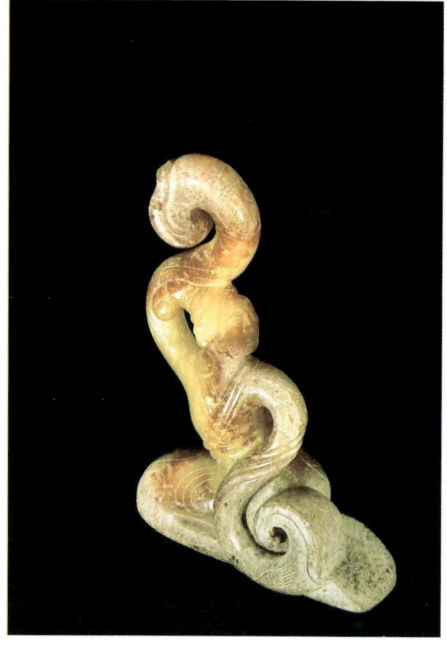

图209-4 黄玉楚女舞人 西汉

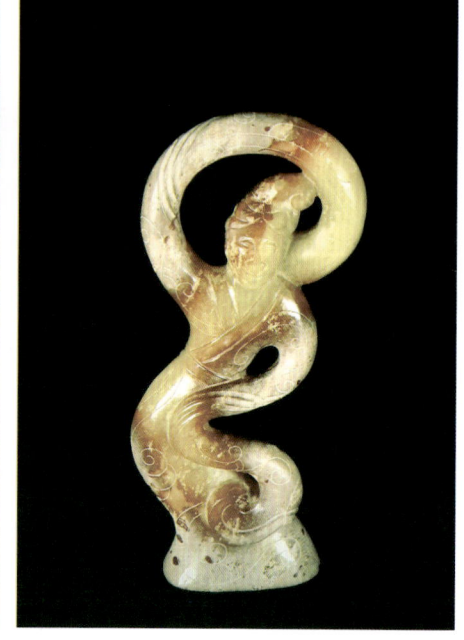

图209-5 黄玉楚女舞人 西汉

图209-6　黄玉楚女舞人　西汉 　　图209-7　黄玉楚女舞人　西汉

图209-8　黄玉楚女舞人　西汉

45. 白玉人（图210-图217）

一组8个西汉玉人，共有7女1男，形体较大，姿态各异，透发出高贵的宫廷之美，这是已知现存最大、最好、最多的汉代组玉人。全部采用和田白玉制作，玉色玉质俱佳，温润细腻，包浆熟旧，沁色自然。

图210玉人身着右衽深衣，跽跪于地，头梳垂髻（西汉末年开始流行），细眉淡眼，卷云（如意）形耳，神情凝重，手捧方炉，腰束宽带，似在祭祀。图211玉人的形象、装束、发式亦与图210玉人相同，区别是该女双手平行合抱并隐于袖内，前袖深雕绞丝状粗衣褶。图213玉人是此组女玉人中唯一站立的，其形象、装束、发式亦与图211玉人相同，地位较高。图214玉人亦为跽跪姿势，蛾眉大眼，脸庞丰腴，双手抚膝，后梳坠马髻。图215、图216玉人与图211玉人相似，区别在于其双手为弯曲合十并隐于袖内。图217玉人与图210玉人相同。

图212是此组中唯一的男玉人，地位最高。躬身站立，身着深衣，腰间系带，头戴进贤冠（三道梁），发髻整齐，双手平行合十并隐于袖内，表情谦恭，似在行礼。据考，进贤冠是汉代最流行的冠饰，一般为文官和儒生所戴，它是由先秦的缁布冠演变而来。公侯的冠上装三道梁，二千石至博士级别官员的冠上装两道梁。制作玉文官的玉质最白最好，形体最大，底部有黄土沁。

大道至简。以上玉人造型简约，其最精致的部位是发髻皆为游丝毛雕，纹缕清晰、丝丝入扣，衣着装束淡雅素朴，人物表情安详端庄，形体塑造栩栩如生，保存完好无损，是西汉圆雕玉人的顶级神品。

第六章　汉代玉器

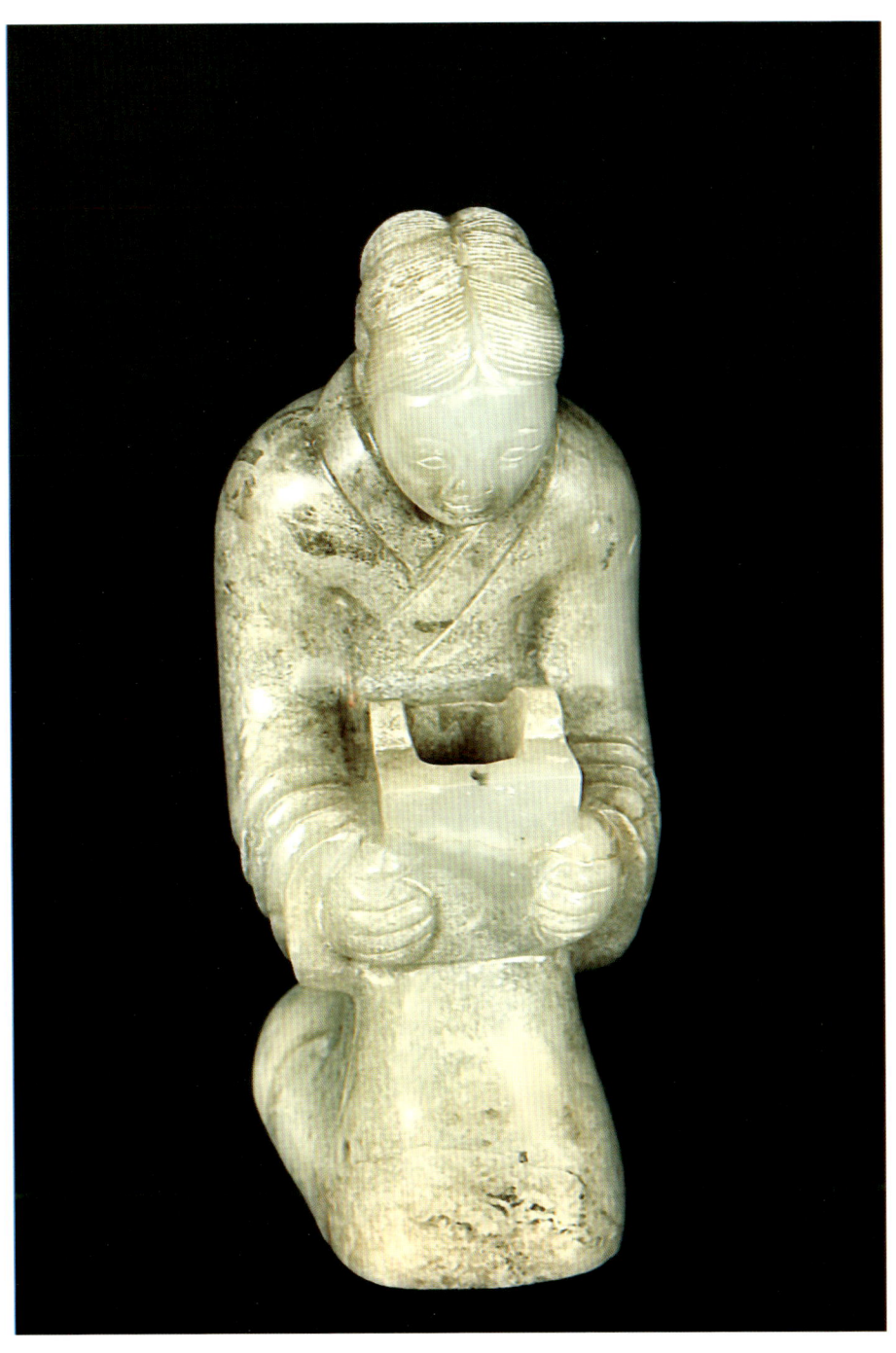

图210-1　白玉人　西汉
高12.3厘米

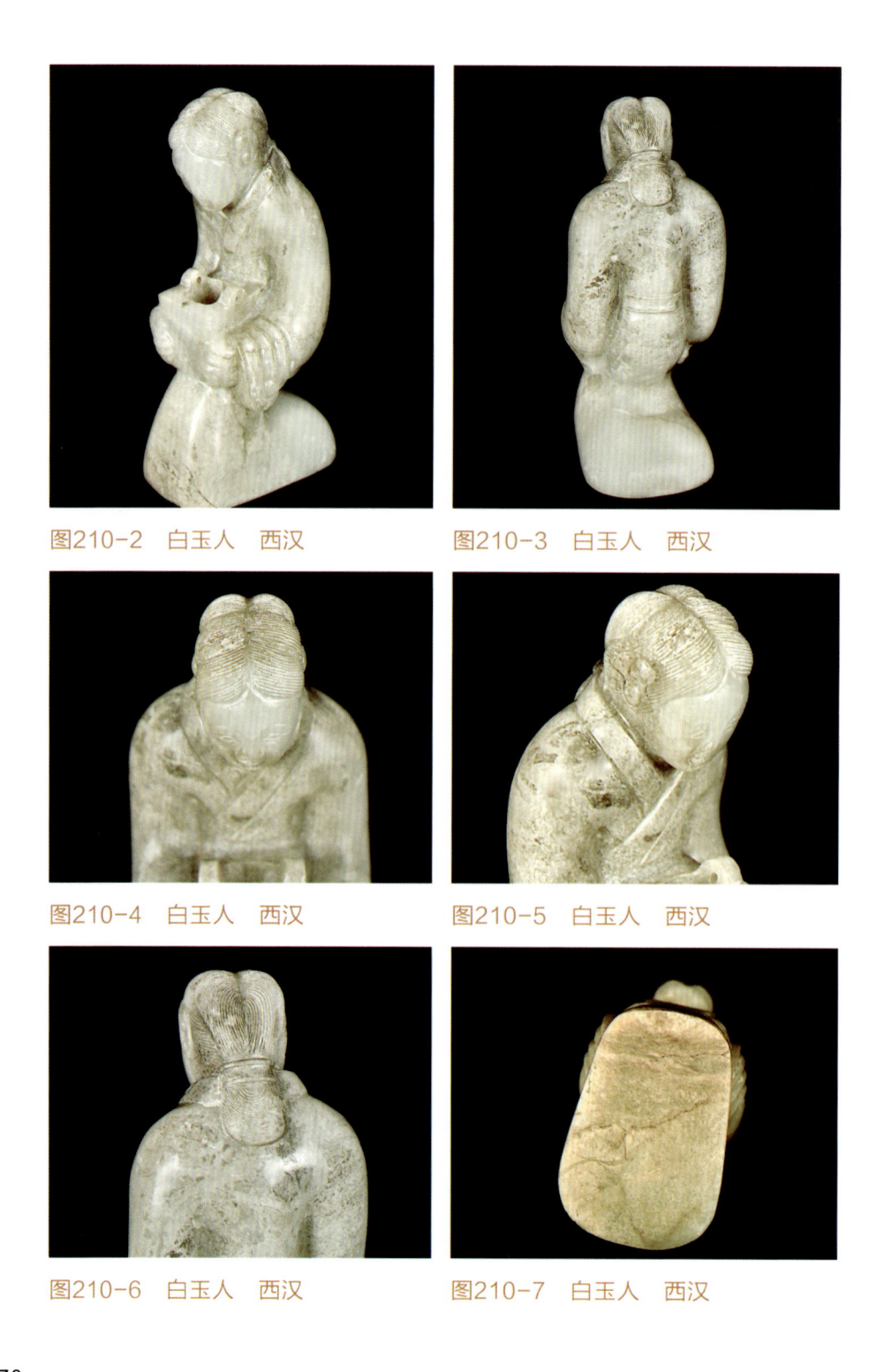

图210-2　白玉人　西汉

图210-3　白玉人　西汉

图210-4　白玉人　西汉

图210-5　白玉人　西汉

图210-6　白玉人　西汉

图210-7　白玉人　西汉

图211-1　白玉人　西汉
高13.7厘米

图211-2　白玉人　西汉

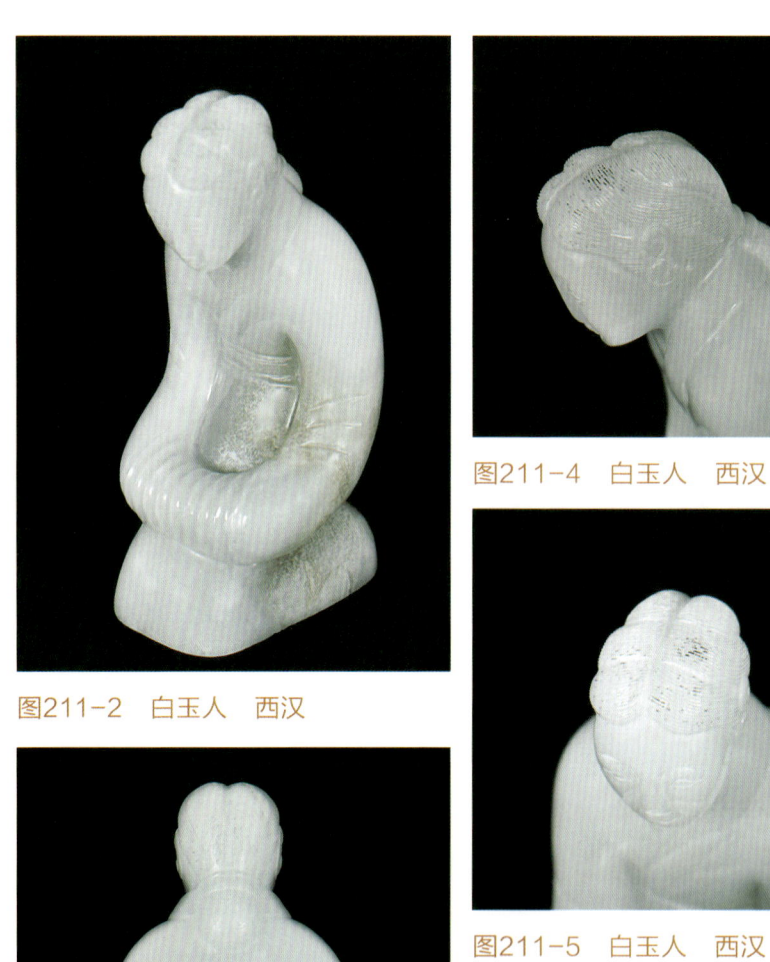

图211-3　白玉人　西汉

图211-4　白玉人　西汉

图211-5　白玉人　西汉

图211-6　白玉人　西汉

第六章 汉代玉器

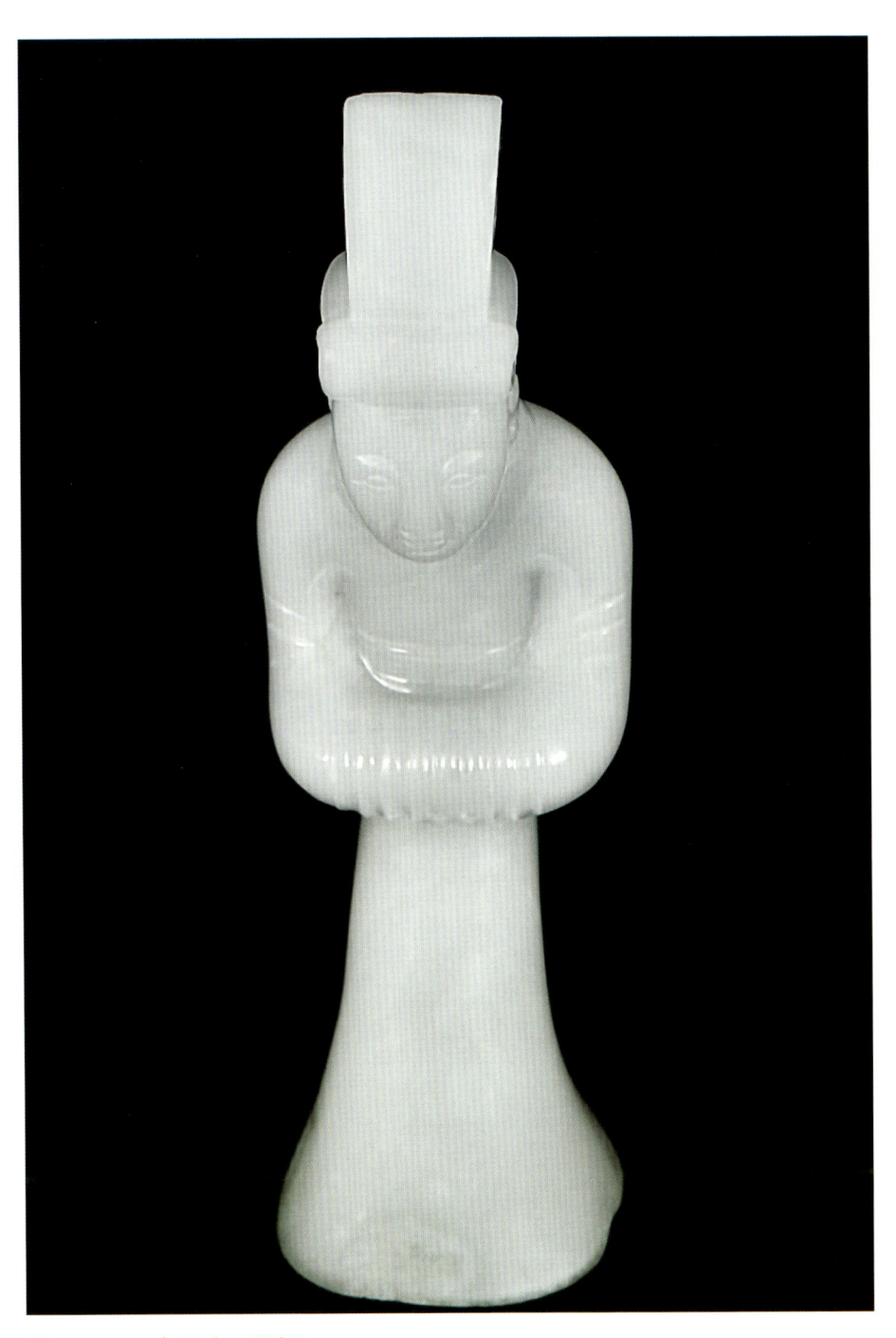

图212-1 白玉人 西汉
高16.2厘米

图212-2 白玉人 西汉

第六章 汉代玉器

图212-3　白玉人　西汉

图212-4　白玉人　西汉

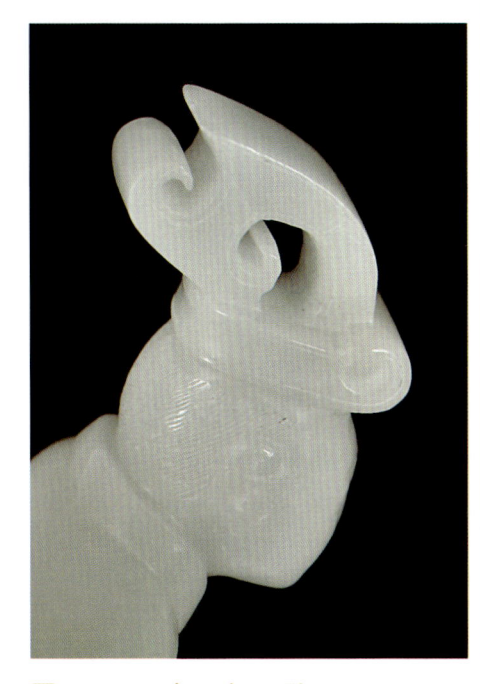

图212-5　白玉人　西汉

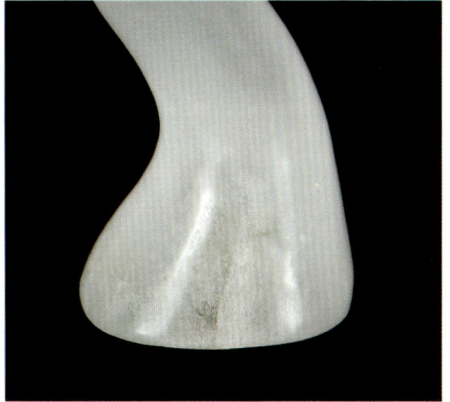

图212-6　白玉人　西汉

图212-7　白玉人　西汉

图213-1　白玉人　西汉
高15.3厘米

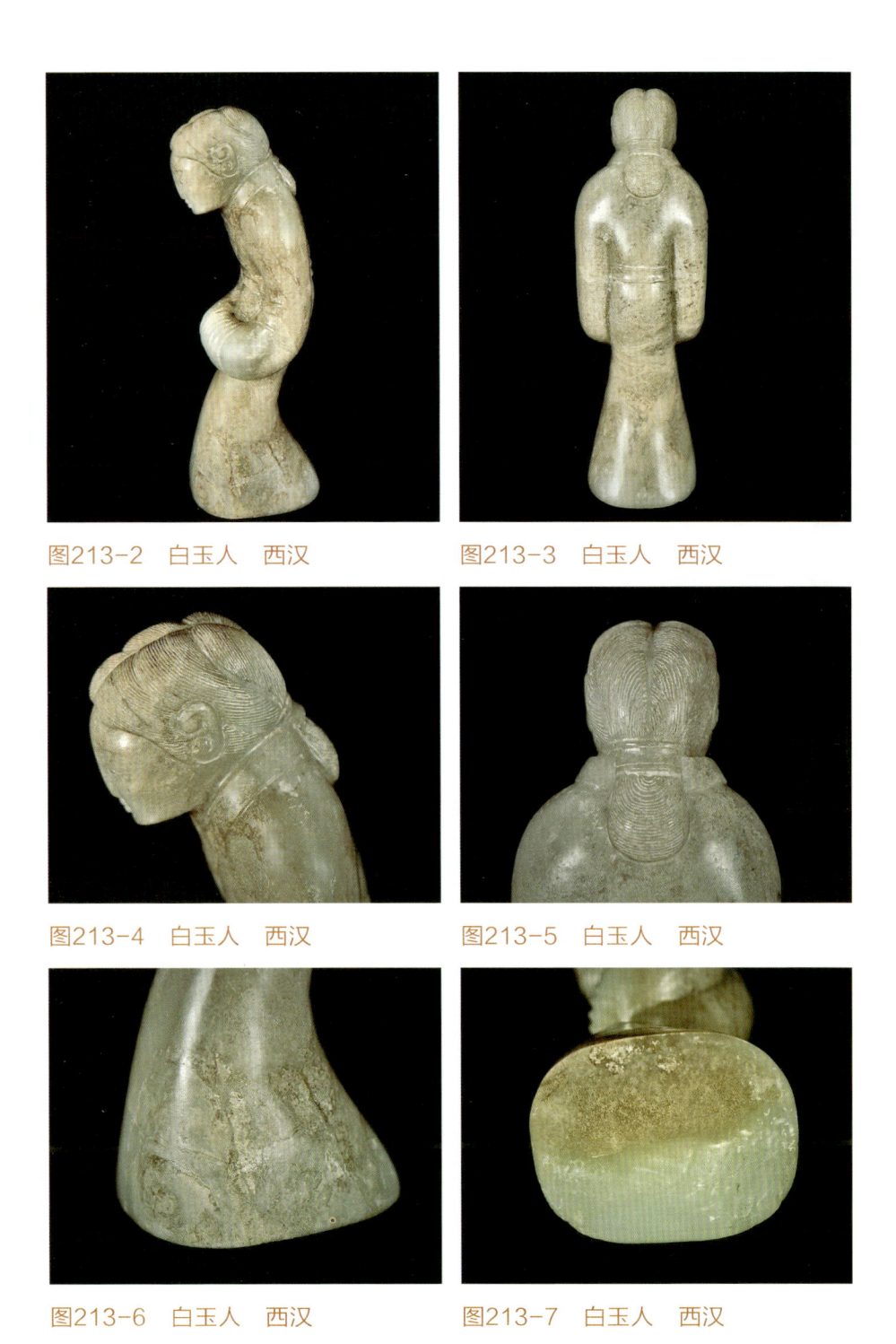

第六章　汉代玉器

图213-2　白玉人　西汉

图213-3　白玉人　西汉

图213-4　白玉人　西汉

图213-5　白玉人　西汉

图213-6　白玉人　西汉

图213-7　白玉人　西汉

图214-1　白玉人　西汉
高13.9厘米

第六章 汉代玉器

图214-2 白玉人 西汉

图214-3 白玉人 西汉

图214-4 白玉人 西汉

图214-5 白玉人 西汉

图214-6 白玉人 西汉

图214-7 白玉人 西汉

图215　白玉人　西汉
高13.3厘米

第六章 汉代玉器

图216-1 白玉人 西汉
高13.3厘米

图216-2　白玉人　西汉

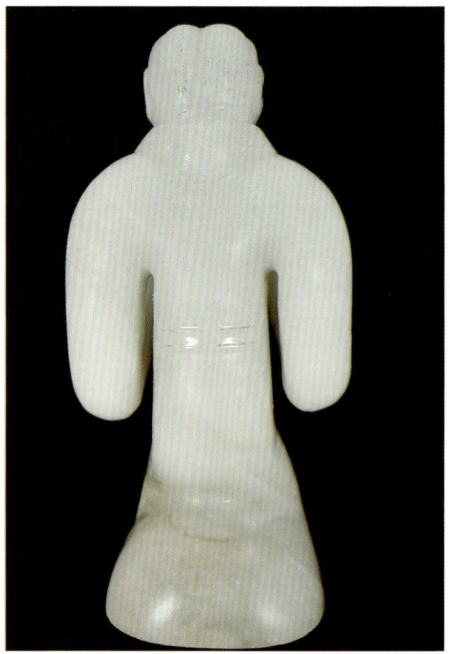

图216-3　白玉人　西汉

图216-4　白玉人　西汉

第六章 汉代玉器

图217-1 白玉人 西汉
高12.8厘米

图217-2 白玉人 西汉

第六章 汉代玉器

图217-3 白玉人 西汉

图217-4 白玉人 西汉　　　　图217-5 白玉人 西汉

46. 白玉螭虺纹佩（图218）

双面雕刻，佩面微凸，浮雕双龙四虺，交相缠绕，出神入化。中上部浮雕螭首一个。虺蛇身上阴刻鳞片，龙身无鳞。羊脂白玉籽料，色白玉润，包浆浑厚，红黄色沁。汉代圆雕的椭圆形玉佩极少，此乃西汉早期作品。

图218 白玉螭虺纹佩 西汉
高6厘米

47. 白玉双螭牌（图219）

长条形玉牌，两端分为方圆。正面是高浮雕的双螭纹，双螭卷尾相交，四爪攀附，头各一端。背面光素无纹。此牌采用羊脂白玉制作，牌厚近2厘米，红黄沁色漫染玉肌，美不胜收。

48. 白玉龙凤纹牌（图220）

牌芯为椭圆形，浮雕饕餮纹，周边满是卷云纹，立体感较强。龙凤合体，牌芯两边有两条鸾凤围绕，身雕羽毛鳞片纹和朵花纹；牌芯下边是两条夔龙承托。和田白玉，质地温润，双面雕刻。此佩凤在上、龙在下，不循惯例，大胆创新，实为罕见。

49. 白玉铭文璧（图221）

羊脂白玉籽料，如脂如银，包浆熟旧，精光内蕴。水银沁乌黑发亮。璧分三区、上下两半，分开为璜、合一为璧。双面镂雕，纹饰相同而铭文不同。上半璧的外区肉窄，上面浮雕卷云纹、间有阴刻三角网格纹，游丝毛雕精细入微；中区肉渐宽，上有镂雕8条蟠螭，缠绕勾连，出神入化；内区肉最宽，镂雕螭凤合体纹，双螭在上、双凤在下、身体相连，螭凤中间簇拥"忠"字铭文。下半璧的纹饰与上半璧完全一样，区别在于与"忠"字对应处镂雕"孝"字。双璧合一即为"忠孝"二字。

据考，"珠联璧合"为汉语成语，出自《汉书·律历志上》："日月如合璧，五星如连珠"。意思是说日月就像美玉（璧）结合在一起，五星（水、金、火、木、土五个行星）就像珍珠联串在一起。后人用"珠联璧合"比喻杰出的人才或美好的事物聚集在一起。

见此玉璧，便知汉代人讲的"珠联璧合"绝非只是比喻，而是确有其物。两个半璧合一即为完璧，"忠"与"孝"合一方为"忠孝"，这都是完美组合。综合考量此璧的用料（直径近20厘米，璧厚0.8厘米）、雕工（阴刻、浮雕和镂雕）和吉语，应是西汉晚期玉器之绝品。

图219-1　白玉双螭牌　西汉

图219-2　西汉白玉双螭牌　西汉

图219-3　西汉白玉双螭牌　西汉

第六章 汉代玉器

图220-1　白玉龙凤纹牌　西汉
高6.4厘米

图220-2　白玉龙凤纹牌　西汉

图221-1 白玉铭文璧 汉代
径19.6厘米

第六章　汉代玉器

图221-2　白玉铭文璧　汉代

图221-3　白玉铭文璧　汉代

图221-4　白玉铭文璧　汉代

图221-5　白玉铭文璧　汉代

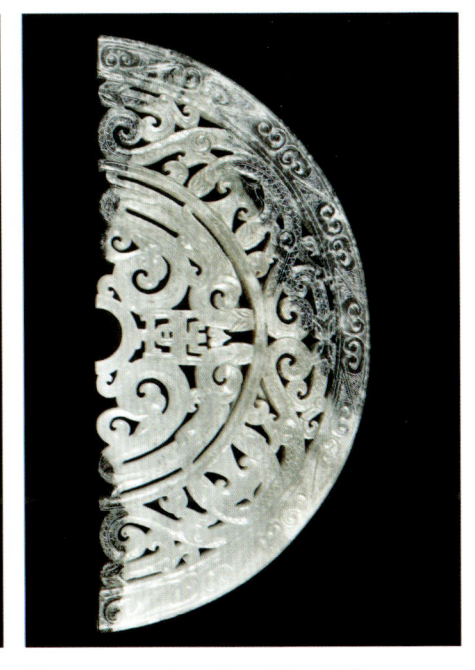

50. 黄玉出廓璧（图222）

　　圆璧与出廓的长短相当，双面雕刻：璧肉浮雕谷纹，排列较密、凸圆。出廓的下部为双龙相背，龙首兽身，龙首朝外，张牙舞爪，前爪合拢，两翅飞展，异常凶猛；上部与双龙对应处有背向两个军士，军士头戴帽盔，身着铠甲，身体半蹲，尖靴蹬于龙首，似为作战状。出廓纹饰精巧繁密，充分采用阴刻、浅浮雕和镂雕技法，层次分明清晰，生动传神。此璧用料考究，形体硕大，纹饰精美，沁色美丽，是西汉出廓玉璧之神品。

51. 白玉连体舞人出廓璧（图223）

　　和田白玉，稍有黄土沁。璧肉阴刻勾连鼓钉纹，璧好内镂雕连体双舞人。舞人卷发外撇，一袖高扬头顶，一袖飘绕深衣，舞姿飘逸。璧外上部出廓，镂雕双龙戏珠纹，生动传神。以镂雕双舞人作为玉璧纹样的非常之少，此璧造型精巧，雕工一流，弥足珍贵。

52. 白玉龙形佩（图224）

　　和田白玉籽料，玉质致密温润，包浆浑厚，精光内蕴。黑、红、黄三色彩沁自然天成。双面雕刻，精美绝伦：夔龙身呈"S"形，回首张口，口形如钺，水滴长眼，双角倒卷，全身大部分浮雕鼓钉纹、局部有朵花纹。龙背有三齿出脊，腹下双腿卷曲，上有游丝毛雕鳞片。龙身末端呈齿状，旁有绞丝卷尾。

　　此种形制的龙形玉佩极少，装饰纹样繁复，雕工技法娴熟，是西汉早中期作品，殊为难得。

图222-1　黄玉出廓璧　西汉
高19.1厘米

图222-2　黄玉出廓璧　西汉

图222-3　黄玉出廓璧　西汉

图223-1 白玉连体舞人出廓璧 西汉
高15.7厘米

图223-2　白玉连体舞人出廓璧　西汉　图223-3　白玉连体舞人出廓璧　西汉

图223-4　白玉连体舞人出廓璧　西汉　图223-5　白玉连体舞人出廓璧　西汉

图224-1　白玉龙形佩　西汉
长10.4厘米

图224-2　白玉龙形佩　西汉

53. 黄玉羽人驭马（图225）

通体圆雕，展现出一幅天马羽人在仙境中凌云遨游的神态。天马仰头挺胸，双耳竖立，张口露齿，目视前方，马尾卷曲，身侧刻有羽翼、全身刻云气纹，足踏祥云底板，前蹄腾空冲向云头，形似天马行空。马背上的羽人瓦面尖额，双目圆睁，纶巾束首，身披短襦，双翅舒展，双臂挽缰，双腿夹腹，凝目向前。此器的天马仙人神态各异，形象灵动，相得益彰。取材和田秋梨黄玉，晶莹剔透，温润细腻，包浆熟旧。

此前于1966年陕西咸阳新庄汉元帝渭陵西北汉代遗址出土了一件白玉仙人骑马玉饰（长8.9厘米，现藏咸阳市博物馆），被定为国宝级文物。此器不仅与馆藏品相似且形体略大，又以名贵黄玉为料，制作精绝，亦为西汉晚期玉雕绝品。

54. 黄玉蟠螭狩猎纹璧（图226）

此璧为双面纹饰。正面采用高浮雕、圆雕、镂雕三合一的技法，雕刻出5条生动威猛的螭龙，攀附于璧面上：螭龙方首短耳，身形盘曲、背部刻有单线，四肢后部均有细密的卯头刀纹，单尾卷曲并雕刻绞丝纹、尾后部略有小分叉。背面的内外缘均雕刻凸棱带，璧面上浅浮雕狩猎图：共有6人与10兽交战，6个仙人或持矛或挥刀，或骑兽或徒步，与周围的巨蟒毒蛇、飞鹰玄鸟、豺狼虎豹搏斗鏖战，厮杀激烈，场景生动。

高浮雕玉璧流行于汉代，以蟠螭、龙凤纹居多。狩猎纹也是战汉玉器流行的纹饰之一。但是面世高浮雕玉璧的直径多在5–10厘米，直径10厘米以上、确认到代的这类玉璧不多，而仿品极多。目前所见的汉代高浮雕玉璧上的蟠螭数一般为1–2条，3条以上的真品极少。此璧浮雕、镂雕蟠螭数达5条之多，至今首见。此璧玉质好、直径大，纹饰精美绝伦，贵为西汉玉璧神品。

图225-1　黄玉羽人驭马　西汉
长11.2厘米

图225-2　黄玉羽人驭马　西汉

第六章 汉代玉器

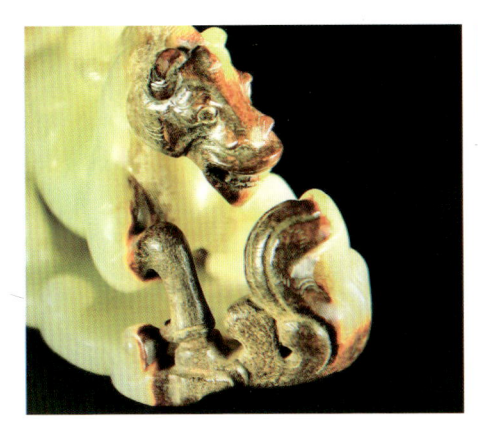

图225-3　黄玉羽人驭马　西汉

图225-4　黄玉羽人驭马　西汉

图225-5　黄玉羽人驭马　西汉

图225-6　黄玉羽人驭马　西汉

图225-7　黄玉羽人驭马　西汉

501

图226-1 黄玉蟠螭狩猎纹璧 西汉
径13.9厘米

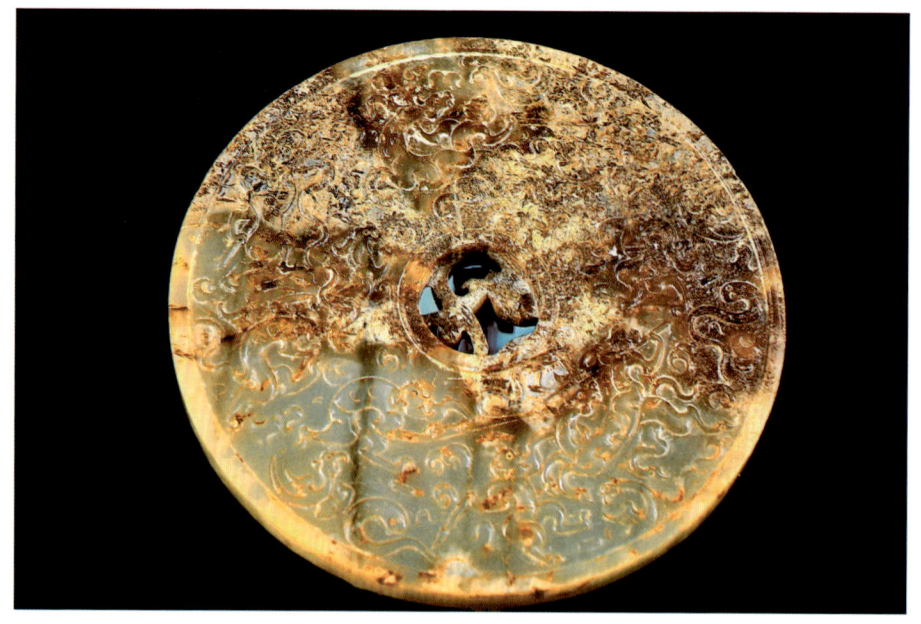

图226-2 黄玉蟠螭狩猎纹璧 西汉

55. 白玉龙凤纹斧形佩（图227）

羊脂白玉籽料，玉质如脂，温润细腻，包浆浑厚，精光内蕴，沁色美丽。形似长斧，双面雕刻。顶部镂雕双龙戏珠纹，两条夔龙自下而上地抱绕斧身，斧尾阴刻勾云纹，中部浮雕卷云纹，下部光洁如银。此佩精工细作，品级至高。

56. 白玉貔貅（图228）

通体圆雕，栩栩如生。貔貅昂首挺胸，双角如鹿，尖耳。高眉圆眼，阔鼻如狮，张口呲牙，尖舌上卷，垂须如缕。身形雄健，四肢伏地，双翼飞展，绞丝卷尾。胯部刻有轮廓线，腿外缘有卯头刀纹，四爪如勾。和田白玉籽料制作，洁白如脂，包浆浑厚，精光内蕴。此乃西汉中期圆雕玉动物之神品。

57. 白玉龙龟（图229）

和田白玉籽料，如脂如蜡，精光内蕴，包浆厚重，黑、红、黄三色彩沁。龙首龟身，颇似玄武。龙首双角如鹿，尖耳。高眉圆眼，阔鼻如狮，张口呲牙，尖舌上卷，垂须如缕，颈部包绕棘翅。龟背阴刻龟甲纹，上有高浮雕螭龙9条，蜿蜒缠卷，神形不一。螭首长方，单角单尾。长尾上无绞丝纹。四足四爪，底板雕半弧纹。螭腿和四足的外缘均有卯头刀纹。

据考，龙龟，亦称龙头龟、霸下、赑屃。头尾似龙，身似陆龟。玄武、赑屃等造型皆取形于它。相传它为古代神龙所生九子之一，背负河图洛书，揭显天地之数，物一太极，上通天文，下知地理，中和人世。龙龟是龙神和灵龟的化身。此器玉料极佳，形体硕大，纹饰精致，是汉代玉雕重器。

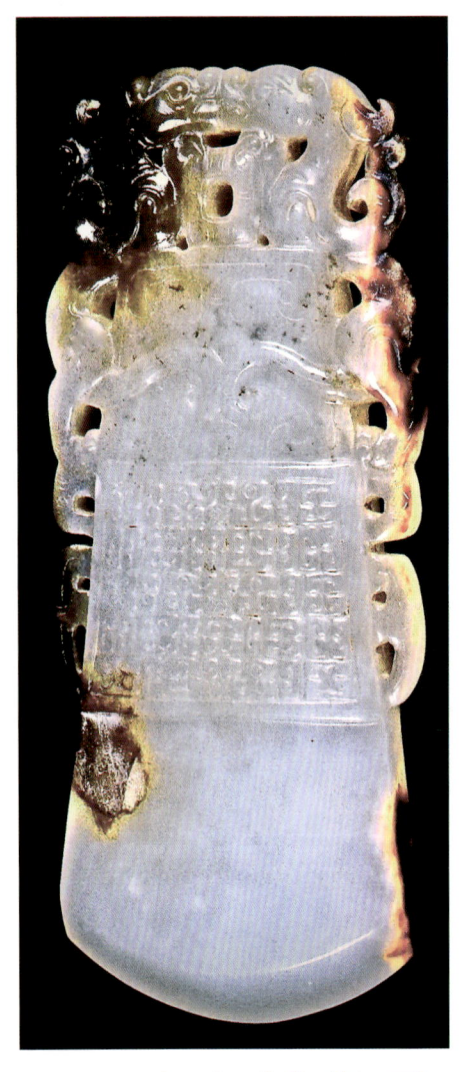

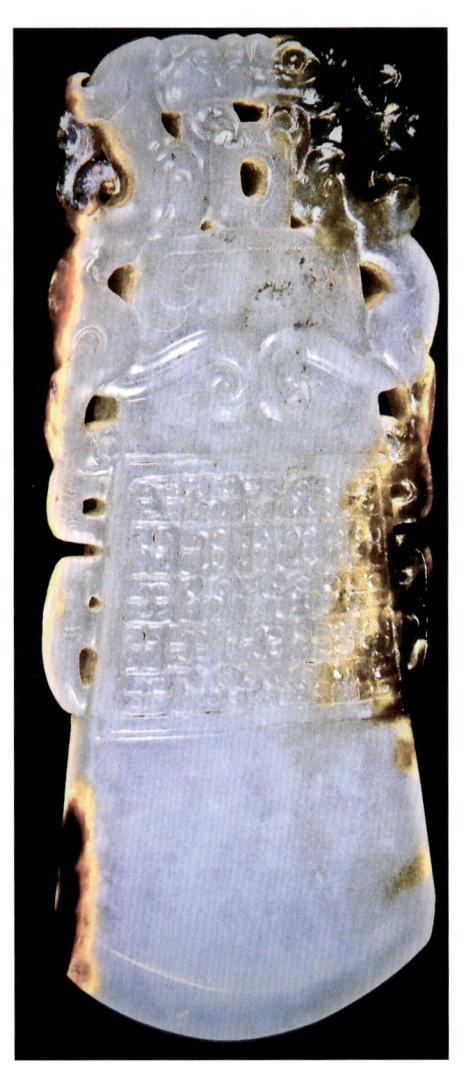

图227-1 白玉龙凤纹斧形佩 西汉
高9.4厘米

图227-2 白玉龙凤纹斧形佩 西汉

第六章 汉代玉器

图228-1 白玉貔貅 西汉
长15.3厘米

图228-2 白玉貔貅 西汉

图228-3　白玉貔貅　西汉

图228-4　白玉貔貅　西汉

图228-5　白玉貔貅　西汉

图229-1 白玉龙龟 西汉
长15.6厘米

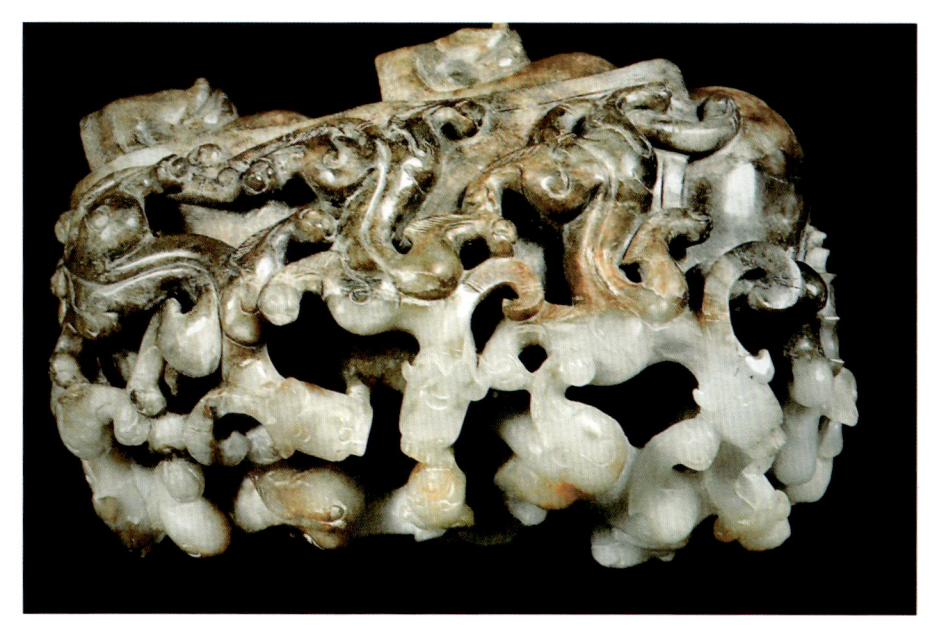

图229-2 白玉龙龟 西汉

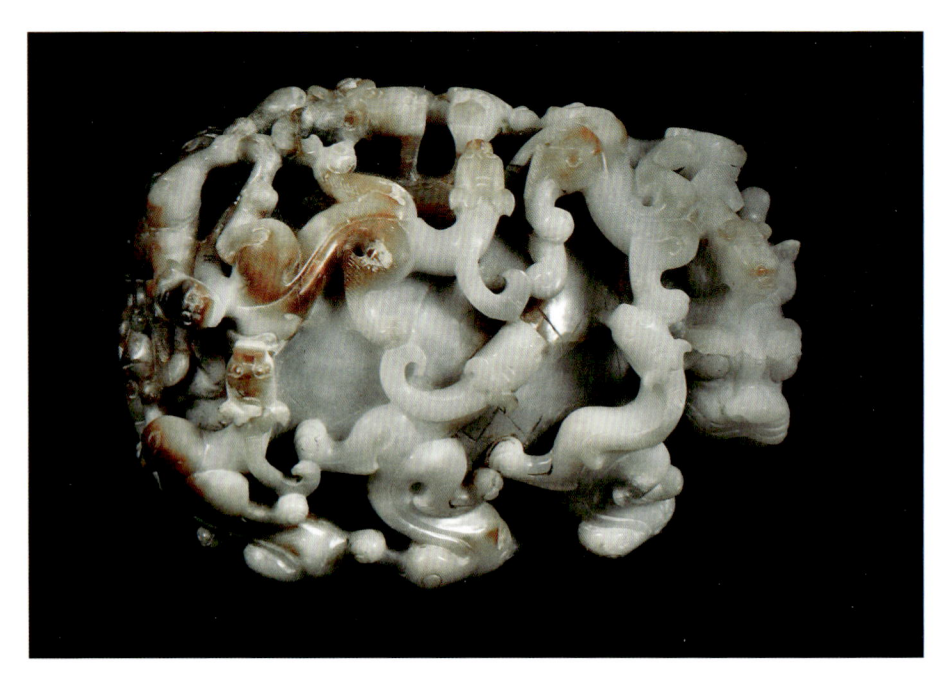

图229-3　白玉龙龟　西汉

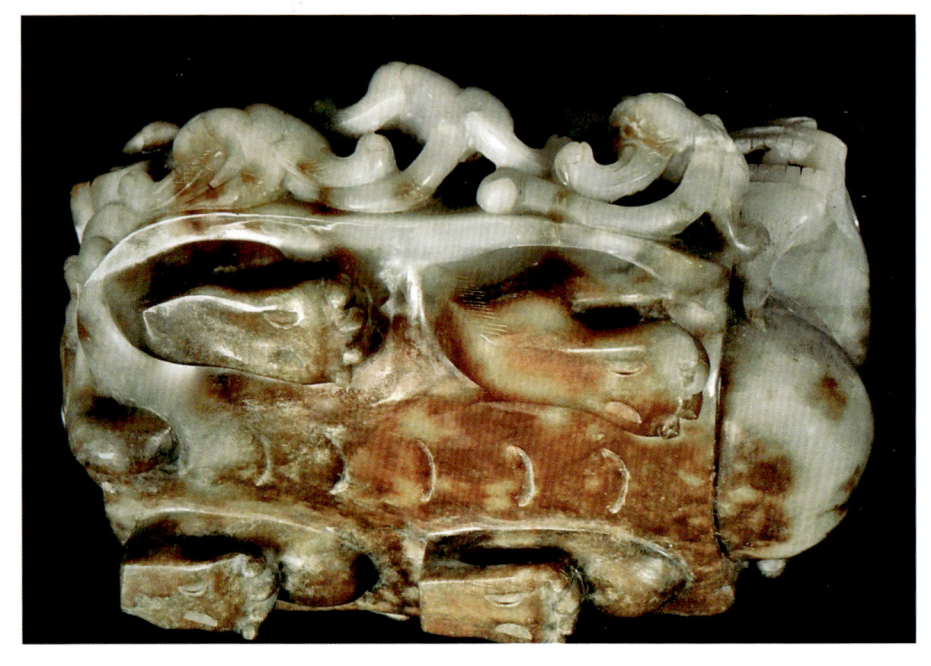

图229-4　白玉龙龟　西汉

58. 白玉仙人骑兽（图230）

神兽昂首挺胸，独角，尖耳。高眉圆眼，阔鼻如狮，张口呲牙，尖舌上卷，垂须如缕。身形矫健，两侧双翼，绞丝卷尾，四肢伏地。胯部刻有轮廓线，四爪如勾。羽人圆脸昂首，头戴尖帽，脚蹬尖靴，赤身露体，双手抱紧兽角，飘然欲飞。汉代圆雕仙人骑兽题材的玉器，其仙人多为羽人形象，坐骑有神兽、貔貅、鸾凤和天马不一。凡此种种，都是优料精工，形体较大，神采飞扬，件件为宝。此器是西汉早期作品，殊为难得。

59. 白玉双兽羽人（图231）

和田白玉，玉质致密温润，枣红沁非常美丽。形体欣长，双兽为前龙后熊：一条张牙舞爪的神龙躬身欲扑，高眉圆眼，张口呲牙，尖舌上卷，垂须似缕。双角长卷，两侧飞翼，短粗尖尾，四肢伏地。胯部刻有轮廓线，腿后有卯头刀纹，三爪如鹰。神龙臀部骑有一熊，呲牙咧嘴，身雕飞翼，双爪抓住神龙双角，形象凶猛。龙首前方，有一跪地羽人，短发后披，面对龙口，双目圆睁，从容淡定，双手揪住龙须，似在奋力拼搏。此圆雕玉件构思，想象力丰富，工艺精湛，实为西汉玉器之神品。

60. 黄玉鹿（图232）

双角分叉，垂于背上。尖耳圆眼，四肢匍伏，前肢并拢，后肢散开。安卧于地，神态祥瑞。周代以片雕玉鹿见长，汉代玉鹿多圆雕，立体感更强，更加写实。此鹿整体圆雕，以形取胜。和田黄玉，玉质温润，包浆醇厚，生动可爱。

图230-1　白玉仙人骑兽　西汉
长15.6厘米

图230-2　白玉仙人骑兽　西汉

图230-3　白玉仙人骑兽　西汉

图230-4　白玉仙人骑兽　西汉

图231-1　白玉双兽羽人　西汉
　长16.3厘米

图231-2　白玉双兽羽人　西汉

第六章　汉代玉器

图232　黄玉鹿　西汉
长8.3厘米

61. 白玉龙形杖首（图233）

羊脂白玉籽料，温润细腻，精光内蕴，包浆熟旧。龙首造型，眉骨高挺分撇，大眼圆凸，阔鼻如狮，张口咧牙，尖舌翻卷，尖耳后掠。颈部如管，内膛掏空、用以插杖。见有战国晚期的青铜错金龙形杖首，与此器相似。此器用料考究，形制古朴，难得一见。

图233-1　白玉杖首　西汉
长7.8厘米

图233-2　白玉杖首　西汉

图233-3　白玉杖首　西汉

62. 黄玉人（图234）

这是一对玉女玉童，姿态各异。玉女（图234-1）头梳双髻，椭圆脸庞，眉目清秀，身着长衫（上有阴刻云纹），腰系宽带，双袖卷于膝前，双腿交叉而坐。玉童（图234-3）头顶圆帽，圆头虎脑，也身着长衫（上有阴刻云纹），前后摆袖，盘腿而坐。和田黄玉制作，红沁艳丽，双童戏耍，形神毕肖。

63. 白玉神兽（图235）

和田白玉，身形似犬，呈奔跑状。凸眉高鼻，尖耳竖立。神兽口衔活套环链头，环链另一端扣于兽背方槽内。双侧飞翅，后脊出勾形齿。四肢修长，腿后边有卵头刀纹。卷尾如炬，四爪似勾。此兽形神怪异，线条优美，雕工精细，口衔活链，极其珍贵。

64. 白玉天禄镇（图236）

长方镇座，打磨光滑。座上圆雕天禄一只，侧首而视。单角，水滴眼，高鼻，横宽阔嘴，呲露巨齿，双耳后掠。肢体壮硕，两肋有翼，长尾下垂。天禄形象如狮似虎，威风八面，摄人魂魄。

据考，天禄，亦称天鹿，是我国古代神话传说中的神兽，与"天命"和"禄位"有关。古代多雕刻成形以避邪，谓能被除不祥，永绥百禄，故称为天禄。《后汉书》卷八《孝灵帝纪》："复修玉堂殿，铸铜人四，黄钟四，及天禄、虾蟆"。天禄和辟邪自汉代起多作镇墓兽，天禄头有单角，辟邪为双角，两者似狮虎而带翼，故古人认为狮虎凶猛，可除凶祟，亦常作升仙之座骑。此玉镇采用顶级羊脂白玉制作，玉色如脂似蜡，质地细腻温润，打磨抛光精细，伴有美丽的水银沁、枣红沁和金黄沁，美不胜收。天禄形象威震四方，堪称一绝。

图234-1 黄玉人 西汉
高9.1厘米

第六章　汉代玉器

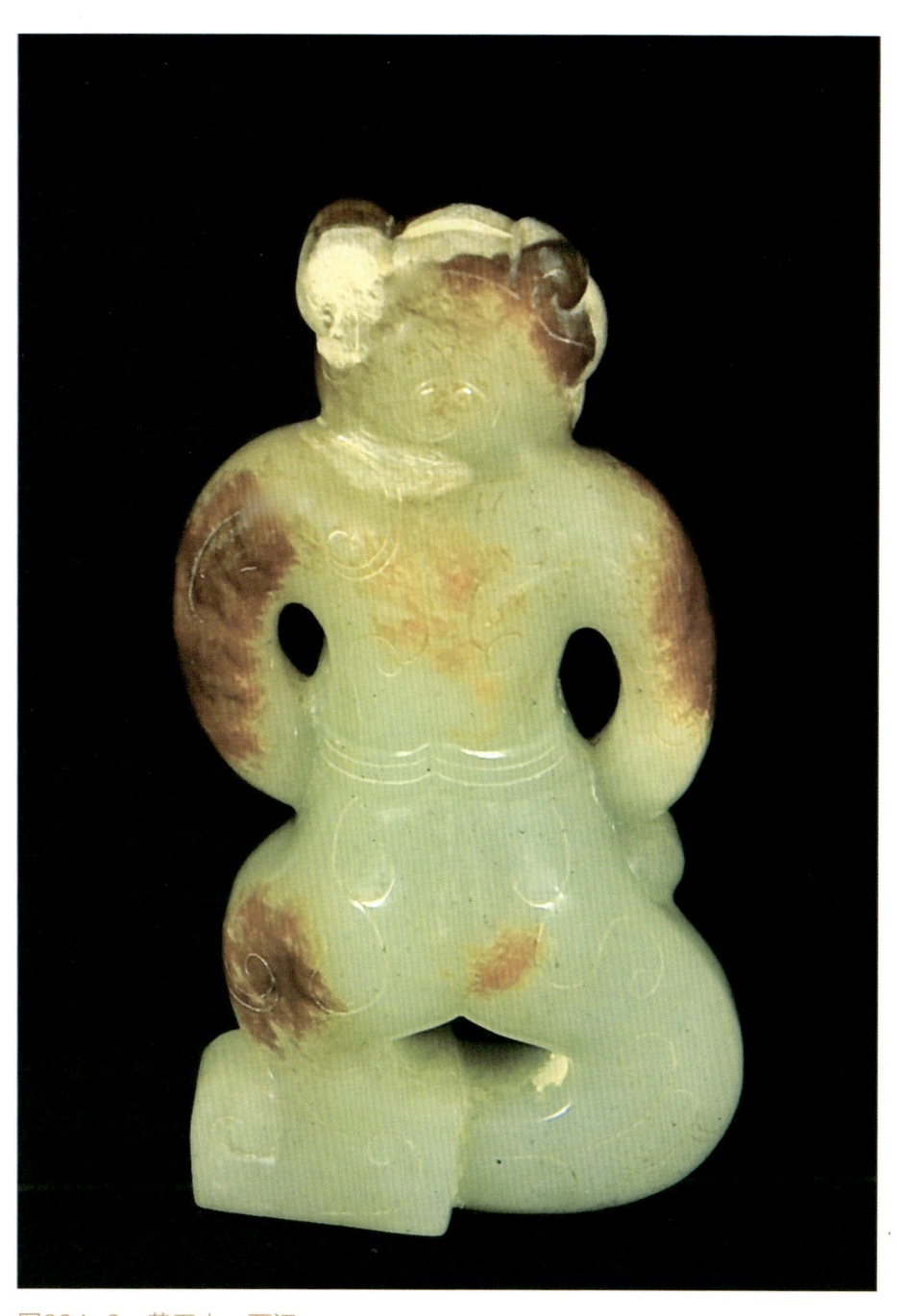

图234-2　黄玉人　西汉

图234-3　黄玉人　西汉

图234-4 黄玉人 西汉

图235-1 白玉神兽 西汉
长14.6厘米

图235-2 白玉神兽 西汉

图236-1　白玉天禄镇　西汉
长11.8厘米

图236-2　白玉天禄镇　西汉

图236-3　白玉天禄镇　西汉

65. 白玉神兽（图237）

和田白玉籽料，局部有水银沁、老土大红沁和金黄沁。形似猛虎，头部硕大，粗眉圆眼，阔鼻方口，呲牙咧嘴。身形健壮，四肢蜷伏，双翅微展，似欲扑食。长尾后卷，四足四爪。此乃西汉早期玉雕珍品。

66. 白玉卧龙镇（图238）

长方镇座，光润爽滑。座上圆雕一条卧龙，龙首兽身。兽身伏卧，龙首仰视。短角，水滴眼，高鼻，横宽阔嘴，张口咧牙，龙鬃浓密披后。龙体矮硕，两胁有翼，短尾翻卷。龙首威风凛凛，线条洗练，纹饰简约。取材顶级白玉籽料，沁色瑰丽，包浆熟旧。蟠龙形神兼备，是西汉圆雕玉器的经典之作。

67. 白玉双螭护心镜（图239）

和田白玉。正面高浮雕螭龙纹，两条螭龙出没于海水波涛之中，形体细瘦蜿蜒，线条生动流畅。背面光素无纹，等距三角处各有一个镂孔，为系绳固定之用。玉质护心镜或为实用，或为装饰尚不得而知，此乃首见。

68. 白玉辟邪（图240）

昂首挺胸，双角，尖耳。高眉圆眼，阔鼻如狮，张口呲牙，尖舌上卷，垂须内卷。身形雄健，两侧双翼，绞丝卷尾，四肢伏地。胯部刻有轮廓线，四爪如勾。羊脂白玉籽料，沁色绝佳。小器大样，殊为难得。

69. 白玉熊戏蟒（图241）

羊脂白玉籽料。熊黑坐立，短耳外卷，双眼圆睁，高鼻长嘴，双腿并拢，短尾内收。熊爪抓着一条巨蟒，在胸前戏耍，面无惧色。巨蟒吐舌分叉，近舔熊耳，显得亲密无间。汉代圆雕玉熊时有所见，基本是独立成型。此器匠心独具，将熊蟒相戏雕成陈设玉件，拙朴可爱，空前绝后。

图237-1　白玉神兽　西汉
长12.9厘米

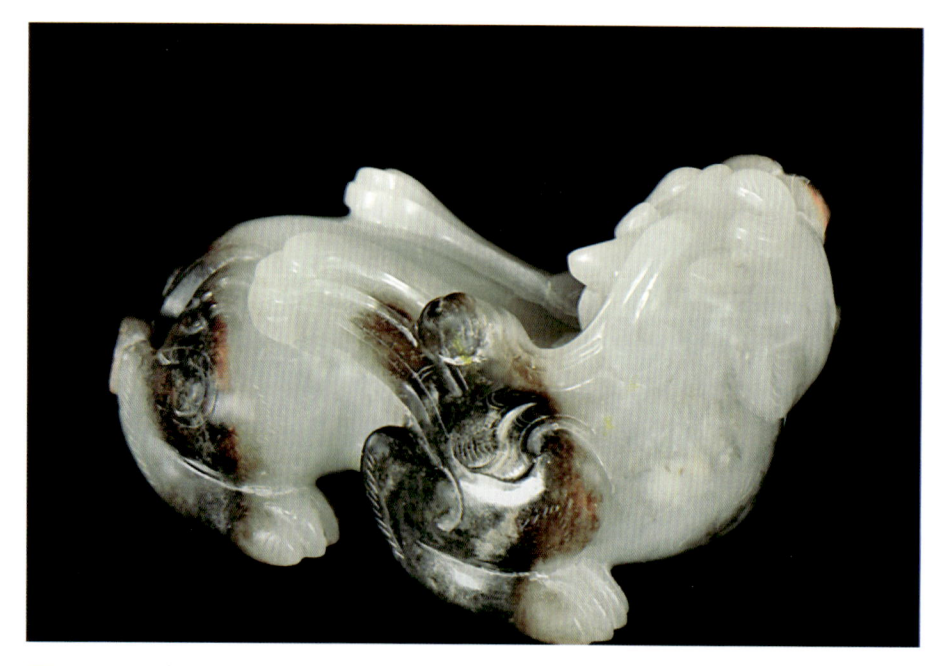

图237-2　白玉神兽　西汉

第六章 汉代玉器

图238-1　白玉卧龙镇　西汉
长8.9厘米

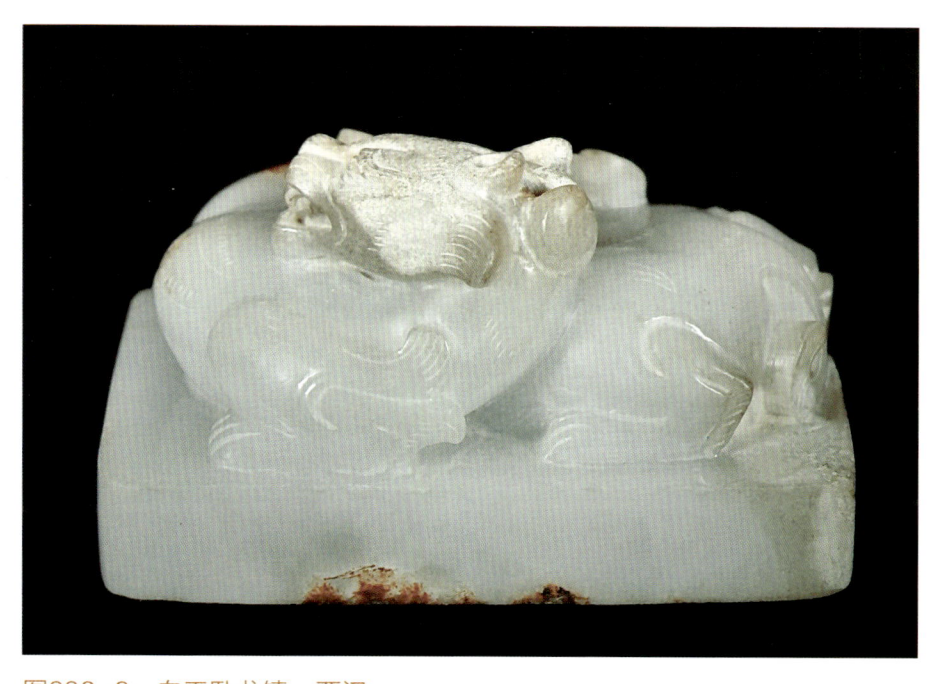

图238-2　白玉卧龙镇　西汉

525

图239-1　白玉双螭护心镜　西汉
径8.6厘米

第六章 汉代玉器

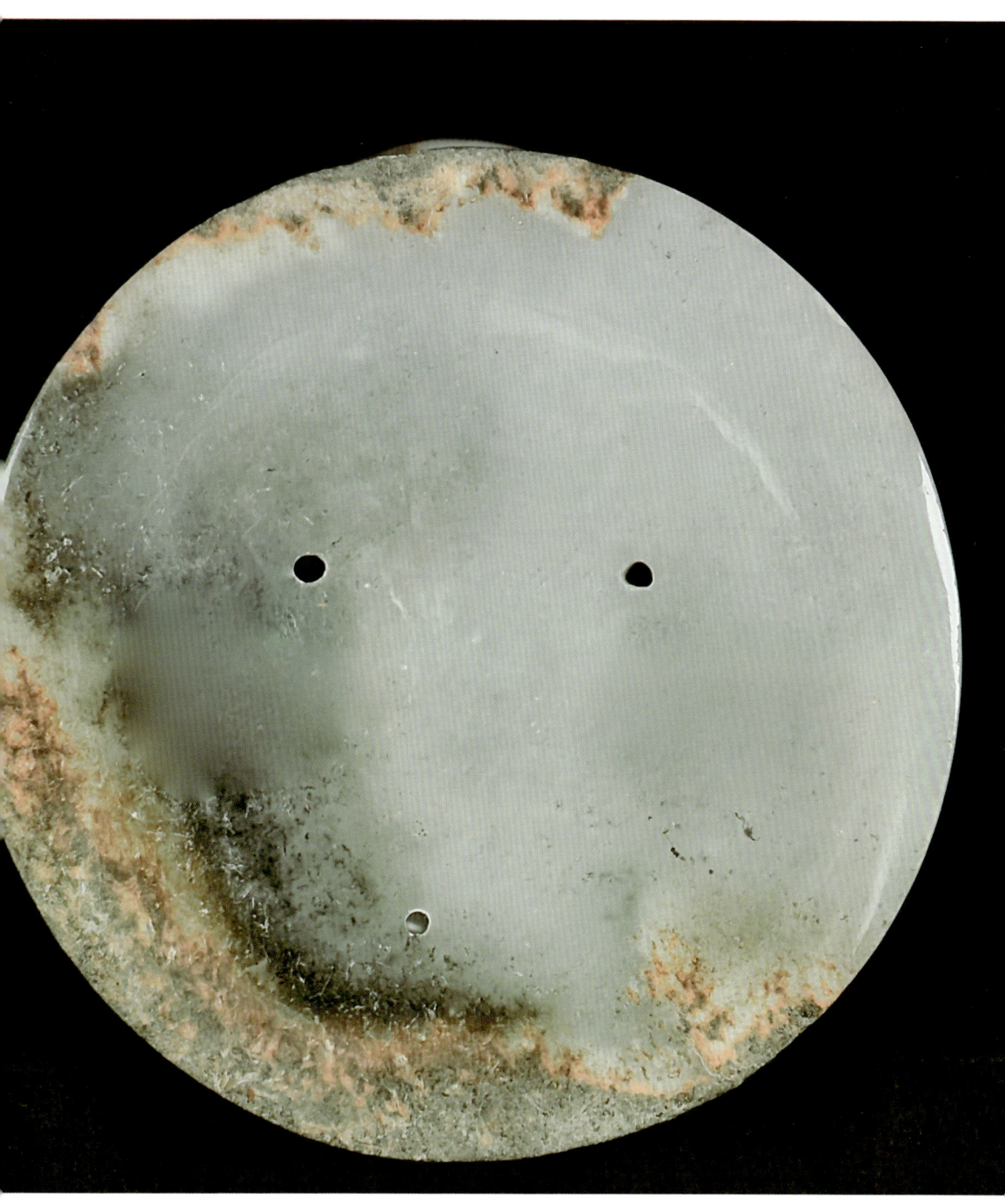

图239-2 白玉双螭护心镜 西汉

图240-1 白玉辟邪 西汉
长6.3厘米

图240-2 白玉辟邪 西汉

第六章 汉代玉器

图241-1 白玉熊戏蟒 西汉
高7.1厘米

图241-2　白玉熊戏蟒　西汉

图241-3　白玉熊戏蟒　西汉

70. 白玉迦楼罗（图242）

"迦楼罗"形似鹰隼，头顶圆环，长眉圆眼，尖喙鹰钩，双爪捧蛇，放入口中吞食。背部微凸，浮雕翅羽和火焰形尾，轮廓线条柔美流畅。前已述及，作为佛祖护法神的"迦楼罗"神力无比，嗜蛇如命。此器选用顶级羊脂白玉，圆雕形象惟妙惟肖，红沁与金黄沁浸染交融，巧夺天工。

71. 白玉玄武（图243）

和田籽料，玉白质润，包浆熟旧。玄武为龟蛇合体，蛇在上、龟在下。神龟形体硕大，回首于龟甲之上，浅浮雕层层叠叠的椭圆鳞片，鳞片内刻细网格纹。蛇龟四肢蜷收于腹下，腹部浮雕大片龟甲。巨蛇盘绕于神龟颈下，蛇首与龟首相觊。玄武乃四灵之一，司主北方之神。四灵形象在汉代玉器中多为片雕纹样，如此圆雕的佩饰，珍稀罕有。

72. 白玉饕餮纹佩（图244）

器形椭圆，双面微弧。玉佩正面的前部浮雕饕餮纹，四爪伸出。其他部位皆为浮雕卷云纹，纹饰繁密。中部有一系孔。背面阴刻双线璧纹，璧内外阴刻卷云纹。此佩用白玉籽料随形制作，玉质上乘，纹饰精致，是西汉早期之妙品。

73. 白玉龙凤纹韘（图245）

白玉晶莹剔透，质地温润细腻，包浆浑厚，精光内蕴。局部有水银沁，乌黑亮泽。韘芯为典型的鸡心形，上尖下圆，上部有一圆孔，下部阴刻云气纹，外缘阴刻边线，层次清晰。鸡心之外，左侧有一条夔龙攀附而上、龙首外扬；右侧是一只鸾凤张口嘶鸣。此韘虽小但精工细作，龙凤呈祥，是典型的西汉中期饰玉佳器。

图242-1 白玉迦楼罗 西汉
高7.4厘米

图242-2　白玉迦楼罗　西汉　　　图242-3　白玉迦楼罗　西汉

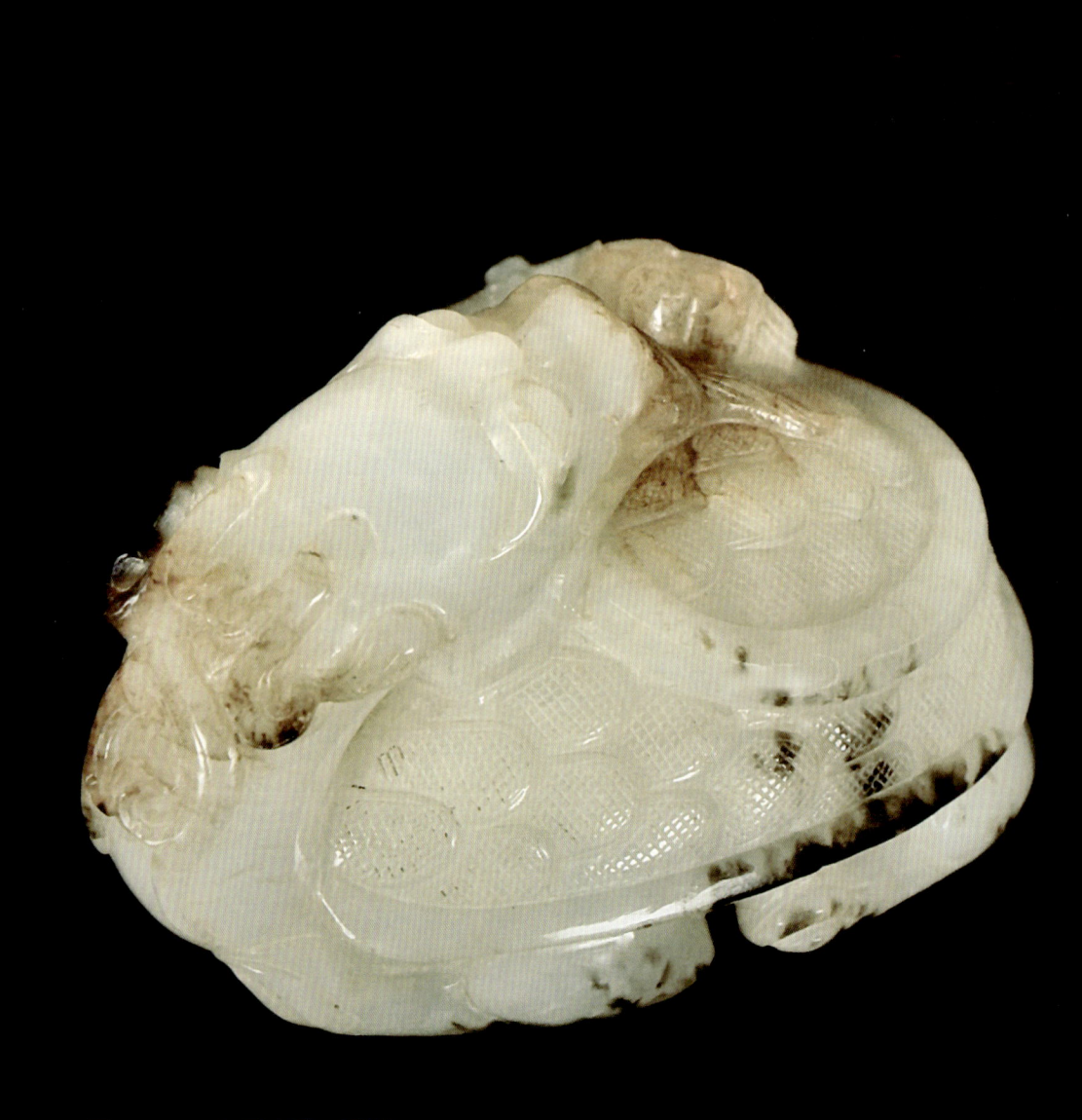

图243-1 白玉玄武 西汉
长5.5厘米

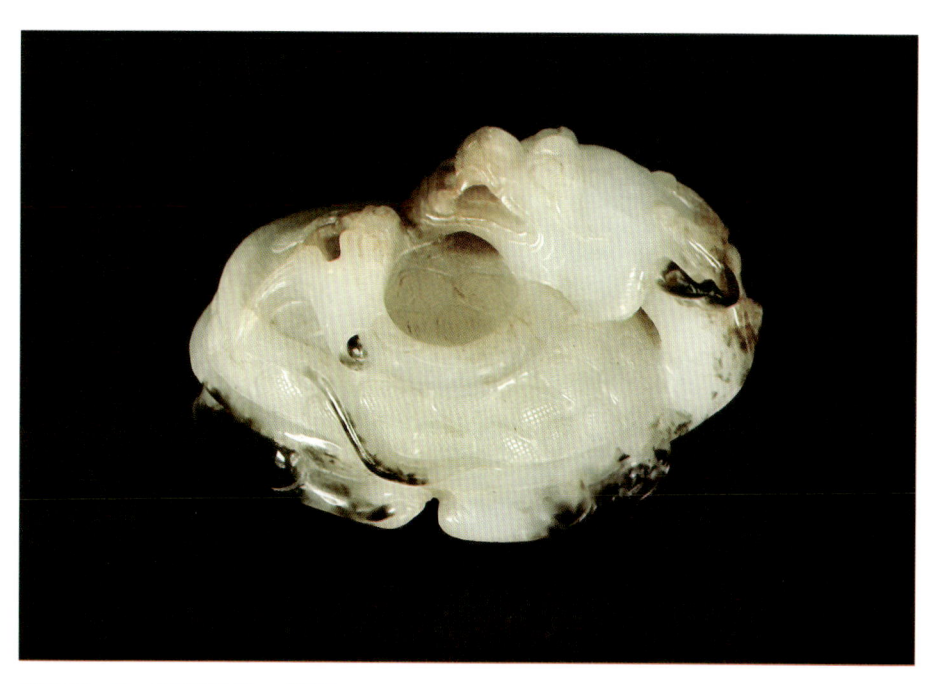

图243-2　白玉玄武　西汉

图243-3　白玉玄武　西汉

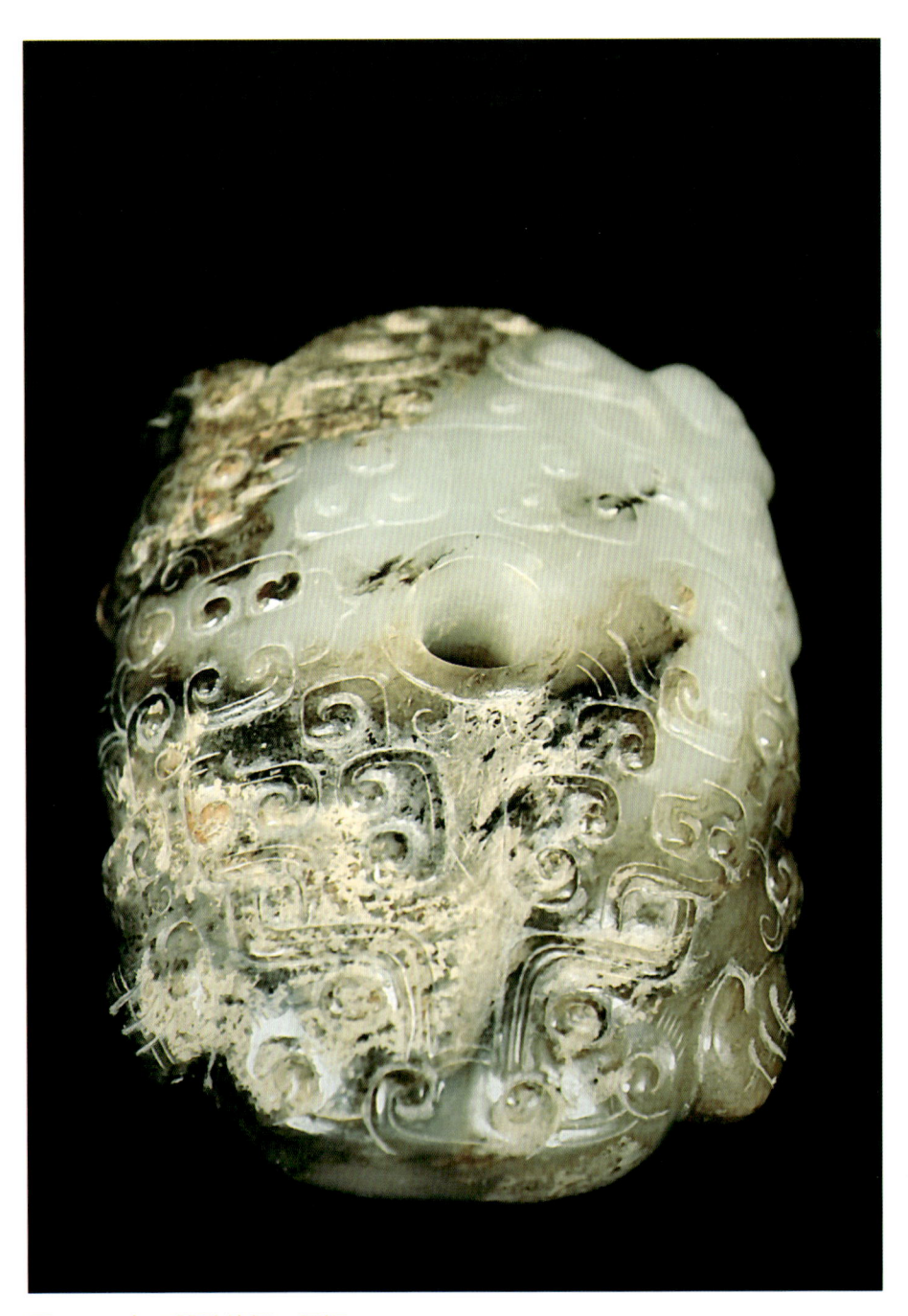

图244 白玉饕餮纹佩 西汉
高6.2厘米

图245-1　白玉龙凤纹韘　西汉
高4.8厘米

图245-2　白玉龙凤纹韘　西汉

74. 白玉龙龟佩（图246）

龙首回望于龟背之上，短角如鹿，粗眉圆眼，阔口大张，龙须前卷。龟甲用横线表示，比较简化。龟底四爪及短尾收缩。羊脂白玉籽料，如脂如银。龙龟乃神物，此佩是东汉时期圆雕作品。

75. 白玉夔龙环佩（图247）

片雕出廓，圆环内镂雕夔龙一条，张口露齿，上半身蟠卷，下半身呈火焰形飘动，与众不同。圆环上阴刻勾云纹和朵花纹。环顶部出廓，镂雕如意头。环形玉佩流行于西汉末至东汉之际，形制纹样变化多样，愈加注重装饰性。夔龙从春秋战国至西汉期间，口内基本无齿，东汉时期始见龙口雕齿。此环佩为东汉作品，弥足珍贵。

76. 白玉双龙佩（图248）

以韘形为主体，双面雕刻：下部阴刻饕餮纹，上部阴刻勾云纹，游丝毛雕纹饰显得纤细清秀，十分雅致。韘体两边各镂雕夔龙一条，形象温顺。此佩为西汉晚期贵妇玉饰，娇俏可人。

77. 白玉龙首珩（图249）

和田白玉，玉质温润，包浆熟旧，精光内蕴。玉珩两端是夔龙首，绞丝弯耳，卷鼻，高眉圆眼，口半张。龙身中间雕刻饕餮，双眼双耳，饕餮下半身凸雕于龙腹之下。夔龙背上，站立一条螭龙，方首圆眼，身形瘦长。此玉珩有上、中、下三层纹饰，形制新异，龙螭合体，充分展现了汉代玉匠高超的塑造力。

据考，玉珩早在西周时期开始出现，那时的玉珩被人们用作佩于胸前的装饰品，形状多不规则，变化较多。春秋战国时期佩玉盛行，玉珩作为成组佩玉的组成部件大量出现，其形式和纹饰极为丰富，镂空、浮雕等手法普遍应用，当时还出现了许多的异形珩。汉代以后，由于佩玉在社会中流行的范围开始变小，因而玉珩的数量也极少。

图246-1 白玉龙龟佩 东汉
长5.2厘米

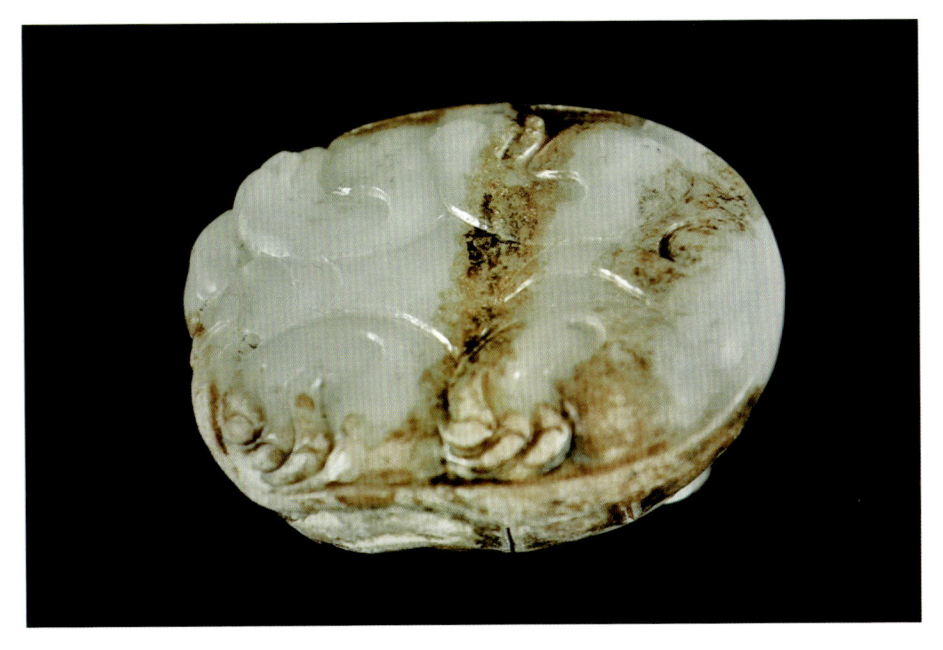

图246-2 白玉龙龟佩 东汉

图247　白玉夔龙环佩　东汉
高5.6厘米

第六章 汉代玉器

图248 白玉双龙佩 西汉
高5.9厘米

图249-1 白玉龙首珩 西汉
长10.6厘米

图249-2 白玉龙首珩 西汉

78. 白玉螭纹牌（图250）

玉牌呈长条形，羊脂白玉，极其温润。正面高浮雕蟠螭4条，前后上下身首出没，亦真亦幻。底板平滑，两端阴刻云纹。此牌形制简约，蟠螭身形较小，布局比较疏朗，显得非常清雅，是西汉早期珍品。

79. 白玉西王母纹牌（图251）

玉牌长方出廓，双面雕刻。西王母端坐下方，戴高冠，展双翅，威风八面。王母四周浮雕祥云飘绕，一派仙境。王母上方，浮雕饕餮纹。顶部出廓是镂雕的双龙纹。红、金黄和褐三色沁散布其间，宛若彩云相伴，锦上添花。玉牌选料上乘，纹饰古雅，非王公贵族莫属。

80. 白玉甘泉宫铭文牌（图252）

白玉籽料，质地温润，包浆厚重。玉牌为长方形，顶部出廓圆雕神兽一个，独角，虎身虎纹。正面阴刻云气纹，中间双方框内，镌刻"甘泉宫"三字。背面中间凸雕牛首一个，形象威猛，周边雕刻云气纹。

据考，汉代甘泉宫位于渭河北面的淳化县北约25千米处，出甘泉，是汉武帝将秦代林光宫改建而成。甘泉宫是汉武帝除长安未央宫以外的重要政治活动场所，它不只是作为统治者的避暑胜地，而且许多重大政治活动都在此进行。

汉代玉牌中雕刻铭文尤其是标明宫殿、地名的极为罕有。"甘泉宫"铭文说明其物主与宫廷有关，此玉牌应为西汉早期出入"甘泉宫"之人佩戴或"甘泉宫"的赏赐之物，具有极高的历史价值。

图250-1　白玉螭纹牌　西汉
长9.5厘米

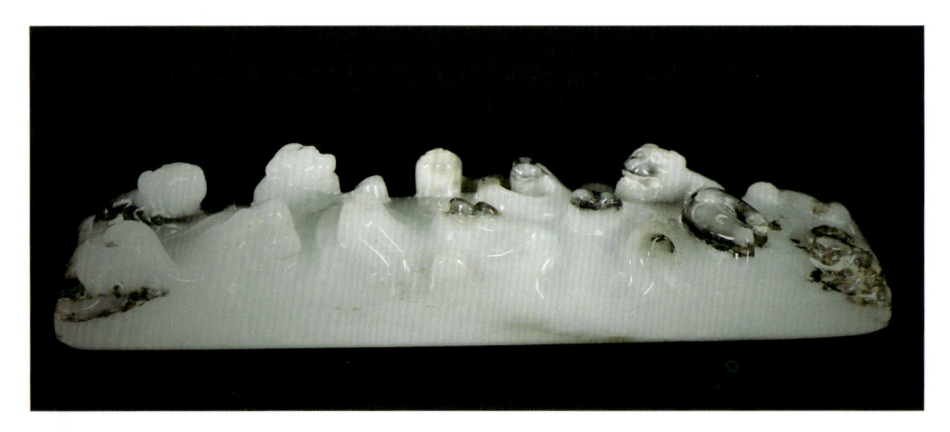

图250-2　白玉螭纹牌　西汉

图250-3　白玉螭纹牌　西汉

图251　白玉西王母纹牌　西汉
高7.7厘米

图252-1　白玉甘泉宫铭文牌　西汉
高7.6厘米

图252-2　白玉甘泉宫铭文牌　西汉

81. 白玉人兽纹牌（图253）

这是一块出廓玉牌，玉质极好，双面雕刻，纹饰精美。顶部出廓是一个镂雕的玉人，头戴高冠，手持笏板，着袍躬立；玉人两侧各有团身夔龙一条，张牙舞爪。玉牌的上部浮雕两只异兽，龙身兽首，中间有一饕餮纹，面目狰狞；下部浮雕胡人戏凤纹，两个头戴尖帽、脚踩尖靴、身着短袍的胡人，与二人中间的单身双首鸾凤正在欢乐嬉戏，姿态各异，活泼热烈。

汉代长方玉牌及双面雕刻的很少。此牌纹饰繁复精美，带有战国遗风，是西汉早期佳作。

82. 黄玉四灵纹出廓璧（图254）

和田黄玉制作，玉色淡黄，温润熟旧。玉璧与出廓的四灵纹饰完美结合，设计精妙：玉璧的正面浮雕青龙和朱雀，龙雀身合首离，腾云驾雾；背面的上部阴刻饕餮纹，下部浮雕玄武，再与背驮玉璧的白虎共同组成了四灵。这种奇思妙想首见于汉代玉璧，巧夺天工。

83. 黄玉三区璧（图255）

璧形扁圆，分三区：外区游丝毛雕刻满龙纹，上下翻腾，极有气势。中区和内区皆无纹饰。三区之间有相互对应的十字形连接点。

扁圆形玉璧制作难度大，拉丝切片和找圆都要十分精准。此璧龙纹采用游丝毛雕技法，纹路如丝如发，纤毫毕现。

图253-1 白玉人兽纹牌 西汉
高7.4厘米

图253-2　白玉人兽纹牌　西汉

图254-1 黄玉四灵纹出廓璧 西汉
高14.8厘米

图254-2　黄玉四灵纹出廓璧　西汉

图255-1　黄玉三区璧　西汉
长9.8厘米

图255-2　黄玉三区璧　西汉

84. 青白玉螭凤纹璧（图256）

正面高浮雕龙凤各一，前龙后凤，雕工粗简，龙凤有其形，但身少纹饰。背面雕刻勾连鼓钉纹。

玉璧是汉代礼器，也用作随葬器物。一般物主生前佩戴玉璧均用料考究、制作精细，死后还要随之下葬。但也有一些专门用作随葬的玉璧，或因急用而来不及精雕细刻，故而此类随葬玉璧会选料一般、工艺粗糙。此璧即为专门随葬之物，与那些精美绝伦的佩戴玉璧比对，便可知晓汉代葬玉与佩玉的差异。

85. 青白玉鸟形佩（图257）

团身鸟形，尖喙，小耳，圆眼，独角。喙衔小蛇一条。鸟身绻曲，花枝尾飘然分叉。两翅雕刻片片鳞纹，非常精细。此等西汉异形玉佩，也是小巧玲珑，精巧难得。

86. 白玉绞丝环（图258）

白玉籽料，质地温润，精光内蕴，局部受水沁。里外皆为雕琢而成的斜弧绞丝纹，疏密有致，线条流畅，衔接精准，美观大气。自战国开始制作绞丝环以来，其绞丝多少、纹理粗细、圆环直径大小及用途亦有不同。通常战国绞丝环的绞丝较细较多，汉代绞丝环变得简化，但是打磨技法更加纯熟光润。

87. 白玉玦（图259）

玦体上浮雕一条团形夔龙，身体肥硕。其他部位浮雕卷云纹，纹饰饱满。玉玦经过数千年流行，自汉代以后渐少，至明清时期再度兴盛。

此玦虽小但料好工精，是西汉早期王公贵族的把玩之物。

图256-1　青白玉螭纹璧　汉代
长6.6厘米

图256-2　青白玉螭纹璧　汉代

第六章 汉代玉器

图257 青白玉鸟形佩 西汉
高5.2厘米

图258　白玉绞丝环　西汉
径5.8厘米

图259-1　白玉玦　西汉
高3.4厘米

图259-2　白玉玦　西汉

88. 青白玉鞢（图260）

一端高凸呈尖状、下面浅雕饕餮纹。另一端高雕螭龙一条，螭龙盘身昂首，绞丝卷尾。其余部位雕刻勾连鼓钉纹。掏膛细致，打磨光润。此乃西汉早期作品。

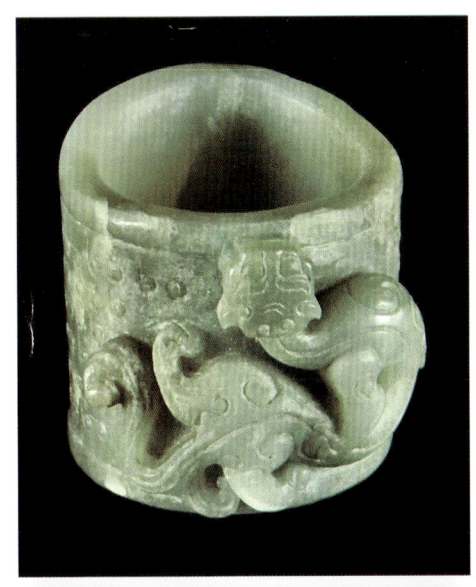

图260-1　青白玉鞢　西汉
径4.1厘米

图260-2　青白玉鞢　西汉

89. 黄玉活环镂雕龙凤佩（图261）

顶级和田秋梨黄玉，玉质凝润如脂，精光内蕴外发，包浆熟旧浑厚，黑红沁色和牛毛纹美不胜收。这是一对由中间方环连接的、可以折叠的玉佩饰，结构奇巧。方环连接的也是环形的夔龙和鸾凤，既可分列两端形成一条线，也可同向折叠。图261-1是夔龙与鸾凤搭配，夔龙首尾相衔，龙身有游丝毛雕的勾云纹和细网格纹；鸾凤也是首尾相接，身上亦有游丝毛雕的鳞片纹和细网格纹。图261-2是螭龙与鸾凤搭配，与图261-1的形制、纹饰相似。

此器采用活方环套接龙凤的技法制作，集阴刻、浮雕、镂雕和活套环等技法之大成，是西汉早、中期作品，冠绝天下。

90. 白玉兽鸟纹佩（图262）

形如铺首，上宽下收，正面似兽，背面如鸟。阴刻、浮雕、圆雕和镂雕技法并用，精雕细刻。玉佩的正面，头顶雕刻粗绞丝纹外卷双角，眉间浮雕宝珠一个。双眉凸起、呈"S"形外卷；圆眼凸出，眼睑饱满。鼻梁高挺，前有鼻孔。阔嘴大张并镂空，四周唇线凸起似棱，轮廓感极强；长舌向上翻卷，门齿粗大，四个獠牙上下凸呲，下颌两侧凸雕上卷呲须。整体形象似兽似神，狞厉恐怖，摄人魂魄。

玉佩的背面，凸雕鸟腹、双腿收紧并拢，腿羽和双爪清晰了然。玉佩背面雕刻这种隐喻神鸟的简约纹饰，欲给正面的铺首增添腾飞九天的神力，真是充满了奇幻夸张的想象力。从纹样构图上看，正兽背鸟、正繁背简的设计实属精妙，可谓方寸之间见神奇。取材羊脂白玉籽料，色如琼脂，冰清玉洁。玉质凝脂，温润细滑。抛光精细，包浆浑厚。此佩纹样雕工精美绝伦，足见其物主的地位之高，这在西汉玉佩中绝无仅有，叹为观止。

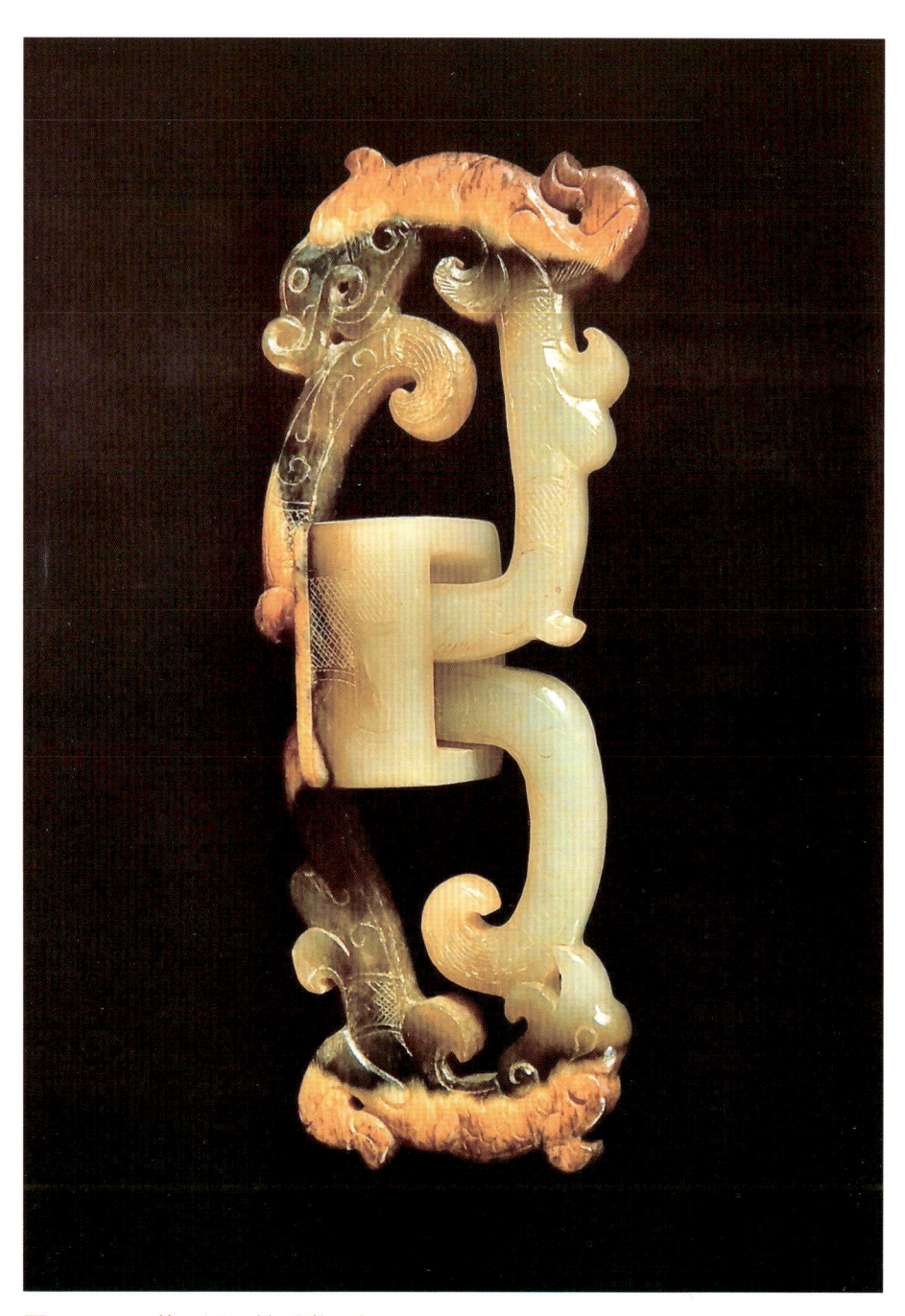

图261-1　黄玉活环镂雕龙凤佩　西汉
　长12.7厘米

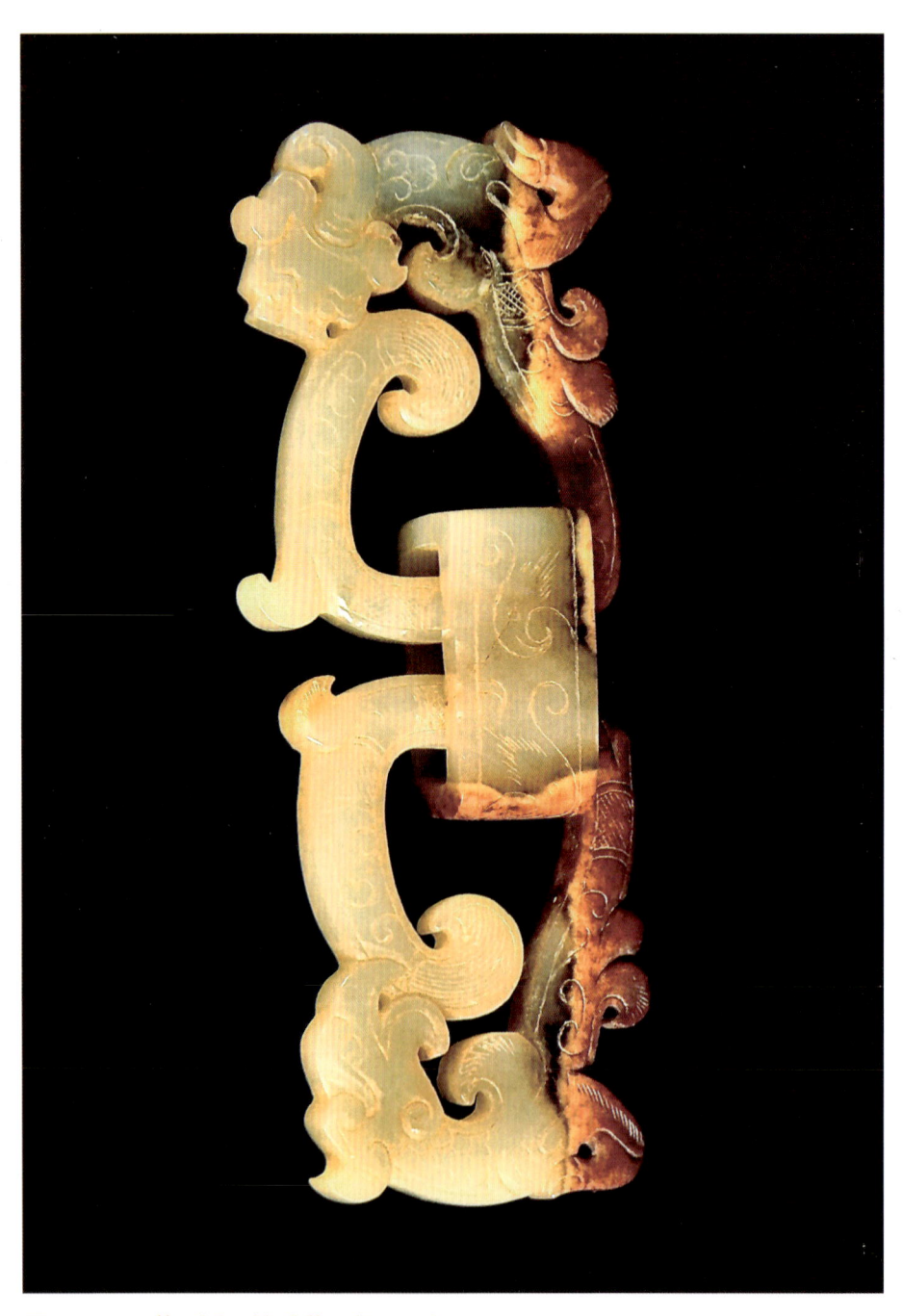

图261-2 黄玉活环镂雕龙凤佩 西汉

图262-1　白玉兽鸟纹佩　西汉
高4.9厘米

图262-2　白玉兽鸟纹佩　西汉

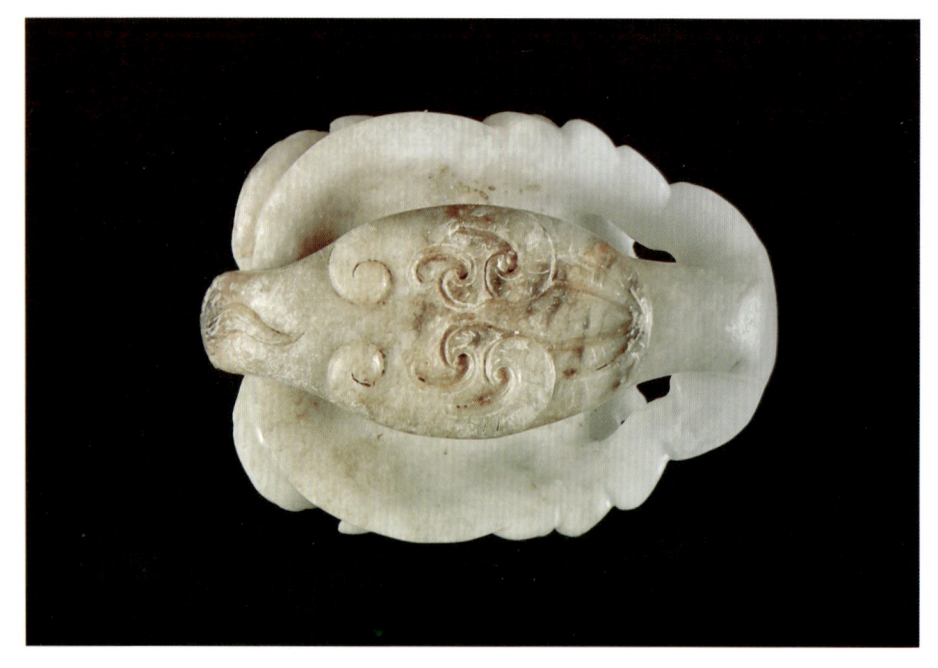

图262-3　白玉兽鸟纹佩　西汉

91.白玉五熊圭璧（图263）

羊脂白玉，白如截脂。玉质如脂如蜡，包浆熟旧，打磨光滑，精光内蕴。局部有黑沁、土黄沁。圭呈令箭形，中部为圆璧。上面为弧面，中间略高，圭三角尖部圆雕一只熊，侧视着圭身上左右排列（各2只）的另外4只熊（每组2只呈对视状）。圆雕的5只熊非常写实，生动形象，构思精巧，布局得当。背面圭身中间碾磨出一条凸棱，两面下凹呈弧形，直线与弧线相辅相承，非常流畅。中部圆璧上雕刻鼓钉纹，颗粒饱满。

据考，圭是一种长方形的玉版，上端犹如剑尖。古时帝王、诸侯举行大典时，手中奉着圭。《周礼·春官·典瑞》记载："王执镇圭，公执桓圭，侯执信圭"。璧，平圆而中有圆孔的大玉器。圭璧，瑞信之物，古代祭祀、朝会用玉礼器。《周礼·考工记》云："圭璧五寸，以祀日月星辰"。《后汉书·明帝纪》曰："亲执圭璧，恭祀天地"。圭璧一体是极罕见的帝王专用礼器。以青玉做璧，合二为一，体现了天地合一，君权自天的意义。圭璧合一既有天地乾坤相合之意，更有天下归一之征，而属天子专用。此圭璧玉材上乘，工艺精美，集平雕、浮雕和圆雕于一器，实为西汉早期礼器之神品。

92. 白玉龙首螭纹匜（图264）

形似青铜匜，整体椭圆、硕长，前圆后尖，线条柔美。匜内掏腔精细，深弧腹，薄壁。匜头部为镂雕蟠龙，攀附于匜首前端：龙首伸出，双眼圆睁，高鼻翘起，张口吐舌，龙须回卷并与匜体相连；龙身呈团卷状，双腿矫健（腿后侧有细密的卯头刀纹），龙爪踩在绞丝单卷尾上。蟠龙形象威猛，活灵活现。匜的正面中后部位，亦有一镂雕团身螭龙，其形体较匜首部的蟠龙略小，精巧如生。匜的后部略翘，尾部有一耳形尖扳手。匜外壁呈弧形渐收，外底有椭圆形圈足。足墙较高，切割犀利、打磨光滑。和田羊脂白玉，玉质如脂如冰，水银沁、枣红沁、金黄沁深入玉肌。

据考，匜是我国古代汉族贵族举行重要礼仪时所用的浇水用具，即"沃盥之礼"。最早出现是在西周中后期的青铜匜。汉代以后出现金银匜、漆匜和玉匜。传世的高古玉匜极其罕有，仅见1975年陕西扶风黄堆乡西周遗址出土了一件玉匜（高7.5厘米，口10.7厘米，现藏陕西扶风县博物馆），青白玉，仿青铜形制，扁圆形口沿，口沿两端有流和牛角状扳手，腹壁下斜缓收，有瓦楞纹，四足。另见一件西汉早期黄玉偏流匜，方形扳手，外腹壁雕刻勾连鼓钉纹，椭圆形圈足。

此匜选材上乘，形体硕大，集镂雕、圆雕、浮雕、阴刻、掏膛等技法于一器，龙螭附体，精美绝伦，为首见的西汉早期玉匜，极其珍稀。

93. 白玉龙首凤纹方形佩（图265）

羊脂白玉籽料，温润致密，如脂如蜡。此为双区方形佩，外区圆形，四角对应处各有出廓龙首一个，使圆形出方。玉好部分，双面浮雕卷云纹。内区镂雕鸾凤一只，鸾凤引颈嘶鸣，头顶后披长翎，双翅飞展，形象生动。在鸾凤的翅羽、腿后等处均有细密的卯头刀纹。

自战国晚期至两汉，流行出廓玉璧。早期的出廓璧的外扩部分（装饰）比较短小，常见玉璧上部出廓。此玉佩四面出廓且较短，非常含蓄，具有西汉早期风格。

94. 白玉司南佩（图266）

扁长方体，分上下两层，为两长方柱相连形，横腰环雕一凹槽。顶部琢一小勺，下端琢一个小盘，全器光素无纹。在中间凹细处或小勺柄处，有一个横穿或竖穿的孔，可穿系佩挂。

玉司南佩是汉代辟邪玉之一，数量不多却很重要。玉司南佩因其形似用于正方向、定南北的司南，故而得名。此佩玉质上佳，玲珑小巧。

图263-1　白玉五熊圭璧　西汉
高11.4厘米

图263-2　白玉五熊圭璧　西汉

图264-1　白玉龙首螭纹匜　西汉早期
长20厘米

图264-2　白玉龙首螭纹匜　西汉早期

图264-3　白玉龙首螭纹匜　西汉早期

图265 白玉龙首凤纹方形佩 汉代
径10.2厘米

图266　白玉司南佩　汉代
高3.8厘米

95. 白玉胡人骆驼（图267）

和田羊脂玉，如脂如冰。器表温润致密，玻璃光泽完好，黑沁美丽乌亮。玉双峰骆驼形体高大，四肢肌肉发达，引颈昂首，张口卷舌。高鼻深孔，双眼圆睁，短耳竖立。长颈壮硕，驼尾反卷，四蹄踏板，姿态雄健。胡人高鼻深目，络腮胡须浓密，头戴尖帽，身着短衣短裤，脚蹬尖靴，骑坐于双峰之间，侧身向右，左手扶着前峰，右手牵着缰绳，俨然正在赶路。胡人与骆驼的线条比例协调优美，器物的形象静中寓动，栩栩如生。

据考，随着张骞为汉帝国打开通向西域的大门之后，西域的胡人通过丝绸之路进入西北和中原地区，进行商贸交易和文化交流，其主要交通运输工具是骆驼。在汉画像砖石中多有胡人、骆驼等外来艺术形象。汉代出现了以胡人骆驼为题材的造型，随后唐代大量出现三彩和陶质的胡人骆驼艺术形象。相比之下，汉代胡人骆驼器物的装饰风格较为简约拙朴，出土及传世之物几乎都是陶器或青铜器。此玉胡人骆驼玉料上乘，雕工精美，形象生动，保存完好，呈现了两千多年前华夏大地古丝绸之路上中西交流的繁盛景象，是国内外仅见的西汉中期玉雕神品和高古玉器的问鼎之作。

96. 黄玉舞人（图268）

玉舞人身姿婀娜呈"S"形。舞女面部丰满，五官清秀，发丝纤细，梳椎髻垂于背后。身着右衽长裙，裙裾翻卷、边缘有精细的游丝毛雕短线边饰。左臂斜下甩袖，右臂扬袖于头顶，翩翩起舞。双臂的臂弯和袖摆处均雕有绞丝绳纹，线条飞扬流动。舞人动感十足，神采奕奕，展现了汉代宫廷舞蹈艺术的优美传神。和田秋梨黄玉，玉质温润致密，打磨抛光精细，光泽如脂如蜡，局部有漂亮的水银沁、淡黄沁。自战国至汉代流行玉舞人，但多数是片雕件，圆雕者甚少。如此精美动人的玉舞人，是汉代中期圆雕玉器珍品。

图267-1　白玉胡人骆驼　汉代
高15.1厘米

第六章 汉代玉器

图267-2 白玉胡人骆驼 汉代

图267-3 白玉胡人骆驼 汉代

图267-4 白玉胡人骆驼 汉代

图268-1　黄玉舞人　汉代
高10.3厘米

图268-2　黄玉舞人　汉代

第六章 汉代玉器

图268-3 黄玉舞人 汉代

图268-4 黄玉舞人 汉代

97. 黄玉鹿首（图269）

和田甘黄玉，柔和清丽。此件取形于梅花鹿颈首部，在硕壮的长颈上圆雕出矫健的鹿首，极有精神：双角分叉，脸部瘦长，尖耳斜直，水滴眼炯炯有神，双唇丰满微阔，神态安静祥和。汉代玉鹿多为圆雕作品，用料考究，雕工精细，珍稀难得。

98. 白玉三螭牌（图270）

长方形，厚1厘米。玉牌的表面高浮雕三条出神入化的螭龙，其身首出没于波涛之中，形态各异，惟妙惟肖。羊脂籽料，致密温润，水银沁和黄金沁时隐时现，乃天作之色。汉代玉牌几乎均为王室贵族佩饰，其中高浮雕纹饰的更是极品。此牌玉材上乘，雕工精美，沁色美丽，非常罕有。

图269-1　黄玉鹿首　西汉
高7.2厘米

图269-2 黄玉鹿首 西汉

图270-1 白玉三螭牌 西汉
长9.2厘米

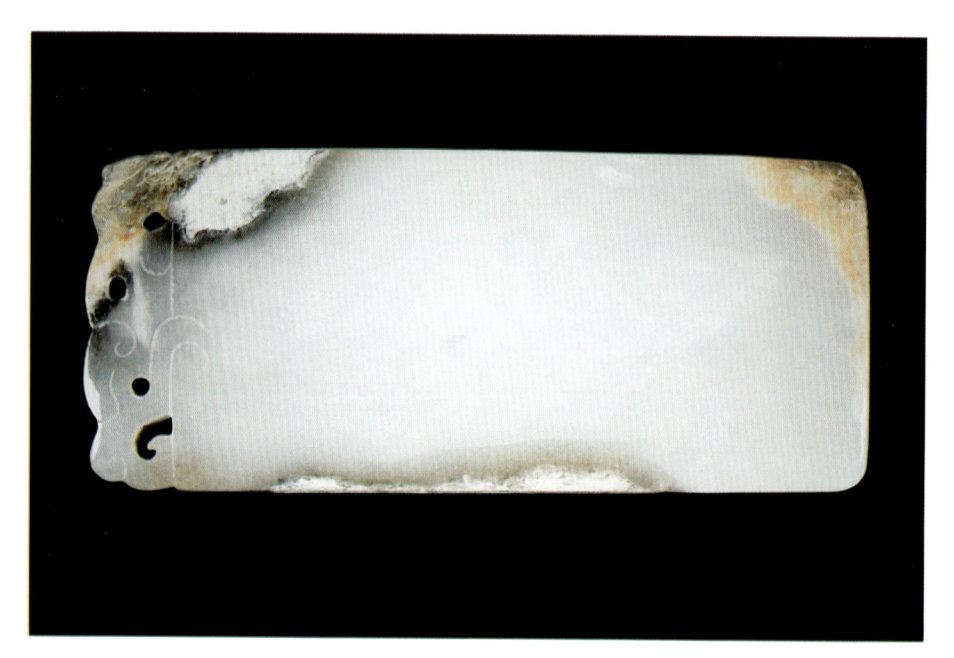

图270-2　白玉三螭牌　西汉

图271　白玉象　汉代
高4.5厘米

第七章 高古玉收藏

高古玉是我国古代文化遗产中最稀少、最珍贵的品类之一，它的珍稀性、不可再生性和艺术性决定了高古玉收藏是一种高雅的小众收藏和顶级收藏。

一
高古玉的价值

高古玉产生于新石器早期至汉代，在长达8000余年时间里，珍稀的玉器先用于祭祀并带有神秘的宗教色彩，后为帝王皇家达官贵人所专用，从用料、制作工艺、文化气息上凝聚着古朴厚重、高贵神秘的艺术价值。高古玉从神坛和宫殿里走出来并呈现在世人面前，人们方有机会鉴赏它所具有的深厚历史文化内涵和极高艺术魅力。

在传统古代收藏品类里，高古玉极受重视、倍受追捧。这是因为：一是高古玉自始至终都是宫廷御用品，是属于贵族阶层专享的奢侈品，不是普通老百姓能够拥有和鉴赏的。所以高古玉代表了特定时代的艺术杰作，具有独到的、高品位的艺术美感，都是由当时最好的玉器匠师们虔心打造的原创艺术杰作。二是高古玉具有稀缺性和唯一性。因为古代玉材稀缺而不能批量生产，所以每件高古玉几乎都是独一无二的，每件都是不可复制和不可再生的历史文物，完全一样的作品极少。三是高古玉凭借着千年历史和辗转传世，蒙上了一层神秘色彩，其独特的历史厚重感是明清玉和新玉无法媲美的。具体地说，高古玉蕴含着十个方面的价值。

1. 收藏价值

一是基于对玉器是中国文化史中最富有特色的艺术形态的认识。二是来源于上述认识而引申出来的其他价值认识。三是来源于人们对玉器精品、珍品的无比崇尚的精神体现。四是千年传承之物，历经磨难，珍稀难得。

2. 欣赏价值

鉴赏高古玉，是中华民族传统文化艺术活动中最高雅的一项。玉器所能给人的是含蓄、优雅、柔美和心灵陶冶的高级享受。玉器之美，包含了极其丰富的文化内涵，人们能够通过欣赏、玩味，将它融入精神境界。在使人达到高尚的道德情操与文化学养方面，具有深厚的吸引力和独到的渗透力。

3. 研究价值

玉器研究的终极目的，是通过对其性质、用途与价值的判定，来解释或复原中国历史上的各种文化现象及社会发展的某些状况与规律。因为玉器发展贯穿于中国文化史的全过程，具有丰厚的、深邃的文化内涵。

4. 经济价值

从商代开始，玉及玉器的经济价值就开始显露。当时，玉是社会上一种最高贵的财产和财宝。甲骨文的"宝"字，像一座房子里藏着贝（贝币）和玉。到西周时，玉器就作为货物交换的比价物，它已具备了货币功能。如西周青铜器卫盉（hé）的铭文说，玉璋和玉琥，都作为人们用以交换土地的等价物品。封建社会玉器发展成为国家、民族之间政治交往的名品、人际关系的贵重赠品，价值不菲。

5. 文化交流价值

大约从西周穆王时开始，西域地区诸侯国的玉器，就是通过周天子云游列国而进入中原地区。西周后期的玉器，就借鉴了西域外族的艺术风格，线纹特色由原来继承商代玉器的刚劲遒劲，逐渐变化称为环曲柔美，并对春秋战国时期玉器纹饰的艺术特征发生了重要影响，自然而然地融合和促进了不同文化之间的交流。

6. 历史价值

高古玉在历史上具有反映当时社会的政治、经济、思想、哲学、美学、军事等情况的性质和效用。如红山文化玉龙，之所以被考古界、学术界誉为"中华第一龙"，说明它具有重要的历史文化价值，即玉龙有明确的考古学文化特点和艺术个性，是远东东夷文化圈内玉文化的一种代表性器物；它能证明中国龙文化在玉器上的最早起源；玉龙所代表的红山文化的玉文化，是突破以往学术界关于中国文明的摇篮在黄河流域地区的理论的实物例证。再如，学术界大都认同良渚文化玉琮上的兽面纹，是商代玉器和青铜时期上饕餮纹的祖型。又如汉代玉佩中的刚卯、严卯，其上所刻的避凶求吉的咒语，包括了五行五方五色的哲学思想和董仲舒的神学思想及吉祥文化的丰富内容，反映当时社会的精神文化面貌。

7. 艺术价值

这是指玉器的造型、纹饰和工艺在特定的历史时代、时期和朝代，在中国玉器发展史上所具有的艺术特点、水平及效用。如河姆渡文化玉器的艺术特点，是形体较小、造型简单、品类单一、光素无纹。再如按照一般标准衡量，其艺术性较低。但是这种玉器是迄今所见的东南地区最早的创作，其简单古拙的艺术风格，具有开创性意义。又如战国玉器的艺术价值，在于为其后两千多年封建社会的玉器成就，树立起极高的艺术标准和艺术风范。

8. 工艺价值

这是指将玉材进行加工，使之成为各式玉器的工具、方法和技术。

新石器时代出现的玉器，代表人类的工艺技能，由打制发展到磨制的根本性变革。玉器的磨制工艺，是比石器的磨制需要更艰辛的劳动、高超的技艺水平。玉器雕制工艺的多样性与不断改造而具有先进性，证明历代玉匠们具备克服天然玉石的物理特性（坚硬、易碎、不易加工等）方面的创造性劳动的本领。

9. 美学价值

玉器美学包含了探讨玉和玉器的本质，及其与各个历史时段的社会生活和审美的关系，以及玉器艺术创作的一般规律。目前我国考古界、文博界对高古玉器美学的研究极为薄弱，远未深刻揭示高古玉器的美学价值。

中华民族素以追求完美、善于审美而闻名遐迩。玉文化是古代文化中特别重要的内容，是它所表现的哲学命题。如人的生与死观念，玉器被人格化而具备的道德意义。玉器的哲学美学价值，在中国人传统的生死观中表现的极为突出。再如汉代玉器"宜子孙"佩，它的思想文化内涵，是希望从子孙延绵不绝中求得人生的永恒；汉代玉蝉所表现的生死循环往复思想，玉人升天所反映的人生向往快乐永生观念，都是汉代玉器承载的人文美学价值观的生动体现。中国传统文化中最突出的伦理道德属性，与玉器的审美价值密不可分。

10. 科学价值

这是指玉器所反映的自然科学方面的成果及意义。如地质学、矿物学、工艺学、物理学、化学、天文学、星象学、地理学、生物学、农学等内容。如对玉材的判定和研究，可能会给矿物学提出某些探索课题或实物借鉴。再如商周战汉玉器中有一种俗称"水石"（冰玉）的玉材，其质色特点纯洁如雪、极莹润、半透明，目验硬度似等于或低于岫岩玉。这种玉材现已失传，其产地及名称有待研究。

当然，高古玉的价值评定，不一定是每件器物都会包括上列十方面的价值标准。但在上列各项高古玉价值中的历史价值、艺术价值、工艺价值和美学价值，则是每件高古玉所必备的。

二
高古玉的鉴别

研习、鉴赏和收藏高古玉，必须首先解决真伪的鉴别问题。尤其是在当今收藏市场鱼龙混杂、赝品泛滥的状况下，练就一双慧眼至关重要。不论现代仿古作伪的技术方法多么花样翻新，只要真正认知高古玉独有的基本特征，善于观察，勤于思考，见微知著，就能够辨真识假，心想事成。

（一）辨老化痕迹

高古玉不同于明清玉器，高古玉存世年代久远、硬脆易碎，几乎没有直接传世的可能，基本都是入土后被发现而面世的，有的还经过二次入土。因此，鉴别高古玉真伪，首先要从其入土老化痕迹入手。

高古玉老化痕迹，是经过漫长岁月消蚀和内部机理、外部环境相互作用所形成的玉器的内外部变化的程度及其表象。高古玉入土老化痕迹是岁月留痕，有其外在老化特征。常见的高古玉老化痕迹主要有：

1. 玻璃光

玻璃光一般在潮湿和密闭的环境中容易形成，在颗粒小、密度大的玉质上容易形成，没有盘过的比盘过的容易形成，多见于战汉玉器，以汉代玉器最为典型。高古玉上的玻璃光，似由内发，外表光亮，光可鉴人。形成时间约在1200年以上。

2. 包浆

亦称皮壳，是在玉器表面形成的氧化层。高古玉入土生成包浆要旷日持久，至少也要百年以上。玉生包浆，年代越久，包浆越厚。受特殊条件的影响，有些玉器虽也埋在地下却不出包浆。高古玉上的浑厚、熟旧、莹润的包浆，往往会产生一种精光内蕴的观感。

3. 玉萎缩

多从高古玉的缝隙、疏松处开始萎缩，再形成线状萎缩，再导致边缘等处的片状、坑点状萎缩。玉萎缩的过程从几百年至几千年不等。

4. 开窗

高古玉受沁最慢、最轻的部位是表面最光洁和距离外部器物边缘较远的部位。当沁满或接近沁满时，常会留有不规则的小块尚未受到沁染而显露玉器本底的空间，这块空间称为"开窗"，从开窗的局部空间能够清楚地观察到玉质的本来面目。要注意开窗的边缘与土沁的结合部位，大都呈现渐进的、弥漫状的边界。形成开窗，一般需要1800年以上。

5. 变形

亦称地弯，指质地松软的玉器遇到外力，就可能扭曲变形。这种情况常见于片玉之上，如玉璜、玉璧、玉佩等。

6. 凹陷

亦称萎缩，高古玉形成玉面凹陷，其原因有二：一是沁入物质与玉石发生化学反应，生成的物质挥发、流失一部分。二是重金属沁入分解。形成时间分情况而异，一般在六七百年以上就会开始显现，时间越长，凹陷越重。

7. 饭糁

亦称玉花，是指在玉的里面生成的点状、颗粒状的白色或有色的物质，就像玉的里面有类似大米饭粒的变质斑点，有的还伴有粥状物。形成饭糁，玉质疏松的600年左右即可，致密的需要2000年以上。

8. 冰裂纹

亦称开片，是指玉石的自然老化（如受热胀冷缩和水、空气作用，以及弱酸、弱碱的腐蚀）现象，以及沁入之物的催化作用的结果，形成时间约在1900年以上。

9. 钙化

这是玉石肌理的一种变质现象，多由氧化和复分解过程而形成比较疏松的物质。钙化部位较为松脆，怕磕碰，有的伴有灰皮。

10. 次生结晶

古玉入土数以千年，玉体内一些成分在潮湿环境长期作用下，经毛细管作用而析出器表，形成少量斑晶、晶簇（发丝、冰花、丝网状等）。晶斑呈云母光泽，白色者为透闪石晶，黑、褐色为阳起石晶（呈针状、冰花状，多见之于裂缝、刻痕、蚀孔等处）。

11. 衍生物

经过数千年地下埋藏，高古玉表面往往会附着一些寄生物、衍生物，这就会使本来光滑平整的玉器表面上形成细密的、凸凹不平、规则或不规则的衍生凸起物，有的呈颗粒状，有的呈细小疣瘤状（图258-2），有的像褶皱或桔皮纹。

（二）辨玉材优劣

高古玉使用的玉材多样化，但不同时代所用的玉材也有差异。每种玉材各有其特征。所以，玉材质地优劣的鉴别主要是从各个时代用玉的品种和各种玉材的特点两个方面着手。

1. 玉材品种的不同

新石器时期的玉材多为地方玉材，就地取材是其主要特点。如红山文化玉器主要使用岫岩玉。只有少量和田玉被使用，且在新石器晚期。商周时期玉材中的和田玉开始增加，但数量仍较少。战汉时期和田玉大量使用，尤以汉代高级玉器的羊脂玉用量最大。

2. 和田玉的鉴别

要注意高古玉中的和田玉是狭义的和田玉，专指和田原产地玉，不包括青海玉、俄罗斯玉等透闪石玉。要了解和田玉的内在化学成分和外在特征，熟悉和田玉的密度、比重、硬度和玉色、润度、光泽度、手感等。要特别注意区别老料老工与老料新工的不同。

（三）辨形制神韵

神韵包括玉器的外形、气韵和品味。高古玉出于不同的时代时期，它所蕴含和体现的造型、工艺、纹饰及功能构成了特有的形制神韵。说白了，形制神韵就是看着"顺眼"、把玩"舒服"，感觉"有味"，不能"别扭"。

1. 形制

形制是指按照不同时代、朝代的礼制、审美和器物功能所定制的符合标准规范的器物造型。形制的内涵是反映奴隶制度、封建制度的礼制和统治阶级意志，形制的外在形式就是器物造型。造型亦称器形，反映一个时代的审美，高古玉流行时间数千年，其时间跨度、空间跨度很大。不同时代、时期和朝代的玉器形制各有不同。所以，我们要了解新石器时期、商周时期和战汉时期玉器造型的异同，熟悉不同时代、时期和朝代的标准器、典型器，这样才能辨别真伪。

2. 神韵

神韵是高古玉的艺术美，表现为线条优美自然、造型准确精巧、气度非凡摄魂、古色古香悦人。现代人可通过高古玉的外在美，体味出其内在美，赏心悦目，陶冶性情。

（四）辨工艺技法

不同时代、时期和朝代高古玉的工艺技法各不相同。工艺技法包括制玉的工具、方法、程序和技术。要熟悉新石器时期、商周时期和战汉时期的工艺特点，能够分别其差异和细节，并且了解后代、当代制玉的工艺技法，进行比对鉴别。

在收藏实践中，要特别注意鉴别高古玉制作所留下的工艺痕迹，如拉丝切片痕迹、孔道特点及磨痕、雕刻技法、打磨抛光等处，注意细微之处的鉴别，区别老工与新工。

（五）辨纹饰精糙

纹饰精美是高古玉一大特点。不同时代、时期和朝代的玉器纹饰也有所不同。鉴别高古玉，必须熟悉新石器时期、商周时期和战汉时期玉器纹饰的布局、纹样和审美。如新石器时期玉器纹饰传递出一种粗犷、诡异、狞厉之美，展现出人与神的心灵沟通；商周时期玉器纹饰则展现出朴拙、庄重、威仪之美，体现着王者至尊、高不可及的风范；战汉时期玉器纹饰则展现出精美、博大的封建礼仪。

古人制玉的工匠怀有虔诚之心和工匠精神，心无旁骛、日积月累、一丝不苟、精雕细刻地制作玉器。每件高古玉器，都凝聚着工匠的劳作、心智和结晶。

因此，纹饰的精致与粗糙是鉴别高古玉的重要尺度。现代仿古玉的制作工匠多半急功近利、心浮气躁、偷工减料、粗制滥造，仿古玉纹饰与高古玉纹饰相差甚远。

（六）辨沁色真伪

高古玉多为出土之物，故其受沁及沁色是鉴别要点之一。高古玉受沁与沁色彼此关联，但不完全是一回事。

1. 受沁

受沁是指古玉器物在埋藏过程中，长期与水、土壤以及其他物质相接触，加之地下温度、湿度和压力等物理作用，使得玉石的晶体结构或表面的玻璃质变得酥松，从而被水、矿物质或其他物质所侵蚀，造成器物部分或整体的结构和颜色发生变化的现象。

玉被沁蚀的状态即受沁，取决于其外部的土壤、物理环境的差异变化。高古玉的存放环境，可为分干、中、湿以及热、温、寒等若干类土壤、气候类型。若在干性和高寒地区环境内，沁蚀的速度就慢得多；在密闭及腐蚀物少的环境里，沁蚀的速度就会更慢一些；在湿热性环境内，沁蚀的速度就会快得多；在强酸、强碱或海滩盐碱地区的环境中，沁蚀和腐蚀的速度就更快。

高古玉所处的小环境，还分水坑、火坑和干坑。一般而言，水坑之玉多斑点，形如虫蛀；火坑之玉多裂纹，形同石灰；干坑之玉皆带有枯槁之色、土锈之痕。三者如无变质或蚀缺，盘之日久，皆可复原。但水坑不如火坑，火坑不如干坑，火坑之玉是最难恢复原状的。

受沁现象是一种复杂的物理、化学变化，受很多因素影响，主要有以下几方面：

一是玉器材质的不同。这决定了玉器的化学活跃度也不一样，活跃度高的玉材要比化学性质稳定的玉材变化得更快、更深，从而导致了同等条件下受沁程度的差异。

二是地域与土壤环境的不同。我国幅员辽阔，国土包括多种地质构造，不同地域的土壤性质也不一样，其中所含物质不同、酸碱度不同都对沁色有不同的影响。总的来说，南方地下水位较高，而且土壤偏酸性，玉器的水沁较重；北方较干燥且土壤偏碱性，玉器的土沁较重。南、北方的古玉受沁的状况不同，南方古玉受沁蚀变的数量远多于北方，玉受沁蚀变的程度也大于北方。总体而言，北方地下古玉的受沁程度较低，品相相对较好。当然，对一件玉器而言，也要做具体分析鉴别。

三是玉器埋藏时间的不同。玉器产生沁色是一个长期缓慢的过程，埋藏的时间不同，沁色的蜕变程度和沁入深度也有所不同。

四是埋藏的环境不同。很多玉器在下葬后与周边的附着物接触或因墓葬结构改变（如地震、地火、水淹、塌陷等影响）等原因导致与其他物品接触，在长时间内会与接触物相互作用，产生不同的沁色。

五是玉器完损程度不同。当玉器受到破损的时候，各种致色物质会通过断裂、络裂等处（沁门）渗入并作用，与完好无损的玉器相比，破损玉器的受沁会更深入、更浓重。

2. 沁色

沁色是指玉器在环境中长期与水、土壤以及其他物质相接触，自然产生的水或矿物质风化侵蚀玉体，铁、锰等氧化物缓慢沁入玉器使其部分或整体的颜色发生变化的自然现象。

沁色是受沁的直接结果及表象。自然的沁色不是短时间就可以形成的，与金属、木材相比，玉材的结构更致密、化学性质更稳定，只有在特定环境下经过长时间的物理化学作用才能形成沁色。沁色可由表及里、由浅入深、由点到面。沁之名，自古有之，如清代蔡可权所著《辨玉小识》中言道："淤染之于古玉有专名焉曰'沁'"。

3. 高古玉沁色

沁色是由各种矿物质及其他物质浸润玉器后所产生的颜色，也有的是在相互搭配的作用下组合而成的。因玉中有无数微孔，如果常年埋在地下，受附近环境影响，多半会产生沁色。

从化学成分上说，高古玉的玫瑰红色为钾锰沁、红色为铁锈沁、黄色为铬沁、绿色为铜沁、黑色为金（或水银）沁、白色为水沁等。

（1）黑漆古。多由墓坑中的水银、金、木炭、尸体等所沁，有凹陷现象或闪现银星。黑漆古的沁面乌黑发亮。形成时间需要在1600年以上。

（2）花脸沁。花脸沁往往有多种沁蚀，如色沁、土沁、水银沁、钙化等，至少需要600年以上形成。

（3）牛毛纹。牛毛纹一般由水银、铅锌等物质沁成，呈线状，顺着某一个方向排列。形成时间需要800年以上。

（4）全皮色。某种单一皮色基本能布满整器，包括色沁、石灰沁、土沁、水沁、钙化、包浆等，但并未渗透入玉器的肌理。形成时间需要1300年以上。

（5）全色沁。亦称坩色沁，这种沁的特征是，大面积的乃至整个玉器，从外到内沁成某一主色调。全色沁有坩黄、坩青、虾籽青、皮蛋青、秋葵黄、枣皮红、老土红、冰糖色、玫瑰紫等几十种，形成时间至少需要1500年以上。

（6）铁红沁。受铁或土沁所致。受沁的程度有重有轻，重的地方还带有棕红或黑红的块状物。形成时间需要千年以上。

（7）石灰沁。石灰沁轻者在玉器的表面形成一层薄薄的灰白色或青灰色膜，需要四五百年时间。石灰沁重者，玉内开始变的发红，像小孩子的脸色，称为"孩儿面"，需要千年以上时间。沁蚀的更重者，形成一层不透明的皮壳，有薄有厚，称为"鸡骨白"，需要1500年以上的时间。沁的最重者，状如朽骨，一触即碎，形成时间需要3000年以上。

（8）血沁。亦称血古，古人认为血古为血所沁。其实这种看法是错误的，血液氧化后不再是红色。血沁是由尸骨、色液、颜料、石灰、红漆、木料、土壤等物质共同沁成的，可将玉器沁成猩红、枣皮红、老土大红、酱紫斑等色。形成时间需要700年以上。

（9）朱砂沁。主要受殓葬的朱砂所沁。朱砂沁入玉里的速度很慢，大都附在玉器的纹饰处、镂空等凹陷和粗糙处，将附近的玉皮染红。若将白玉的玉肌沁成淡棕红色，形成时间需要1800年左右。

（10）水银沁。水银沁的水银既可来自殓葬水银，也可来自土壤中的水银。水银沁的表面乌黑发亮。一般来讲，土壤中的水银不能把玉器沁成半截黑或全黑，人们习惯将沁成半截黑或全黑的叫做黑漆古，将沁成线状的或小斑点的叫做水银沁。千年以内的水银沁一般不太黑，2000年以内形成的水银沁不亮，2000年以上的水银沁黑、厚、亮（图139-2）。

（11）土沁。土沁一般由红土、黄土沁成，呈淡黄色、土红色，中间似有一个小核，核的周围呈现放射性云块形斑痕状。过千年的土沁，其核的部位会出现疙瘩或小坑，或变为土咬坑或蛀蚀孔洞。

（12）水沁。亦称水锈，300年以上玉器表面可生水锈。净水能使玉器晶莹、滑润，几百年之内的，呈玻璃质的蓝绿荧光，被称为"澄潭水"。因大部分的水沁为污浊之水，玉器被污水所沁，往往为失光或半失光。1000年以上的水沁可使玉表不透光，1500年以上的水锈可使玉表变的十分干老。

（13）钉金沁。钉金沁的沁呈钉子眼儿状、带色，有棕色、紫色、灰色、黑色等，大都伴有线状凹陷。呈灰黑色或黑色的称钉金水银沁。形成时间需要1500年以上。

（14）铜绿沁。亦称铜沁（图160-1、图209-2），这是一种色彩比较鲜艳的、类似青铜绿或鹦哥绿、孔雀绿的沁色。古玉中绿沁的形成，倘若是与铜沁有关，只能是在碱式碳酸铜的电解条件下，才能出现绿色。一般沁色的形成是一种由外向里的浸润过程，而铜绿沁则是在氧化条件下，通过电解阳离子交换的过程，最终产生的铜绿沁。

（七）辨作伪仿古

历史上有很多传统的仿古玉器制作方法，近年来又出现一些新的仿古玉制作方法，藏家都要了解，以免上当受骗。

1. 传统仿古玉方法

传统仿古玉器，自宋代以来历代皆有。明清至民国时期流行不少仿古玉的制作方法，主要有：

（1）老提油。据传甘肃深山中有一种虹光草，将它捣成汁液，拌入少许硇砂搅匀，再将新玉器浸入，用点燃的新鲜竹枝烘烤，草汁便渗入玉器纹理中，呈现出鸡血红色。

（2）新提油。这个方法适用于含石质量较多的夹石玉，选红木屑或乌木屑入水，再将夹石玉放入浸泡，用火烘，汁液即可渗入玉器纹理中，含石处呈现红色或黑色。

（3）伪石灰古。高古玉经地火烧烤后，其色即变白，如同石灰，俗称石灰沁。现在仿作的石灰古，虽说颜色相似，但有火烧裂纹，而真高古玉是没有火烧裂纹的。

（4）羊玉。将活牛或活羊的腿部割开，把小件玉器填入缝合，经过数年之后，血液浸入玉中，冒充古玉中的红丝沁。但这种玉没有古玉温润，显得枯涩。

（5）狗玉。将狗杀死，剖开腹部，趁狗血尚热未凝固时，把玉器放入狗腹中并缝合，埋入地下，过数年后取出，玉上出现有土花血斑。但与真古玉相比，带有新玉的颜色与雕琢的痕迹。

（6）梅玉。选用质地疏松的玉质，如石性较重的玉或玉皮，用浓重的乌梅水烹煮，重复数次，疏松之地被乌梅水浸泡透呈现水浸痕，再用"提油法"上色，以仿造"水坑古"，但不如真古玉自然。

（7）风玉。选用石性较重的玉质，用乌梅水加浓灰水蒸煮后，将玉器趁热放置于寒冷的风雪中，使质地坚硬的玉器冻裂呈现细如发丝的纹理，也用"提油法"上色，以冒充"牛毛纹"古玉。

（8）叩锈。将玉器用铁屑与热醋拌和浸泡，再埋到潮湿的地下十几日，取出埋到大路下数月。玉器由于铁屑的腐蚀而形成深红色的桔皮纹，并带有不易消除的土灰斑。然而，这种假古玉的红色较浮，时间稍长其土灰斑和红色均会消退。

2. 现代仿古玉的特点和方法

在现代赝品充斥的古玉市场里，需要鉴别大量现代仿制的伪高古玉器。这些赝品，都是采用技术手段处理的玉器，将玉石做旧，追求以假乱真的效果。要了解一些常见的作伪方法，谨防上当。现代假古玉的主要特点是：

（1）按照古玉器样式仿制。这种方式自古有之。故宫存有一些清代仿古玉，仿制品与原件存于同一匣内，尺寸、样式、工艺非常接近。新作品又做了旧，很难区别。这类器物在现代作品中更多。由于现代制玉者中一些人手中无真玉可仿，因而变换方式，比照高古玉图片仿制。市场上能见到很多仿高古玉图片的玉件，如仿红山文化玉龙、玉鸟，仿汉代玉马、玉兽，仿战国璧、璜、佩等。

（2）局部照古器仿制，局部肆意变化。如此做法亦自古有之。尤其是清代的一些玉器，常在局部采用高古玉造型，多数不做旧。现代的仿古玉者为了掩饰仿古的意图，使自己的作品不易被别人识破，在仿古时有意将局部器型或纹饰加以变化，这类赝品给人一种看不明白的、似是而非的感觉。

（3）拼接。拼接是各类仿高古玉中惯用的方法。把几个不同器物的局部凑到一起，组成新的作品。如果只看其某些部分，常使人感觉古朴到代；但整体风格不伦不类，东拼西凑。

（4）臆造。根据个人臆想编造制作仿高古玉器，其造型奇特，工艺颇为古朴，没有可对照物，令人无从判断、不知为何物，而误以为是前所未见的高古玉新器型。有时作伪者再编造一些离奇的"故事"，诱使藏家上当。

（5）模糊。这是古玉做旧的一种方法。把玉器表面纹饰故意做得模糊不清，细部纹饰似有似无，很像古玉受蚀的样子，"土的掉渣"。尤其是一些仿古玉璧、玉璜上面的谷纹模糊，都是人为而致。事实上，古玉器中纹饰模糊的有之，但数量很少且纹饰模糊分布的自然、合理，鉴别时需注意区分。

（6）披纹。在一般的器物上加饰古代纹饰。如在方形印色盒上加刻战国勾云纹、蟠螭纹等。在识别古玉时不仅要看纹饰，还要看造型，求得纹饰及造型的统一、协调。

（7）重色。仿古玉做旧时，一般都进行人工染色。许多仿古作品带有重色，最常见的为黑漆古、枣皮红及石灰沁。黑漆古整体为黑褐色。枣皮红整体为红褐色，色厚重而不见玉材本色。石灰沁为白色，作伪者或将器物表面烧成斑驳状,或于斑坑中染色;或于器物表面烧出一层,白而微透;或于玉材上涂抹类石灰膏,冒充斑片状灰沁。

在鉴定高古玉时,要特别注意识别玉材的质量。俗话说"好玉不作旧",原因之一是旧玉中好玉非常少,仿之工料贵、价格高;其二,好玉不易沁色。蚀染的色是浮色,浮在表面,没有旧意。所以一般好玉不作旧。作旧的玉以次玉为多,有绺裂或含杂质的玉质地粗糙,软硬不均,蚀变的沁色深浅不一,有的可深入玉肌,颇有类似高古玉沁色的效果,所以现代作旧多以次玉为主。

3. 当代仿古玉的作旧方法

20世纪90年代以前,仿古玉作旧多采用传统的方法。以北京玉器厂为例,作旧玉的传统方法是:待仿旧产品作成以后,一般是抛光到乌亮的时候,将产品放入梅杏干水中煮几天,直到将玉上的杂质、裂纹、油脂腐蚀成不光亮状,或出现坑洼麻点后取出,在其产品表面涂以血竭、地黄、红土、炭黑、油烟,再经火烤,使色浸入内部;擦拭干净后,再放入油、蜡锅中浸油,恢复表面油状光泽,即成仿旧玉。如果将这样的仿旧玉埋入地下半年、一年,再经常浇些水,取出后效果更好。有时为了仿古人玩过的旧玉效果,还用麦糠揉搓,用皮肤磨蹭,用皮子擦拭。

从20世纪90年代开始,现代化工技术被引入仿古玉作旧领域,使得仿古玉制作水平大为提高。当代仿古玉的作旧方法主要有:

(1)酸类作旧。主要原料是氢氟酸、硝酸或硫酸等。一般是用稀释的氢氟酸溶液,将器物浸泡4-10个小时,即产生了所谓白灰皮。如器物某些地方加添其他颜色,则在浸泡前用蜡将不需作灰皮的地方封上隔离。一般添加的有红、黄、褐、黑等颜色。如加红色时用碱性橙,亦有用朱砂的;加黄色就用高锰酸钾,做出的黄色称为铁锈黄;加黑色就用硫化汞或一般黑色染料。着色时先将器物加热后,在需加色的地方涂上颜料,深浅视需要而定。此外,有用硝酸、硫酸各一半,再加50%的水浸泡器物，主要作用是浸入缝隙，以便使人感觉灰皮已深入到器物的内部。另有一种是用医院牙科用的牙骨粉将做好灰皮和加好色的器物全身封闭后打磨；或用环氧树脂加上磷苯二甲酸、二丁脂、乙二胺涂满器物，烘干后打磨；或用一种"水晶透明漆"将器物涂好后打磨等。上述方法是使器物在打磨后能表现出所谓的玻璃光，更具有"汉代古玉"的感觉。

（2）火烧作旧。一般是先将器物涂上氢氧化钠，再用氧化钙（石灰）把器物裹好，放到锯末里闷烧两天，烧出的白色称之为"鸡骨白"。如要在器物上做出牛毛纹，在闷烧后（这时玉器的温度约在300℃）拿出用冷水激一下（即浸几秒钟），就会产生所谓"牛毛纹"；如果在高锰酸钾的冷水中浸一下，就会产生血色牛毛纹。玉器需着色的部分也要在300度时将其浸到染料中；也可在需做黑色的地方加上硫化汞裹烧。器物在烧好和加色过程完成后，就用砂纸加上猪油进行打磨抛光。火烧玉件一般无玻璃光，显得较硬，所仿器物多像宋或明清件。有直接放在火上烧或放在氧氟酸内浸泡后打磨的，效果一般较差，容易识别。

（3）碱性作旧，亦称高压作旧。将待作旧的玉器打磨后，在需作色的地方用硫化汞（黑）或三氯化铁（黄）涂上，然后用氢氧化钠和碳酸钠、硅酸钠按一定比例混和，略加猪油将器物包裹在内，放到封闭的不锈钢制作的高压釜内。加压的同时加温，压力一般控制在8-12个大气压，温度控制在160-200℃，均用仪表控制，约需4天时间即成。取出后用二氧化碳热风吹干，然后用硫酸还原，表面就呈现出白灰皮和玻璃光，有的地方沁入色泽。此法主要是仿新石器时代至战国时期的玉器，做成后玉器的色及"皮壳"均能浸入较深部位，不易鉴别。

赝品玉器用石灰烧制或酸性物质烧出的仿古玉上的白斑通常呈粉片状、无光泽，放大镜下观察白斑呈凹陷状，原因是化学急速腐蚀而致，非氧化所致。对此法作旧的，用烧开的食醋冲洗就会溶解表面的白浆。

高古玉氧化状况常伴有腐蚀形成的蚀孔、蚀斑现象，但在这种氧化现象的玉器表面，仍保留了当时加工、抛光的工艺特征，表面线纹清晰、光润度依然如故。可按上述方法鉴定真伪。

（4）土埋作旧。有人根据所仿高古玉的沁色、土蚀的要求，将仿古玉埋入不同的土壤环境中，历经一定时间取出，以其"沁色""土蚀"的假象冒充高古玉。但这些方法形成的假象只能使仿品貌似古玉，人工痕迹明显，不可能深入玉材肌理，很容易除去，原形毕现。

（5）现代工艺抛光。主要有两种方法：一是钢丝砣轮抛光，此法抛光的痕迹特征是玉器表面线形痕迹疏密均等、方向一致，粗细、深浅均匀，无玻璃光现象。二是用电动、砂箱抛光法。此法抛光出来的玉器表面呈现出类似战国、汉代的"玻璃光"工艺，但在放大镜下观察玉器表面、沟槽处皆无古法抛光的线痕。

（6）老料新工和仿料作伪。亦称仿工和仿料：有人将高古玉残器、残料进行加工、改制，其玉材虽有高古玉老料的特征，但现代工艺使其暴露无遗。要将老料与老工结合起来鉴别，不要只看老料、忽略新工。近年来，又有人选用材质、颜色、纹理和风化程度极似高古玉的新玉石材进行加工出售，粗看很像老料，极易使人走眼。

总之，鉴别高古玉必须多学习、多实战、多上手、多交流，拜准老师，积累经验，综合考量，去伪存真，不可以偏概全、以假当真。

三
高古玉收藏的展望

当前我国高古玉收藏方兴未艾，民间存在着玉器的价值"高古玉不如明清玉，明清玉不如现代玉，老玉不如新玉"的扭曲状况，迟早会返璞归真，高古玉的地位及价值终将回归理性和本原。

在中国古代的青铜器、玉器、书画、陶瓷等品类中，青铜器、玉器的历史最长、价值更高。古代青铜器形体较大，不大适宜上手把玩。高古玉器相对小巧，适宜上手把玩观赏和随身佩戴，较易保存。

近年来，高古玉越来越受到国内外收藏家的重视和追捧，其市场价值逐步显现和上升，在拍卖会上屡创高价，令人刮目相看。如2016年4月7日香港邦瀚斯"温玉物华－思源堂藏中国玉器"专场拍卖会的成交价惊人，备受瞩目：东汉玉雕说唱舞人（高10.4厘米）成交价3148万港元（含佣金），汉青玉雕辟邪（长5.5厘米）成交价2476万港元（含佣金），汉青玉雕辟邪（长8.7厘米）成交价2196万港元（含佣金），汉青玉雕高足杯（高11.3厘米）成交价1024万港元（含佣金），东汉玉盘坐人（高7.5厘米）成交价460万港元（含佣金），战国螭龙纹玉佩（长10.9厘米）成交价172万港元（含佣金），汉青玉卧鸠（宽6厘米）成交价172万港元（含佣金），东汉龙凤纹韘形玉佩（长10.1厘米）成交价148万港元（含佣金），西汉青玉雕双联璧（直径10.1厘米）成交价124万港元（含佣金）。另在2019年11月27日香港佳士得高古玉"云中玉筵"专场中：良渚文化三层神兽面纹玉琮（高7.8厘米）成交价3133万港元；红山文化玉猪龙（高11.8厘米）成交价612.5万港元；石家河文化黄玉人首（高3厘米）成交价588.5万港元。现今国内高古玉市场暂时低迷，与国外相比价差很大。自2022年以来，国内外高古玉拍卖成交价格持续上扬，出现了难得一见的"高古玉热"。长远而言，国内外高古玉市场价格均远未到位，未来的升值空间极大，"高古玉热"的持续升温势所必然。

高古玉是中国古代文化王冠上的宝石，是收藏领域中顶级的、最奢侈的收藏品。可以想见，随着国内文物政策的宽松和人们对高古玉认知水平的提升，高古玉必定成为人们梦寐以求、趋之若鹜、珍同拱璧的艺术珍品，高古玉被"养在深闺人未识"的状况不会持续太久。因此，中国收藏界不能"有眼不识金镶玉"，应当深入探讨、挖掘中华民族历史悠久、博大精深的玉文化，要使高古玉瑰宝绽放生辉、永续传承。

受诸多因素的制约和影响，目前国内高古玉收藏尚处于起步阶段，其市场表现尚处于价值洼地。但这正是人们能够接触、遇有、收藏和研究高古玉的绝好先机、良机。收藏高古玉的行家高手，无一不是抓准机会、高看一眼、先走一步、捷足先登的。否则，待到人们普遍认知高古玉的价值并竞相收藏时，恐怕收藏、捡漏高古玉的机遇就非常之少了。高古玉收藏与鉴赏的春天必定到来。既然如此，有志者何不珍惜当下，放眼长远，身体力行呢？！

后　记

2019年至2020年的岁尾年初，神州大地经历了一场前所未有的疫病浩劫。在习近平总书记的亲自指挥下，一场抗击、战胜疫病的中国战役全面展开并取得了决定性胜利。

在居家避疫期间，难得余暇。我暂停了所有的外部事务，潜心研究、整理高古玉收藏心得。本想过几年再择机付梓，岂料天赐良机，此时恰逢好友谢宇先生盛邀，约我撰写一本高古玉收藏与鉴赏方面的专著，年届古稀的我欣然从命。习近平总书记说抗击新冠疫情是一场"大考"，这对国家如此，而宅家赋闲的我却也交出了一份关于高古玉的"考卷"。本书虽成稿于"宅家"的数月，却凝聚了我多年来对高古玉的一些粗浅认知，期望对高古玉收藏者有所裨益。如有谬误之处，敬请读者赐教。

本书的撰写出版，得到了我的夫人安丽、儿子晓川及儿媳曦曦的鼎力支持；得到了北京悦读无限文化发展有限责任公司首席策划谢宇先生的无私襄赞。学苑出版社及责任编辑周鼎为此付出了辛勤劳动。在此，我一并致以最诚挚的谢忱！

最后，谨以此书留给我的爱孙松语。

作　者
2024年5月6日于北京拾遗斋